本书为贵州大学引进人才科研项目【编号 贵大人基合字（2013）006号（人文社科）】

贵州大學历史与民族文化学院

学术文库

杨军昌　崔海洋◎主　编

清季民国贵州史学研究

陈永霞　著

知识产权出版社
全国百佳图书出版单位
—北京—

图书在版编目（CIP）数据

清季民国贵州史学研究 / 陈永霞著. — 北京：知识产权出版社，2020.12
（贵州大学历史与民族文化学院学术文库 / 杨军昌，崔海洋主编）
ISBN 978-7-5130-7378-3

Ⅰ.①清… Ⅱ.①陈… Ⅲ.①史学史－研究－贵州－清后期-民国 Ⅳ.①K092.6

中国版本图书馆CIP数据核字（2020）第263167号

内容提要

本书为贵州大学人才引进项目成果，是第一部较为系统的贵州近代史学史专著，考察了清季民国时期，贵州史学发展的情况及其近现代化历程。

本书内容涵盖辛亥革命时期贵州"新史学"；军阀统治时期贵州当代史、专门史研究；全面抗战时期的战时史学、地方史及民族史研究；解放战争时期贵州高校史学研究；杰出文化企业贵阳文通书局对史学进步作出的贡献；以及贵州地方志的撰述情况。作为区域性地方性的清季民国贵州史学研究，有助于深化中国史学史的研究。同时，本书对于全面了解贵州史学发展历程，促进贵州当下史学的发展，有其学术价值。

责任编辑：王　辉　　　　**责任印制**：孙婷婷

贵州大学历史与民族文化学院学术文库　杨军昌　崔海洋　主编

清季民国贵州史学研究　陈永霞　著

QINGJI MINGUO GUIZHOU SHIXUE YANJIU

出版发行：	知识产权出版社有限责任公司	**网　　址**：	http:// www. ipph. cn
电　　话：	010－82004826		http:// www. laichushu. com
社　　址：	北京市海淀区气象路50号院	**邮　　编**：	100081
责编电话：	010－82000860转8381	**责编邮箱**：	laichushu@cnipr.com
发行电话：	010－82000860转8101	**发行传真**：	010－82000893
印　　刷：	北京中献拓方科技发展有限公司	**经　　销**：	各大网上书店、新华书店及相关专业书店
开　　本：	700mm×1000mm　1/16	**印　　张**：	14.25
版　　次：	2020年12月第1版	**印　　次**：	2020年12月第1次印刷
字　　数：	230千字	**定　　价**：	68.00元

ISBN 978－7－5130－7378－3

贵州大学历史与民族文化学院学术文库学术委员会

目　录

绪　论

所谓一时代有一时代之学术，学术的发展往往与时代大势密切关联，这一点在中国近代表现得尤为突出，关注国家民族存亡的学人，面对数千年未有之大变局，进行了积极的探索。

就史学的发展来说，早在鸦片战争之前，更多的是基于中国西北出现的危机，清朝传统的考据史学因应时代的变化出现了一些新的动向，诸如由单一的考史向修史的转换，重视边疆史地的研究，包括祁韵士、徐松、龚自珍及沈垚等人，均开始从事经世致用之学，影响所及，延续到第一次鸦片战争之后。一方面，张穆、何秋涛等人接续边疆史地研究并使之走向此阶段的鼎盛；另一方面，随着内忧外患的进一步加深，出现了一些包括外国史地、军事史、科技史等新的史学研究领域，魏源、徐继畬、王韬及黄遵宪等先后写出关于外国史的巨著，开阔了国人视野，了解学习外部世界的同时，开启了近代世界史地等的研究。甲午战争及之后帝国主义掀起的瓜分中国狂潮，惊醒了更多的国人，创巨痛深，为了救亡图存，史学界学人也加快了促进中国传统史学向近现代史学转型的历程。

贵州近代史学发展情形与贵州史学的传统脱不了干系，也同样与贵州社会面貌有着或显或隐的若干联系。同时，贵州尽管居处“蛮荒”，依然不能自外于整个近代中国律动的轨辙之外。检视鸦片战争之后半个多世纪的贵州社会，为贵州新史学的出现创造了一定条件的事件主要体现在如下方面。

在社会发展领域，自19世纪70年代，英、法、日侵略势力开始了对贵州的商品倾销，并将贵州开辟为原料供应市场，贵州开始与资本主义世界市场发生直接联系，到20世纪初年，贵州自给自足的自然经济发生了根本变化，半殖民地半封建经济逐步形成。期间，贵州并没有形成自己的民族工业资本企业[1]，地主官僚

---

[1] 19世纪末贵州有少许商业资本（参见林芊．辛亥革命前后的贵州社会变革[M]．贵阳：贵州大学出版社，2012：165-166）。

的洋务企业也胎死腹中并带来企业投资的寒冬[1]，直到20世纪初期才逐渐有了自己的少许轻工业。另外，西方传教士于1844年中法《黄埔条约》签订后就来到贵州，他们是近代贵州相当活跃的一股外国势力。在全国范围内，早在1861—1862年，贵州率先发动了反洋教的青岩教案、开州教案，由此可见，贵州较早地参与了反侵略斗争。

在近现代思想启蒙方面，近代前期几乎没有民族资本的贵州，"民间"资产阶级知识分子的出现与两个来黔外地人密切相关。首先是严修，天津人，1894年11月至1897年12月任贵州提督学政，主管贵州的教育事务。他可谓促使贵州社会转型，拉开贵州近现代化大幕第一人。在任职贵州期间，他通过各种方式对贵州教育进行改革，并以教育文化的变革为契机，为贵州引入自然科学知识的同时，也带动了其他相关文化事业的发展。他任满离开贵州后，20多所新式学堂[2]于清政府的"新政"之前在贵州发展起来。其次是吴嘉瑞，湖南长沙人，在贵州历任都匀、思州、大定、铜仁等地知府。1898年，吴嘉瑞担任贞丰百层河厘金局总办，莅任不久即在城东文昌宫创建"仁学会"，传播变法维新思想，阐明救亡图存的道理。"仁学会"成为贵州近代第一个有影响的维新思想团体。

严修、吴嘉瑞等为贵州演绎了资产阶级维新活动的历史一页，在向贵州青年学子传播维新思想的基础上，培养出贵州第一批新式知识分子，他们的学生包括周素园、任可澄、熊范舆、张百麟、黄干夫等，以及在他们影响下的人包括华之鸿等成为20世纪初贵州社会事业发展的骨干力量或活跃分子，参与"新政"，或发起贵州的立宪与民主革命活动。这些为贵州史学的新发展提供了新的思维方式与思想资源。就贵州本地人来说，曾多次作为外交使节的遵义人黎庶昌也为贵州人的近代思想启蒙做出了重要贡献，他是"清代黔北走出封闭'睁眼看世界'的第一人"。其代表著作《西洋杂志》正式出版的时间学界说法莫衷一是，但其中许

[1] 1886年由贵州巡抚潘霨奏请创办青溪铁厂，青溪铁厂几经周折以失败告终，造成这一结果的原因众多，而其影响却是明确的，"黔实业界经此挫折，乃多年不能复振"（参见贵州省文史研究馆校勘．贵州通志·前事志：第3册[M]．贵阳：贵州人民出版社，1988：792）。此后，贵州地方政府再无力兴办近现代重工业，而且再难招引到商股合办近现代重工业企业。直到20世纪初年，贵州地方政府在这方面仍然难有作为。1905年，巡抚林绍年筹建"安顺丰泰矿务公司"，拟派员出洋学习技术，招收商股，开采铁铅。但绅商无人愿意投资，致使公司因资金不足，试办即停。这种状况直到抗日战争时期才有所改善。

[2] 何幼兰．新学入黔：贵州近代教育的源流及发展[M]．贵阳：贵州教育出版社，2007：104.

多篇章早在1888年起陆续刊行[1]，其内容为他于1875—1881年出使欧洲的经历与见闻，包括对英国、法国、德国等资本主义国家的政治经济文化制度的介绍。这些见闻第一时间为贵州提供了西方先进国家直观而具体的形象，开阔视野的同时增长有关现代民主政治等方面的知识。

20世纪初，史学界终于发出“史界革命”的呐喊。所谓“史界革命”，就是批判、改造封建旧史学，在此基础上建立资产阶级新史学。以梁启超发表于1901年的《中国史叙论》及1902年的《新史学》为开始的标志，“新史学”思潮如火如荼地开展起来。这场史学领域发生的变革，直接推动了中国的传统史学向现代史学的转型，又切实地开始了中国史学如何借鉴并融合西方史学的历程。

“新史学”的本质内容及基本格局与当时兴起的民族主义思潮有密切的关系，新的民族国家理念不可避免地渗透到"新史学"的建构之中，而史学也被纳入民族主义宣传的轨道，作为民族主义动员的重要载体[2]。其时及至民国时期，不同的史家及史家群体前赴后继进行了种种新史学的理论及实践探索，在实证史学大放异彩的同时，马克思主义、保守主义等各种流派史学也得到了极大的发展，形成中国史学发展的重要阶段，并且各种史学思潮往往与救亡图存的社会现实密切相关，促进了中国史学的巨大进步，也为民族国家复兴做出了贡献。

那么此时，贵州学术界的史学研究与整个中国史学研究进程是否共时态进行呢？它们包含了哪些具体内容与成就？经历了怎样的发展历程，其近现代化的程度如何？与社会及时代大潮是否有着某种链接？这些均是本书要考察的中心内容。

一、研究意义

首先，对清季民国时期贵州史学的探讨，属于区域性地方性的研究，就笔者目力所及，当前学界从这个角度进行的史学史研究还是非常少的[3]，区域史学史

---

[1] 林芊．辛亥革命前后的贵州社会变革[M]．贵阳：贵州大学出版社，2012：41.

[2] 陈永霞．民族主义与20世纪初年的新史学[J]．史学月刊，2012(5).

[3] 所见有王晴佳．台湾史学史从战后到当代[M]．上海：上海古籍出版社，2017；于文善．抗战时期重庆马克思主义史学研究[M]．北京：中国社会科学出版社，2013；符静．上海沦陷时期的史学研究[M]．北京：社会科学文献出版社，2010；洪认清．抗战时期的延安史学[M]．合肥：安徽大学出版社，2006.

作为中国史学史的组成部分，与中国史学史是特殊与一般的关系，对其进行研究有助于深化对中国史学史的认识，也有助于理解其发展的多种具体面相。

其次，清季民国贵州史学是贵州史学发展的一个重要阶段，对其进行研究，有利于了解和研究贵州史学史发展的总体轨迹，对于贵州当下史学的发展，也必将有所助益。同时，开展对贵州社会发展与贵州史学的考察，既拓展了贵州史学研究的视角，且由于对贵州社会的考察属于社会现实的内容，史学研究属于学术，这样可以总结史学工作者在处理“求真”与“致用”之间紧张关系的实践经验，对相关理论的探讨有其必要性。

另外，贵州史学是贵州文化的组成部分，也是贵州文化的载体。贵州现代化的发展与建设是全方位的、立体的，也应该有史学研究作为支撑，这其中包括社会思想观念现代化的历史经验。目前，贵州学界对贵州历史上的哲学、教育、文学、戏剧、宗教等各个方面[1]均进行了具体研究，而缺乏对史学的研究。对清季民国贵州史学进行考察，既是贵州学术现代化的一个组成部分，也是贵州精神文化发展的题中应有之义。

二、研究现状

目前，学术界对清季民国贵州史学研究并没有给予过多的关注，没有相关的专门论著，单篇论文的个案研究也为数极少。已有的研究，主要有两种表现形态。其一，在有关的著作中会牵涉此时史学的部分，例如由周春元主编的《贵州近代史》[2]以较小的篇幅分别列举了清季及民国时贵州史学的成就。由贵州省地方志编纂委员会编的《贵州省志·社会科学志》[3]、何仁仲总编的《贵州通史·第4卷（民国时期的贵州）》[4]的部分内容均属同种情况。这类研究主要是对史学成果的收集列举，可以为本书提供一些研究线索。其二，属于贵州史学，且相对来说

---

❶ 王恒富，谢振东．贵州戏剧史［M］．贵阳：贵州人民出版社，2004；林开良，林朝晖．贵州教育溯源［M］．贵阳：贵州人民出版社，2006；王晓卫．贵州文学六百年：古近代卷［M］．贵阳：贵州教育出版社，2014；柏怀思．贵州宗教史［M］．贵阳：贵州人民出版社，2015.

❷ 周春元，何长凤，张祥光．贵州近代史［M］．贵阳：贵州人民出版社，1987.

❸ 贵州省地方志编纂委员会．贵州省志社会科学志［M］．贵阳：贵州人民出版社，2001.

❹ 何仁仲．贵州通史：第4卷（民国时期的贵州）［M］．北京：当代中国出版社，2003.

研究得比较充分的是有关贵州地方志的专题研究，例如张新民所著的《贵州地方志举要》❶一书中就包括有清季民国的部分。论文如李独清的《续修〈贵州通志〉》❷、陈国生的《民国时期贵州方志的纂修》❸等，硕士学位论文如任苗苗的《贵州乡土教材研究(1931—1945)》❹，此外还有关于《贵州通志》主纂任可澄的个案研究等。

因此，关于清季民国时期贵州史学研究是非常薄弱的，本书将在探讨清季民国贵州社会发展情况的基础上，对此期贵州史学进行比较系统的研究，并试图进行一定程度的诠释。

三、研究内容

进行本书研究的基本思路是：首先，本书的中心内容是对清季民国时期贵州史学进行研究，而整个中国当时史学的发展状况是研究的大前提与基础，所以这里会有一个潜在的比较对比思路在里面。其次，贵州清季民国史学的发展情况是本书的中心与落脚点，但本书会将此期贵州社会的发展状况作为本书研究的一种视角与背景，企图避免就史学论史学。最后，就贵州史学研究本身来说，由于此前学术界对这个问题关注较少，因此贵州古代史学研究也是很薄弱的，本书会将宏观与微观、整体与个案研究相结合，以求立体、全面并试图较有深度地探讨此时贵州史学发展状况，以求本书的研究具有较好的学术与实践意义。

本书以贵州社会的自然发展过程为依据划分时间段，以此为社会背景的贵州清季民国史学研究，包括如下一些具体内容。

第一章　辛亥革命时期贵州史学(1901—1911)。甲午战争后，贵州由贵州籍的“公车上书”诸子所传播的维新思想是零星的，1894年任职贵州的严修进行的以教育为中心的变革对贵州社会的发展有比较大的影响，但对史学的影响就薄弱得多。比较而言，对贵州史学由传统向近现代转型有较广泛影响的是20世纪初年的一些留日学生，他们在日本与贵州的宣传及实践逐渐深入到了贵州社

❶ 张新民. 贵州地方志举要[M]. 长春：吉林省地方志编纂委员会，1988.

❷ 李独清. 续修《贵州通志》[J]. 贵州文史丛刊，1981(3).

❸ 陈国生. 民国时期贵州方志的纂修[J]. 文献，1996(4).

❹ 任苗苗. 贵州乡土教材研究(1931—1945)[D]. 贵阳：贵州大学，2017.

会一定的层面，因此，这部分人的观念及史学研究是本部分考查的内容，包括在日本发表的一些成果。另外，此时的贵州也开始实施清末"新政"，在这个过程中编纂的乡土教材等也是本部分考查的内容。

第二章　军阀混战时期的贵州史学（1912—1935）。一般认为，此时的贵州社会混乱，经济停滞，与全国先进省份比较，落后半个世纪，那么，此时思想领域的状况怎样？这段时间比较长，尽可能考察社会的细微改变与发展，并探究此时史学的研究情况与特征。

第三章　抗日战争时期贵州史学（1935—1945）。全面抗日战争爆发前，贵州的政治格局已经发生了变化，随着国民政府迁都重庆，大量的机关单位与学校迁往贵州，随之而来的还有众多知识与政治精英们，此时贵州社会及思想观念又发生了哪些改变？贵州的史学又获得了怎样地历史性发展机遇？论述此时战时史、地方史、民族史等的研究状况。

第四章　解放战争时期贵州史学（1946—1949）。据学界研究，随着抗日战争的结束，大批外来贵州人员回籍，造成贵州各项事业的发展出现回落状况，那么此时的史学研究是否也受到了同样的影响？

第五章　清末民国时期贵州地方志的发展。清末与民国贵州本地知识界绝大多数学人都比较重视地方志的研究，方志的编纂时间比较长，本部分研究贵州方志编纂情况及与贵州社会之间的关联。

四、本书的创新之处及重点难点

此前学术界对清季民国贵州史学研究较少，本书以贵州清季民国史学发展为主线，以同时期全国史学发展状况为参照，进行纵横综合分析、研究，还原该时期贵州史学发展的实际状况，是第一次进行这种努力。本书力图避免就史学谈史学的窠臼，以贵州社会发展变迁为研究的背景，以20世纪初开始的传统史学向"新史学"的转型为视角，探讨20世纪前期贵州史学的本质内容，探讨史学发展的内在缘由，尽可能探讨接近历史真实的看法。

贵州史学在清季民国不同历史阶段的发展情况是本书研究的重点。本书资料的收集，拟从贵州省各级图书馆、贵州省各级档案馆，以及学校等搜寻清季民国时期与史学相关的报纸、期刊或者论著。史料的分散性与不确定性会给资料搜集带来诸多时间与空间上的困难,同时,清季民国史学只是贵州史学的一个发展阶段,学界对这段时间之外各个时间段的研究也处于薄弱的境况,这对史学发展整体情况的把握造成困难。此外,作为一个对贵州研究处于起步阶段的研究者,对贵州文献甚至时空概念、思想轨迹等各个方面进行把握很难到位,这些均是本课题研究面临的难点。

第一章 辛亥革命时期贵州史学(1901—1911)

20世纪初的贵州,一改其蛮夷瘴疠之地,远远落后于一般发展水平的刻板印象,首先在政治领域迅速崛起,在辛亥革命期间各种思潮得以在社会传播,最终成为较早取得辛亥革命成功的省区,这些变化对史学领域也造成了一定影响,贵州史学也有了星星点点的新史学踪影。

第一节 辛亥革命时期的贵州社会

众所周知,1901年1月,清廷下诏变法,至1911年武昌起义,"新政"改革大致可分为两个阶段:其一,1901—1905年以社会、经济、教育等变革为主,主要内容有筹措军饷,训练新兵;振兴商务,奖励实业;废除科举,育才兴学;改革官制,整顿吏治;法制改革等;其二,1906年起清政府颁布《仿行立宪上谕》,预备立宪,以政治体制变革为主,主要内容有成立资政院,设置新内阁,地方设咨议局,改革官制,修订新刑法等。这一系列由清政府主导的改革政策与行为,本质上具有资产阶级性质,这为资本主义君主立宪思想的传播提供了一定合法性,变法立宪成为时代的主题。

就新思想发展的进程而言,"19世纪最后几年,贵州新学知识还仅在上层知识圈内传播,下层士子得闻新学者寥寥无几"[1]。20世纪的开启,的确是贵州发展史上的重要一页,一方面,新的思想继续传播到贵州,这里有多种途径,例如在戊戌前后开始,贵阳大商人的子弟乐嘉藻、蒲藏锋,利用他们在北京、上海等地开有商号、分号的便利,在商货中夹带自上海及海外出版的新书、新报带回贵州,包括发布有新史学文章的《清议报》《新民丛报》等,甚至有资产阶级革命派的书或

[1] 林芊.辛亥革命前后的贵州社会变革[M].贵阳:贵州大学出版社,2012:30.

文章[1]。另有回籍维新大员李端棻，在主讲贵阳经世学堂及私宅讲学时，拿出梁启超《新民丛报》讲授卢梭民约论、孟德斯鸠的三权鼎立论、达尔文的进化论、赫胥黎的天演论等思想政治学说。留日学生更发挥了积极而及时的作用，如于德坤在《民报》创刊后，每出一期必购三册寄回贵阳，平刚寄回的《民报》则直接导致自治学社的革命转型。另有自购者，如早在1903年夏天，没去日本前平刚便自去上海购新书。

另一方面，贵州开始了实际的资产阶级立宪与民主革命活动。1901年后，在贵州官方与“民间”共同努力下，在某些方面，特别是政治领域，贵州与全国的步伐保持了基本的一致性，为贵州带来了第一次较为广泛与深刻的近现代政治文化宣传与变革，最终推翻了清政府在贵州的统治。就前者来说，地方官僚忠实执行清中央政府的“新政”，就后者来说，贵州社会也有了资产阶级性质的立宪与革命的双重变奏，从而形成轰轰烈烈而又诡谲多端的贵州辛亥革命。

贵州地方政府在执行清政府“新政”的过程中，包括巡抚邓华熙、林绍年、庞鸿书等都做过积极努力，突出地体现在推动教育的发展上。1901—1911年，贵州创设的各类新式学堂就有636所[2]，除初等小学、高等小学、中学堂之外，还有师范、政法、农工等类型，包括女子学堂在内。并积极派遣留日学生。在编练新军、咨议局选举和地方官制改革等方面也很有成效，正如有学者所指出的：“清末贵州的‘新政’改革，其声势、其力度较之外省毫不逊色。”这些“新政”活动“直接成了贵州辛亥革命的必要铺垫和基础条件”。[3]

在贵州“新政”的第一个阶段，崛起了一批主张立宪的民间人士。他们是以地方士绅、与封建关系较紧密的上层资产阶级为主体的政商集团，为首的有唐尔镛、任可澄、华之鸿、于德楷等，他们反对革命，坚持康、梁改良主义思想路线，在兴办新学堂、开办近代企业等方面取得了一定成就。立宪派团体宪政预备会正式成立于1909年，这批人依靠与官府的密切联系，逐渐掌控了贵州商、学两界的

---

[1] 例如吴雪俦，胡刚．贵州辛亥革命散记一文指出“光绪癸卯年，少璜在乐嘉藻处读到章太炎驳康有为书”。

[2] 周春元，等．贵州近代史[M]．贵阳：贵州人民出版社，1987：92.

[3] 范同寿．《辛亥革命与贵州社会变迁》文集编委会．辛亥革命与贵州社会变迁：贵州省纪念辛亥革命九十周年学术研讨会文集[G]．贵阳：贵州人民出版社，2007:77.

优势资源,一时有执贵州全省“新学”牛耳之势。

后来的革命派崛起于“新政”实施的第二阶段。早在1904年,由张忞、平刚、彭述文等领导成立的贵州最早的资产阶级革命团体科学会,已经开始了一些革命活动,但他们联系范围比较狭窄,更没有形成宣传的声势。后来的自治学社是辛亥革命时期贵州唯一具有全省规模的资产阶级团体,主要由张百麟等组织与领导。张百麟,生于贵阳,祖籍湖南长沙,父亲张翰来贵州做官,遂定居贵阳。

经过大量的研究,学界基本达成共识,即1907年年底成立于贵阳的自治学社还算不上革命团体。很长一段时间自治学社以“预备立宪,催促立宪为宗旨”[1]。“新政”实施的过程中,一些旧官员难以应付新政事务,“职官瞠目,幕胥却步”,自治学社的骨干成员不失时机地进入贵州官厅新成立的各种新政机构中,进行各种有利于自身发展的工作,包括渗透到新编练的新军之中,如同全国其他省份一样,后者被策反为反清武装的组成部分,并发挥了重要作用。于贵阳之外,自治学社在贵州各地积极建立分社,最多时曾发展会员达14万之众,1910年左右自治学社终于走上武装革命的道路,发展成贵州辛亥革命的领导力量。

此时,在贵州具有近现代性质的新兴社团还有达德学社、自新社、历史研究会、同盟会贵州分会、同志会、省商会、省教育会、黔学会、政党联合会等,他们也都汇入贵州新的思想传播与实践的洪流之中。

哥老会则是贵州下层民间军事组织,具有浓厚的封建色彩,俗称“袍哥”。在辛亥革命酝酿时期及武装起义中,许多哥老会组织接受了革命党人的领导,成为资产阶级革命力量的一部分。

1911年11月,在自治学社的主导下,陆军小学与新军首先发起,贵州各派力量,特别是与宪政预备会妥协的情况下,贵州辛亥革命主要以兵不血刃的方式推翻了清朝地方政府。

众所周知,从全国范围内来看,20世纪初的“史学革命”是由梁启超提出,革命派与立宪派共同参与而形成的新史学思潮,发动的地点在日本,主要参与者为以留学生为主体的旅日国人。无论是立宪派还是革命派,均借助“新史学”进行

---

[1] 佚名.自治学社社章[J].自治学社杂志,1909(2).(现又可见《辛亥革命史丛刊》编辑组.辛亥革命史丛刊:第七辑[M].北京:中华书局,1987.)

爱国动员及宣扬自己政治主张。他们在海外积极兴办报纸杂志,作为发表史学文章的阵地。

至于贵州,到1905年,地方政府也开始选派留日学生,除了官派,也有部分自主去日本的贵州人士,如较早的有乐嘉藻,参与康、梁组织的"公车上书"之后便去了日本。这些旅日贵州人士,一方面积极参与了在日本的立宪或者革命活动,另一方面与故乡保持着密切的联系。在新思想的传播与实践方面予贵州以极大影响。

综观20世纪初的贵州社会,民众的反帝、反封建新思潮可谓已由自发进入自觉阶段,在此期间通过清末"新政"及立宪与革命宣传,社会动员已达相当深度[1],特别是立宪派与革命派均借助了新的舆论工具,创办报刊以为喉舌[2],如此种种对贵州社会文化的更多领域产生影响,包括史学领域。就以传统的书籍方式呈现的史学著作来说,辛亥革命期间占绝对优势的仍然是以传统的方式呈现传统的内容,此时作为新媒体的报纸杂志上登载的史学论文,则具有了新的气象。

第二节　以报纸杂志为中心的史学考察

就全国范围来看,当年贵州是继湖北、湖南、陕西、山西、云南、江西、上海之后,响应辛亥革命最早、最先宣布独立的八省之一。社会剧变的推动,建立在较广泛而深入的动员之上,包括思想的行动的各个方面,由于种种原因,有关的历史资料保存下来的相当有限,史学方面同样如此。例如,就个人而言,陈廷棻号称是立宪派的"笔杆子",曾任宪政预备会副会长,担任过宪政预备会刊物《黔报》主笔、《贵州公报》主编、《商报》主笔[3],今天基本找不到他当年写的文章[4]。同

[1] 如全省自治学社会员达148000人,林芊认为"这对当时只有800万人口的贵州,意味着每50个人就有一个会员,这在中国政党发展中绝对是空前的政治现象"(林芊.辛亥革命前后的贵州社会变革[M].贵阳:贵州大学出版社,2012:197)。

[2] 当时立宪派控制的报刊有《黔报》《贵州公报》等,自治学社自办的刊物有《自治学社杂志》和《西南日报》。

[3] 贵阳市志编纂委员会办公室.清末四人日记[M].贵阳:贵州教育出版社,1998:274.

[4] 目前仅发现他写于1908年农历正月到三月的日记(贵阳市志编纂委员会办公室编的《清末四人日记》)。

样，1994年出版了革命派重要人物周素园的文集，编者称："作者在辛亥革命前主《黔报》笔政以及后来在《西南日报》上发表过许多言论，只是当时多未署名，而今也不便遽认，只好付诸阙如。"[1]这种情况并非个例，因此，对于辛亥革命时期贵州史学的考察，只能从不多的史料中寻找当年的踪迹，勾画其大致的形貌。

一、本地刊物与贵州新史学

近代报纸杂志成为学人发表学术成果的重要阵地，是传统论著之外新的学术载体，例如新史学的主帅梁启超的《中国史叙论》《新史学》分别发表在自己创办的期刊《清议报》《新民丛报》上。这里以报刊为中心，考察贵州史学在此期间的发展情况。

贵州在辛亥革命期间发行了贵州近代最早的一批报纸杂志，包括《白话报》《贵州教育官报》《贵州自治白话报》《贵州官报》《黔报》《贵州公报》《商报》《自治学社杂志》《西南日报》9种，其中有官刊也有民间报刊。

官刊的情况如下：

1906年创刊的《白话报》[2]，由遵义府学务局编，为贵州第一份自办报纸，没有留存下来，出版期数不详，难以考察。

1906年创刊的《贵州教育官报》，属于月刊，贵州省学务公所编印，1906—1911年出版34期。该刊为教育类专刊，有6期存世，数据库"读秀学术搜索"中可查到。

1908年秋创刊于贵阳的《贵州自治白话报》，为月刊。贵州省咨议局筹备处发行，以宣扬自治为主题。贵州省图书馆存有第三期。

1909年8月创刊于贵阳的《贵州官报》，属于月刊，贵州调查局官报局发行所编印，周培艺、倪树铭编辑，"纪载要政，公布法令为主"[3]。有第1期存世，"读秀学术搜索"中可查。

民间办刊情况：

1907年创刊于贵阳的《黔报》，由周素园主办，是贵州历史上第一张日报，

---

[1] 周素园.周素园文集[M].贵阳：贵州人民出版社，1994：10.

[2] 贵州省地方志编纂委员会.贵州省志·出版志[M].贵阳：贵州人民出版社，1996：68.

[3] 贵州官报局.贵州官报[J].贵州官报局，1909(1).

1909年7月之后陈廷棻任编辑,该报逐渐成为贵州立宪派的舆论阵地,1912年3月停刊。贵州省博物馆藏有4张,贵州省图书馆现存1911年(宣统三年)10月《黔报》。

1910年3月[1]创刊于贵阳的《贵州公报》是日报,同属贵州立宪派的舆论阵地,办报时间也较长,直至1920年11月才停刊。贵州省图书馆现藏有1910—1920年间的部分报纸。

1911年由贵州商务总会主办的《商报》创刊,由三日刊变为日报。该报也是贵州宪政预备会所控制的报纸,1912年3月停刊,没发现有存世。

1907年11月创刊于贵阳的《自治学社杂志》是月刊,1909年停刊,贵州自治学社编印,存世三期,原件藏贵州省博物馆。后由严平整理,冯祖贻校订,刊于《辛亥革命史丛刊》第7辑。

1909年,自治学社又于贵阳创刊《西南日报》作为机关报,属于日报,1912年停刊。贵州省博物馆藏1张。

由上可知,能保存到今天的刊物比较而言非常少。其中官方所办基本属于专门领域刊物,目前没有发现刊载有史学方面文章,在这些民间刊物中仅找到下面两篇专门的史学研究文章。

1907年12月7日,周素园在《黔报》上发表《关于传教条约之研究》一文,次年为《东方杂志》所转载。文章指出与中国签订条约的18个国家中,有11个与中国订有传教相关的条约,并按时间顺序,摘录从中俄《瑷珲条约》到1903年中美签订的《通商行船续订条约》为止的各个条约中有关传教的条款,以按语的形式加以评价,指出这些条约"语意皆极明了,无甚深微难知,而行政官吏书高阁,漫不訾省,遇民教相争事,率抑民伸教,以苟安目前,蓄怨毒不平之气,积久必发,则教案之出乃辱国体、损国权"[2]。文章认为传教条约是处理有关教案问题的依据,一定要清楚其内容,不卑不亢地处理相关问题,无知无识,导致侵略者得寸进尺,

---

[1] 关于《贵州公报》的创刊时间,不同的著述也有不同说法。有的认为出现于1908年,而《贵州省志·报纸志》的说法则是1910年3月15日创刊。然而,仔细爬梳史料就会发现,《贵州公报》出现的时间应当是1909年秋,至少在1909年10月之前(参见冯祖贻,曹维琼,敖以深.辛亥革命贵州事典[M].贵阳:贵州人民出版社,2011:108)。

[2] 周素园.关于传教条约之研究[M]//周素园.周素园文集.贵阳:贵州人民出版社,1994:64.

任意欺凌侮辱国人，官员尸位素餐，民众遭殃，国家受损。文章并分析了中国传教条约在制定时的无知，在执行中的蒙昧与失败，认为应该引以为戒，希图改进。这篇文章属于对外关系史研究，是当时新史学的重要组成部分，反映作者强烈的主权观念，以及对国家民族问题的关注，具有很强的现实针对性。

《自治学社杂志》创刊号上有不署名文章《越南亡国史》，作者反复申述亡国之惨痛，救亡之迫切，试图借他国之鉴，唤起国人救亡的决心，振聋发聩："世界上最可怜最可怜的，就是亡国的人民。甚么（什么）叫亡国呢?就是土地被人霸占，财产被人劫夺，国家被人破坏……我们中国，现当最危险的时候，若不大家振顿，就要亡国。现将越南亡国的故事，布告我们中国的国民，使人人有亡国的恐惧，人人有亡国的防备。人人自勉，保全中国，不至灭亡。"这里，史学与国家救亡密切联系了起来，且带有国家观念启蒙的目的在内。该文论说道："却说近来国家学上说的，凡一个国家必有三种要件。第一要有一定的土地，第二要有久住的人民，第三要有统治权。土地、人民两样，想必人人知道。甚么（什么）叫作统治权呢？就是至尊至高、完全独立、不受外人干涉、统治全国的权柄。凡缺此三种中的一种，就不成为国家。"[1]19世纪末20世纪初国人开始引进并普及近代国家观念取代传统的天下观，这里作者将其与越南亡国的历史结合起来，警醒贵州人的同时启蒙贵州人。

由这两篇史学文章看，时人的思想观念紧跟时代步伐，也表现出新史学所关注的研究内容，即亡国史，中外交往史等与国家存亡有关的主题。

二、海外刊物与贵州新史学

早在1882年，驻日公使署内开办有东文学堂，供属员学习日文[2]。甲午战争之后，去日本留学人员增多，20世纪初更是出现留日热潮，既有官派更有自费及因各种原因居留日本的中国人，他们很多人是"新史学"的发起者、参与者。

在日本的贵州人也积极参与了当时不同派别的活动，包括办报刊、发文章等。其中，有的受梁启超的影响较大，倾向于立宪主张，"参加其组织的政闻社，

---

[1] 佚名．越南亡国史[J]．自治学社杂志，1908(1)．

[2] 刘集林，等．中国留学通史：晚清卷[M]．广州：广州教育出版社，2010：230.

如蹇念益、陈国祥、刘显治、陈廷策、张协陆、熊范舆、戴戡等”[1];有的受孙中山的影响,倾向于革命,包括于德坤、平刚、漆运钧、杨荩诚、胡肇安、钟振声、朱沛霖、周仲良及刘潜等[2]。

就目前的相关研究来看,革命派中,于德坤参与了1905年6月创刊东京的杂志《二十世纪之支那》的编写工作[3]。由于该刊出到第二期便遭日本禁止,现仅存世第一期,他没有在这期发表文章,难以考查第二期他是否有文章发表。平刚、于德坤均参与了同盟会机关报《民报》的编写工作,难以确判平刚是否发表文章于《民报》。于德坤则以“虬髯客”之名发有一篇时评文章《嘉应党狱感言》[4]。

立宪派中,熊范舆可谓在日本留学贵州人员中参与办刊与发表文章的代表人物。1907年1月,杨度、熊范舆于东京创刊《中国新报》,作为宪政讲习会的机关报,总共出版了9期,熊范舆为该刊撰写了最多的政论文章(6篇)和全部时评(3篇)[5]。其中《论前明时期满洲与中国之关系》与《日本国民之国会运动》可视为史学研究文章。前者主要针对革命派“亡国说”及“排满”论,从史学和国际法等角度出发,论证“满洲”并不是自外于中国的另一个国家,清朝官修史书《明史》中也无所谓“满洲国”。文章强调:“爱新觉罗氏称帝以前,建州卫既属辽东,为中国之领土,则其称帝也,亦不过起自中国领土上之一人耳。及夫颠覆朱明,入登大宝,而中国未承认其为国,则亦不过以中国领土上之一人,夺得中国之君位耳。亡国之问题,安所得而发生也乎?”[6]通过对明末历史的研究,该文发表立宪派对满汉关系问题的看法,很具代表性。在他们看来,满汉关系的症结不在于种族问题,而在于政治制度问题;解决之道,也不是简单的暴力“排满”,而在于以立宪来建立责任政府,尤以开设民选国会为第一要务。《日本国民之国会运动》一文将日

---

[1] 林芊.贵州留学日本学生与贵州辛亥革命[M]//杨军昌,周慧芬.区域教育文化纵横.北京:中央民族大学出版社,2016:107.其中,熊范舆参与的应该是宪政讲习会。

[2] 林芊.贵州留学日本学生与贵州辛亥革命[M]//杨军昌,周慧芬.区域教育文化纵横.北京:中央民族大学出版社,2016:109.

[3] 侯清泉.贵州近现代人物资料续集[J].贵州文史,2001(2).

[4] 虬髯客.嘉应党狱感言[J].民报,2010(25).

[5] 黄云龙.时代趋势、区域环境、人际网络与个体选择:熊范舆的曲折人生[D].南京:南京大学,2013:60.

[6] 熊范舆.论前明时满洲于中国之关系[J].中国新报,1907(4).

本的国会运动分为“舆论胚胎”“民权滋养”“运动勃兴”“期限确定”四个阶段，对其过程做了细致的历史回顾，并希望“吾辈之国民”学习日本人民的气焰精神和运动策略，通过和平手段达成召开国会的目的❶。

此时期，张靖可谓贵州籍留学日本人员中革命派史学研究的代表人物，也是贵州此期留学人员史学研究的代表人物。

张靖（1879—1969），字仲民，别字寒杉，号木鸡散人、万树梅影庵主等，祖籍陕西咸阳。生于贵阳。13岁时，离开贵阳到时任羊场（今郎岱）巡检的父亲官署，入私塾就读。18~19岁入安顺习安书院，受教于郭春帆，1905年到日本，进入日本人梅谦次郎开办的法政速成班，后又入宏文师范、同文书院和早稻田大学。期间，积极参加了反对日本政府取缔中国留学生的活动，加入同盟会。因受好友宋教仁影响，潜心历史地理研究，撰写了一些反清革命文章，由东京神田区秀光社出版的《澄碧楼史界拾遗录》一书，便是这一时期的代表作。

《澄碧楼史界拾遗录》，署名时敏氏，出版于1907年2月，分上中下三卷，下卷并未刊发。已经出版的两卷以札记形式呈现，采录笔记和传闻资料，间或加以评论，具体文章有《烈皇忧国》《沙介臣之圆圆记》《诸君之悭》《钱谦益贡品》《杨龙友全节》《亡国之言》《李太虚之名节扫地》《吉光片羽录（大哀赋、凫西鼓词、万古愁曲）》《朱衣道人》《金圣叹之死》《探花不值一钱》《徐健菴丧心之言》《高江村之无耻》《钱虞山之关盼盼》《郑延平与满清往复尺牍八通》《江险城守惨状》《全谢山之苦衷》《王鼎闭阁缢死》《王杰欲杀和珅》《太平天国之误于书生》《蒋益澄之酷好八股》《肃氏见卖于那拉氏》《戴名世得罪之文》等。

张靖出版本书的情况，在其“自叙（序）”中讲得很清楚：“是编撮取尘说，衷以己意，记载出之。意有（犹）未尽，后缀短言。因多与时选重见，又非巨金不能付梓也，置诸箧中，等诸弃纸久矣。顷以友人助，取而略加诠次，去其重出，汰其习见，删其无足轻重之事，所余如此。”❷书内表彰明末抗清志士气节，斥责清廷肆行民族压迫的行为，同情太平天国革命，鼓吹汉民族“光复”。

从甲午战争之后到1915年，中国出现了明史研究高潮，此次明史研究高潮的出现，应发端于甲午战争后孙中山的革命宣传及戊戌时期宣传变法的梁启超、

---

❶ 熊范舆．日本国民之国会运动［J］．中国新报，1907（6）．

❷ 阿英．晚清文艺报刊述略［M］．上海：古典文学出版社，1958：119．

谭嗣同等。梁启超在其《清代学术概论》中提到黄宗羲的《明夷待访录》时，说道："梁启超、谭嗣同辈倡民权共和之说，则将其书节抄，印数万本，秘密散布，于晚清思想之骤变，极有力焉。"❶由此表白可见出这时明史研究以选择性地重刊、重刻以往著作为主。20世纪初，辛亥革命党人继续做了类似的工作，如陈去病辑《陆沉丛书》等，尤以国粹派学人的系列出版活动为代表，先后勘刻了《国粹丛书》《国粹丛编》《风雨楼丛书》等，以及从抄印明末禁史到搜集明遗民的著作，翻印《扬州十日记》《嘉定屠城记略》《朱舜水集》《张苍水集》等。与此同时，明史研究的专篇文章也大量出现，较早的有但焘的《黄梨洲》、匪石的《中国爱国者郑成功传》、亚卢的《郑成功传》等。此时的明史研究，作为反满宣传的手段，集中在清政府一再忌讳的晚明与南明史的发掘，张靖的《澄碧楼史界拾遗录》正是这一潮流的反映。正因为如此，柳亚子的《磨剑室藏革命文库目录》作为《历史》类总目录第46序号收录此书。

明史研究蓬勃兴起，与清史研究并肩前进，成为这个时代关于本国史学研究中的强音，几乎占据了中国史史学研究的主要阵地。并且，由于此时报纸杂志流行的助力，史学研究的成果借助发表行为很快在社会上传播，贵州的留学人员在史学研究方面可谓不负时流。

三、政论与史论

19世纪末20世纪初，心系民族生死存亡的知识阶层，具有亦政亦学的特点，包括梁启超、章太炎等学人也是政治领域的活跃人物。其时所谓政论时论文章，一方面，往往以历史知识为支撑，以史论政；另一方面，一些政论本身就是很好的史论。贵州知识界所办刊物发表政论时论具有同样的特征，这里以保存完整的共三期《自治学社杂志》为例作一考察。

如前所述，《自治学社杂志》属于自治学社的机关刊物，该刊宣称"以预备立宪，催促立宪为宗旨"，"认定个人自治、地方自治、国家自治为希望立宪之方法"❷，根本的目的在于"合群救亡"❸。三期杂志，就栏目来说，一直处在整合阶

❶ 梁启超．清代学术概论[M]．北京：东方出版社，1996：18.

❷ 佚名．自治社章摘要[J]．自治学社杂志，1909(2).

❸ 周素园．贵州民党痛史[M]//中国近代史资料丛刊·辛亥革命(六)．上海：上海人民出版社，1957：414.

段，到第三期才有正式的目录，包括社说、论说、选论、学术、演说等栏目。文章围绕个人及社会自治、法学与宪法等问题展开，主题以实行国家独立、培养现代国民及救亡图存等为主。自治学社曾在预告“本社研究必要科目”时宣称：“（六）西洋历史。（本社另编史论附刊）”[1]，即他们对西洋历史的研究，是以史论方式呈现。

除社务文章以外，三期各类文章共32篇，其文章的撰写者有张百麟、张鸿藻、钟振玉等，属于自治学社成员。其中张百麟写了最多的文章，他是自治学社实际领导人和发起人，当时是法政学堂学生，号景福。他以名或者号署名的共7篇文章实际应不止这个数，其中以陈钟麟署名的3篇文章，至少两篇应该属于张百麟所写，因为，其一，对于第一期《瓜分警告之警告》一文，在第三期两篇同名演说文章《自治学社成立记》[2]中张百麟及张鸿藻都提到该文由张百麟所写。其二，连载于第二第三期的《社会鉴》一文，第二期署名陈钟麟，第三期署名景福，据前面成例，推测均为张百麟所作，而借用陈钟麟名，这种情况应该是自治学社的一种编辑策略。第二位是张鸿藻，法政学堂教员，自治学社首任社长，号显谟，他以这一名一号共发表了6篇文章。这些撰述者多是学法政出身，但处在新旧交替之际，中国文史交融的传统，使其文章具有深厚的历史底蕴及时代特征。

首先，20世纪初的贵州知识人士已经普遍接受了进化史观。钟振玉在论说发起自治学社的必要性时指出：“夫优胜劣败，弱肉强食，天演之公例如是，强权国家之欲望如是，诚不足怪……亟思发愤自治，宣明忠君爱国之义，考求合群进化之理，以养成国民之资格，仰体国家预备立宪之苦心。”[3]可以看出，其论说基本都是新名词，同时贯串着人类社会竞争进化的新观念。思远也指出，“抑思国家者，随历史以演进，实进化国民之生产物。国会者，国民意力发表之总机关也。地方自治法团者，国民意力组织之小形体也。将欲此总机关之成立，小形体之完全，其必望诸国民自身之心理，当为国家学者所共认”[4]，这里他指出了国家、国民的进化性。可以说，在该杂志中关于人类历史进化的言说俯拾皆是，说明这一历

[1] 佚名．本社告白·本社研究必要科目[J]．自治学社杂志，1908(1).

[2] 佚名．自治学社成立记[J]．自治学社杂志，1908(1).

[3] 钟振玉．上各大宪禀稿——发起自治学社人〇〇等谨禀[J]．自治学社杂志，1908(1).

[4] 张百麟．发起自治学社意见书[J]．自治学社杂志，1908(1).

史观的深入人心。

其次,这些文章,很多运用新的历史知识支撑其政治经济等观点。就主题而言,运用到亡国史,如《瓜分警告之警告》[1]用到英国并缅甸,法国并越南,俄、普、奥相互牵制,最终三分波兰等历史批驳国人的种种错误观点。运用到立宪史,《发起自治学社意见书》[2]列举英国和日本立宪国民的发展史。立足本国遭受侵略的历史,《论挽救中国经济宜主张大脱辣斯主义》[3]一文主张在中国实行大脱辣斯主义,即国家资本主义,是建立在对中国遭受列强经济侵略的历史基础之上。更多的人对比运用历史知识,《自治之原理(续第一期)》[4]一文,借助越南不能自治的惨状,日本能自治的成功说明中国养成自治的重要性。其中,《日本之野心》《社会鉴》两文是该杂志中具有史论性质的代表性作品。

《日本之野心》[5]一文,署名思远,注明是"北京社员来稿",推测应该是贵州去北京的自治学社成员。该文以现实与历史交融的方式,揭露日本对中国方方面面觊觎的野心。首先以各列强在中国及西方对待土耳其、朝鲜的历史,指出列强的"均势主义"是中国存而不亡的原因。但日本一系列的侵略行径将打破这种在中国的"均势主义",要变中国为"第二之朝鲜",许多中国人并不明白这一点,"而吾国人之酣睡不醒,且欲亲而近之者"。为此,作者指出中国对待日本的诸多观点的荒谬性,包括时兴的"同文同种"观等,其间运用了日本蚕食中国的历史,日本维新立宪历史,日本从政治、经济、军事、外交等各方面摧残中国的历史,描述了日本横暴而全面地侵略中国的可怖现状,以警醒国人,分析鞭辟入里,至今读来惊心动魄,反映贵州人对当代历史的掌握,对时局的判断均达到很高的水准。

另一篇名为《社会鉴》,分类为"小说",连载于第二、第三期。前文已经分析过两期署名不一致的情况,故不再赘述张百麟。第二期署名陈钟麟,号孟仁,贵

---

❶ 陈钟麟. 瓜分警告之警告[J]. 自治学社杂志, 1908(1).

❷ 张百麟. 发起自治学社意见书[J]. 自治学社杂志, 1908(1).

❸ 梦禅. 论挽救中国经济宜主张大脱辣斯主义[J]. 自治学社杂志, 1908(1).

❹ 佚名. 自治之原理[J]. 自治学社杂志, 1909(2).

❺ 思远. 日本之野心[J]. 自治学社杂志, 1909(3).

州普定县人，生于1882年，附生出身，是贵州简易师范学堂学员[1]。该文载于第三期的部分，可谓一篇对甲午战争历史进行研究的文章，主要运用了比较研究方法。在首先对比战争中中国各将领与军队的前提下，作者认为中日根本的不同，在于“立国的性质”不同，日本已经是君主立宪政体，中国则仍然是专制政体。具体从三个方面对比。其一是“取士”即人才、教育制度方面。其中，日本“政界军界中人皆曾受教育，一般人皆具有普通的道德智识，国家思想最是发达的”；中国则“从多数人观察起来，文官多半爱钱而且惜死，武官多半惜死而且爱钱”。其二是“临民”即政府与民众的关系及其基础上国民与国家关系方面。其中日本“上下融洽，一德一心，既合全国国民的智能为国力，国力也自然雄厚。伟大致富逞强又何难之有呢”，中国则“上下离异、离德、离心的专制弱国，危在旦夕”。其三是军事制度及其不同的可能结果。日本是“节制之师”，人人以当兵为荣，中国兵则为“一群蜂蚁”，“视军人若贱役，故人人以出征为苦”。总之，中日“一优一劣，比较起来，竞争起来，我焉得不败呢？”[2]该文仍然意在立宪变法，培养现代爱国有责任感的国民。

综上，此时期贵州史学具备了新史学的特征，无论从史观、史学方法及研究的领域，都有别于传统史学，关心国家民族的前途，关注中外关系，研究世界史，具有开阔的视野。就缺憾来说，其一，从留下来的史料来看，专门的新史学研究文章微乎其微。其二，就存留下来的史料来看，至今没有发现直接从理论上建构论述新史学的尝试，即没有从史学角度进行反思的著述，而史学概论性著述是此期新史学一个重要的组成部分和时尚。

附(后续)：辛亥革命之后，贵州各界对创办刊物的热情持续下来，据已查到的资料统计，民国时期，贵州省出版的期刊共有355种，辛亥革命至五四运动前后65种[3]，这其中没有发现有专门性的史学刊物。现存可以查阅的刊载有史学文章的综合性刊物中，发现有学校期刊《南明杂志》一种，该刊由贵阳南明中学编印，1914年12月15日创刊，系南明学校主办的校刊。现存仅有创刊号，辟有“纪事”“法令”“论说”“成绩”“科学”“艺林”“杂录”等栏目。该刊“成绩”一栏“中、小

---

[1] 何光渝．乡情独浩然［M］．贵阳：贵州教育出版社，2009：305.

[2] 景福．社会鉴(续前期)［J］．自治学社杂志，1909(3).

[3] 贵州省地方志编纂委员会．贵州省志·出版志［M］．贵阳：贵州人民出版社，1996：55.

学部高等学生成绩”发表学生作品实际共37篇，有史学文章24篇，占65%，其余以地理与政论为主，事实上也会有关于历史的内容。

这些史学文章均是论说文，王朝兴衰原因探讨是最重要主题。例如，《继治世者其道同论》一文认为那些能够行治世的君王，有共同的特征，即：“一则曰遵文武之成宪，一则曰守萧曹之成法”[1]，也就是“仍本诸尧舜教养仁义之道”。《明太祖论》一文认为明太祖去世后明朝即出现祸乱，在于明太祖缺乏“先天下而后有己”的心胸。《秦灭六国论》认为秦之所以能灭六国，在于秦国能够做到“内则厚其力外则施其术”[2]。有关于人才，英雄及与时势的关系，不以成败论英雄等主题。例如，《后唐庄宗论》一文认为庄宗尽管失败，不能否认其坚定的心性，在一定程度上能够“制胜劲敌，克成父志”[3]。《管仲论》一文指出：“成天下之大业者必有济天下之大才，有济天下之大才者然后能辨天下之大节也。”[4]他认为管仲便是这样一个人，“能辨天下之大节，以不死不惟有功于齐，有功于天下有功于后世”。而《西楚三分关中王秦降将论》[5]一文则与之观点相同，实例则相反，作者指出项羽失败在于其太拘于小节。总之，这类文章偏重于传统的帝王将相及贤能政治。

其中有些文章也表达了时代主题，体现其与辛亥革命时论题的一致性。例如，周达的《苏秦倡合纵之策》[6]一文认为秦并六国一方面是生存竞争社会进化的必然趋势，另一方面是由于秦所在的优越地理环境。《商鞅开阡陌》[7]一文同样表达了社会进化的思想，认为商鞅废井田开阡陌是顺应时势之变，是社会进化的表现。《鲁仲连论》一文则表达了批评战国众多的谋士“惟以达其富贵之旨趣，而不知捍卫本国”[8]的现代国家意识，具有爱国思想的萌芽。杨文煃的《周秦以来国体改革》一文，认为政体改革十分重要，周朝之弊在外重内轻导致外患蜂起，而秦朝之弊在外轻内重导致中央发生政变而无外援相助。因此，作为刚刚建立的中华

[1] 文宗潞．继治世者其道同论[J]．南明杂志，1914(1)：89.

[2] 史维新．秦灭六国论[J]．南明杂志，1914(1)：129.

[3] 黄胤．后唐庄宗论[J]．南明杂志，1914(1)：117.

[4] 朗德辅．管仲论[J]．南明杂志，1914：129.

[5] 袁世斌．西楚三分关中王秦降将论[J]．南明杂志，1914(1)：120-121.

[6] 周达．苏秦倡合纵之策[J]．南明杂志，1914(1)：104.

[7] 何煓．商鞅开阡陌[J]．南明杂志，1914(1)：99.

[8] 甯必昌．鲁仲连论[J]．南明杂志，1914(1)：108.

民国，要想长治久安，必须“修订宪法，斟酌尽善，以福国利民为前提，奠可大可久之谋，无畸轻畸重之患，则新造民国，安知不称雄长于大陆乎？”[1]表明借助对历史的研究，表达对时事的关心与意见。

值得一提的是后来成为杰出的无产阶级革命家、军事家、宣传家、活动家的周逸群，当时就读于南明中学，也喜爱中国历史，曾以周立凤的名字写有《诸葛辅汉于蜀论》一文，主要的观点认为诸葛亮是一个犹如伊尹、吕尚一般的人才，最终未能实现其“长驱中原”的夙愿，在于缺少天时地利。

总之，该刊所刊登的学生史学论文，大多一事一议，并没有从多方面开掘与论述，但也代表了当时贵州学生的最高水平。

第三节　地方史研究新趋势

自明朝建省以来，贵州史学也形成了自己的传统，在内容上侧重本地历史的记载与研究，一些宦游贵州的人，也参与其中，有大量关于贵州的奏章集与游记。也比较重视地方志与人物传记等。在辛亥革命期间，其地方史研究有了时代印记。

一、贵州南明人物研究

受时代重视明末历史研究的影响，南明时期贵州人的活动进入贵州研究者的关注视域。在影响巨大的革命派刊物《民报》上，留日学生周仲良以“民明”笔名发表了一篇文章《涓涓谈》[2]。该文属于“谈丛”栏目，是借助讨论南明时期贵州两个历史人物表达“排满”革命的主张，这两人为坚持抗清的何腾蛟与主妥协投降的马士英。用历史表达现实政治诉求，该主题的选择偏好与当时革命派的政治宣传与学术研究方向保持了高度一致。

在贵州本地，南明历史英雄人物成为戏曲现代化首次改革尝试的角色担当。1911年11月4日至5日，即贵州辛亥革命胜利的第二、第三天，辛亥革命的积极

---

❶ 杨文煃．周秦以来国体改革[J]．南明杂志，1914(1)：114.

❷ 民明．涓涓谈[J]．民报，1907(15).

参与者黄齐生抑制不住激动的心情,创作了贵州最早的川剧改良作品《大埠桥》,在独立后10天就演出,轰动了贵阳。该剧选取的是明末贵州历史上的抗清英雄何腾蛟事迹。

传统戏曲宣传维护封建等级观念的思想内容已经离近现代的现实生活较远。《大埠桥》体现的时代主题比较复杂,很多问题不像我们今天看得那样清晰,作为那个时代的戏曲,主要体现的是资产阶级的思想观念。剧本真实地再现了当时满族人的残杀奸淫,也公正地交代了南明小朝廷的腐败、官僚争权夺利的情况,表现了在国家、民族生死存亡之际,何腾蛟积极备战救亡、勉力维持、置生死于度外;被俘后,不顾清兵杀戮其家属的威胁和多方的利诱,具有坚贞不屈的民族气节,在拘禁他的慧德庵中绝食七日,从容自缢于湘潭大埠桥脚柳树下,后迁葬于他的故乡贵州黎平城西。何腾蛟以民族、国家大义为重。黄齐生正是要以这等爱国主义精神来警醒世人,宣扬覆灭清朝专制统治的伟大意义。同时,该剧也强调了汉族统治的正当性。观众的反应也如出一辙:“昨于忠烈宫开台扮演。昆山自扮何中湘王,抖擞精神,英灵酷肖。且‘满奴’‘满酋’等字,不绝于口,是深知华夷之辨,中外之防者。昆山其人,安得以优伶同之。”[1]的确,辛亥革命以“反满”革命宣传动员达到推翻封建专制的政治革命目的。所以,该剧具有艺术的真实性,体现了时代精神。同时黄齐生在《大埠桥新戏例言》中进行了观念澄清,既反对狭隘的民族主义:“今重建新国,势不能屏绝满蒙回藏而以与他人”,也反对狭隘的地域分裂主义:“目今大势,国界宜严,省界宜化。近有龃龉予居某位者某省人。支配我者某省人等语。仆正告之曰:贵州者,我汉族之公共殖民地也。乌有堂堂汉族,数典忘祖,而愿争为贵州土著者哉?试思当日何中湘王转战湖湘,以恢复神州为己任,何尝有一省界之见存”[2]。表现了国家一统的识见以及强烈的爱国情感。

黄齐生在《大埠桥》中所写的故事,基本是忠于历史事实的,也就是具有历史的真实性。正如他在《大埠桥·例言》中所说明:“是编据《明史·本传》及《编年纪略》,揣摩而贯串,虽之不免有附会之处,然仅十之一二,又皆理所必有,阅者谅之。”此剧写成后,在达德学堂前院戏台首演,“任人参观”,“军民先后入观者数

❶ 学狂.谭戏[N].西南日报,1911-09-25.

❷ 黄齐生.黄齐生诗文选[M].贵阳:贵州人民出版社,1981:172.

万人”。演出深得社会各界观众称赞,一时剧本被争相传抄。黄齐生首次改革传统戏曲实践取得巨大成功,在贵州戏剧发展史上具有重大意义。

二、乡土教材

编修地方志是我国民族文化中的一个传统。依照传统的说法,地方志具有“资治、教化、存史”三大功能。所谓资治,是指对于地方行政官吏来说,志书是施政必备之书,“治天下者以史为鉴,治郡国者以志为鉴”[1];所谓教化,是指志书不仅是“官书”,也是“百姓”生活必备之书,能够起到“扬善惩恶,表彰风化”的作用;所谓存史,是指志书具有“补史之缺、参史之错、详史之略、续史之无”的存史价值。地方志具有时代性,随着时代的改变,地方志的内容、形式、风格也会随之改变,所以,每部方志都不可避免地要打上时代的烙印,志书产生的时代不同,它的时代特征也不一样。

在近代中国社会转型的时代大背景下,地方志的纂修也由传统向近现代转型,清末民国时期,出现了新一轮地方志编修的高潮,而乡土志为传统方志新的表现形式。乡土志是清末内忧外患的特殊时代背景下产生的,据当代学者研究,甲午战争后,出于挽救民族危亡的考量,留日学生界和国内教育界掀起了国家与乡土、爱国教育的大讨论,日本和西方乡土教育的做法和制度被介绍到国内,国内有关乡土教育的教材相继出现。乡土志的编纂被作为清朝的国策,则是清朝学制改革的结果。1903年,清政府颁布《奏定初等小学堂章程》,规定“设初等小学堂,令凡国民七岁以上者入焉,以启其人生应有之知识,立其明伦理、爱国家之根基”[2]的宗旨,为此,全国各地掀起了编纂乡土志以“务使人人由爱乡以知爱国”的高潮,各地均以编纂乡土志为急务。

据《中国地方志联合目录》统计,留存至今的乡土志中,编于1905年以前者,有十几种,编于1905—1911年者,有450多种,仅六七年中成书如此之众,平均每年编成六七十种。但是据巴兆祥《方志学新论》统计,贵州此期只修纂有1部乡

---

❶ 杨宗气.(嘉靖)山西通志·序[M]//山西省史志研究院.山西通志:第50卷附录.北京:中华书局,2001:1104.

❷ 舒新城.中国近代教育史资料[M].北京:人民教育出版社,1981:411.

土志[1],同邻省云南13部,四川52部[2]相比,可以视为是漠然于此次修志高潮之外了。据张新民考证,该乡土志纂于光绪三十三年,即1907年,而不是《中国地方志综录》与《方志学新论》所说纂于宣统年间,只是宣统元年出版,叙事止于光绪三十年。属于县志型。该乡土志名为《安南县乡土志》,是易辅上编。易辅上,字心澄,安南县人,清末廪生。

该乡土志结构包括杨咏裳序、凡例,及乡土历史、地理、格致三编。是供初等小学五年级使用,体例依据清政府颁布的乡土志例,编目虽似教科书,内容与旧方志没有差别,资料来源于雍正《安南县志》和道光《兴义府志》。作为方志别派,可推考清代方志发展趋势及体例演变。《安南县乡土志》编纂目的是因为"国家为乡土之集体,乡土犹国家之细胞,欲引起儿童爱国心,必自读乡土志始",这就将新的国家观念贯注于其中。而且,该乡土志作序者杨咏裳认为《安南县乡土志》有更广泛的作用:"方今英踞缅甸,法窥越南,滇、黔门户,狡焉思逞。安南达滇、粤之声援,亦生斯土者所宜究心也。然则是书成,岂区区小学教材已哉",可以"使读者由爱乡土之心扩而及于国家"[3],影响更多的人。这些可谓新的思想观念,与全国的乡土志保持了撰述旨趣的一致性。

因此,《安南县乡土志》在清末编纂乡土志的大潮中,为贵州交上了一份比较正规而又带有很深传统志书痕迹的答卷,填补了在这方面的空白。只是不能成为新史学的代表,由于太过零星,贵州乡土志没能引领贵州实现传统史学转型。

三、历史研究会

19世纪末,维新派人士认为学会是西方强盛的重要原因,因此也希望借助学会的方式达到强盛中国的目的,大批学会得以成立。贵州在这方面并没有落后,于19世纪末20世纪初先后在不同的领域成立了相应的学会,"历史研究会"是其中之一。

历史研究会是辛亥革命时期贵州一个革命团体,1908年4月成立,其成员以

---

[1] 实际不止,第五章会谈到,这里从略。

[2] 巴兆祥.方志学新论[M].上海:学林出版社,2004:148.

[3] 佚名.安南县乡土志·序[M]//黄家服,段志洪.中国地方志集成:贵州府县志辑.成都:巴蜀书社,2006:593.

陆军小学学生为主，由学员席正铭、刘莘园、阎崇阶等人主导，活动地点则不固定。每星期日举行活动。经过发展，除陆小学生外，达德学校、优级师范、公立中学、社会人士均有人参加。5月被《黔报》登出有这么个组织，被学校禁止，转入更加积极的隐蔽活动。1908年冬，该组织又成立“皇汉公”，与包括哥老会、新军等军队人员、社会人员联络。

因此，历史研究会尽管冠以“历史”二字，但实际上是一个资产阶级革命团体，正如其成员刘莘园所指出：“表面说是研究历史，实际上是宣传《民报》所倡议的革命理论，并揭露清军入关后屠杀汉族和各族人民的惨史，以及‘大清律’所定的贵族享有许多特权，与近数十年的割地赔款、丧权辱国的外交失败等等事实，在思想上鼓动人民起来革命，推翻清王朝的统治。”[1]当然，如同全国的辛亥革命期间一样，“历史”仍然发挥了宣传动员的作用。

1911年11月，贵州辛亥革命首先从陆小发难，新军陆军响应，与历史研究会联络、教育群众有极大关系，为贵州辛亥革命做出了贡献。但是其并非一个以促进贵州新史学的发展为使命的团体，只是表明“历史”与贵州辛亥革命现实相联系了起来，也算是“历史”社会功能的具体表现。

第四节 史学书籍与新史学

作为史学的载体，出版刊物是近代新的方式，本节主要考察传统载体史学书籍的情况。这里以1948年出版的民国《贵州通志·艺文志》及1996年《贵州省志·出版志》中《清代以前图书》的史学部分[2]为主要考察对象。其中，《贵州通志》著述时间起讫原则为：“托始远古，自黔疆开辟之日起，下限则截至清末为止，不录生存，史例如是，修志亦当从之。惟民国后始故者，间亦酌情采入，若其尚存，实难论定，只有俟诸后世。”[3]具体到《艺文志》“是民国《贵州通志》十九个分志之一，记载了自汉经魏、晋、唐、宋、元、明、清入民国的贵州籍及流寓贵州的前贤名

[1] 刘端裳．辛亥革命老人刘莘园遗稿[M]．贵阳：贵州人民出版社，2003：15.

[2] 贵州省地方志编纂委员会．贵州省志·出版志[M]．贵阳：贵州人民出版社，1996：223-234.

[3] 李独清．续修《贵州通志》和征集文献经过[J]．贵州文史丛刊，1981(3).

家著述"[1],所以我们要考察的时间段清季史书是包括在内的。为了更好地了解辛亥革命时期贵州史书各方面情况,这里将通过制作表格的方式,分列1840年鸦片战争爆发到1899年的情况(见表1-1),以及1900—1911年,也就是辛亥革命期间的情况(见表1-2)。由于《艺文志》著录的书籍有很多并没有出版,也很难查到完成时间,有的著者生卒时间也经常是缺失的,因此,很多史著只能判断其著述的大致时间。本节判断该史著为1900年之前还是之后的原则是:首先,以作者生卒年为依据作第一步判断,因为很多史籍有可能作者卒后才出版;其次,有明确出版年月的以出版年月为参考;以前面两点为依据,凡著者卒于1900年后而没有明确出版日期的归类为辛亥革命期间书籍。再次,以有可能的时间线索进行推断;最后,只有书名与作者名,没有任何时间线索的归为1900年之前,此外,鸦片战争至1911年约60种地方志不录,因为第五章将有涉及。

表1-1 1840—1899年贵州史学书籍(不包括地方志)

体裁	序号	史籍名称	编著者
编年类	1	帝王世系考	赵其恺
	2	资治通鉴索引	莫友芝
	3	元号图考	胡长松
杂史类	1	南台逸史	杜树棻
	2	守蒙纪略	贺绪蕃
	3	平朱拱菁苗匪始末	佘昭
	4	援黔录	唐炯
	5	权彭平蕃援黔日记	蹇訚
	6	播变纪略	宦懋庸
	7	平黔纪略	罗文彬
	8	兵燹事略	王汝震
	9	遵义平匪日记	韩超
	10	平定贵州苗匪纪略	黎培敬等

[1] 黄永堂.点校民国《贵州通志·艺文志》的一点体会[M]//贵州历史文献研究会.贵州历史文献研究会成立十周年纪念会1984—1994专辑.贵阳:贵州新华激光照排厂印刷,1994:28.

续表

体裁	序号	史籍名称	编著者
杂史类	11	黔乱纪实	刘书年
	12	纪事微言	欧阳曙
	13	绥黔纪略	蔡兴槐
奏议类	1	邱给谏奏稿	邱煌
	2	唐威恪公奏稿	唐树义
	3	丁文诚公奏稿	丁宝桢
	4	谭中丞奏稿	谭宝钧
	5	使东奏议	黎庶昌
	6	滇黔奏议	刘岳昭
传记类	1	曾文正公年谱	黎庶昌
	2	清平孙氏宗谱	孙谷山
	3-4	帝王世系考 赵氏谱略	赵其恺
	5-10	杨芳自编年谱、杨果勇候三种、朱勇烈公昭忠录、从戎日记、已巳朝天录、归田录	杨芳
	11-12	癸丑出山录、癸申从戎录	唐树义
	13	郑学录	郑珍
	14-15	循良录、昭忠录	黄彭年
	16	三忠合编	胡长新
	17	晓瞻府君行述	张轴新、张韶新
	18	赵刚节公大事纪实	张时杰
	19	蹇氏忠勤录	蹇诜
	20	遵义黎氏家谱	黎庶昌
	21	华盛顿传	黎汝谦
	22	宋儒学案节录	李锦心
	23	昭忠录	黄本清
	24	郑秀峰公咸同宦黔事略	郑梦兰
史钞类	1	史鉴录腴	曹文昭
	2	读史纪要	黎恂
	3	汉书汇钞	萧光远

续表

体裁	序号	史籍名称	编著者
	4	二十一史提要	黄彭年
史钞类	5	读史日记	邹宗圣
	6	读史杂志	胡长松
	1	边事汇钞	朱克敬
	2-4	金沙江考略、东三省边防考略、历代关隘津梁考存	黄彭年
	5	苗疆闻见录	徐家干
	6	莪江纪略	董芝茂
	7	蜀江滩石记	赵懿
	8	白云山古迹考	但明伦
	9	桐筌	赵旭
	10-12	全黔国故颂、西洋杂志、牂牁故事	黎庶昌
	13	黔粤接壤里数考	刘书年
地理类	14	大方杂记	陈濂
	15-18	丁亥入都纪程、海行录、江行日记	黎庶昌
	19-22	北上纪程、运铜纪程、赴黔日记、归黔日记	黎恂
	23	北征纪行	唐树义
	24	从戎日记	朱洪章
	25	岷山纪程	陈钟祥
	26	观海录北征日记	赵懿
	27-28	游嵩日记、游终南太乙小记	何鼎
	29	黔语	吴振棫
	30-31	黔行日记、归程日记	刘书年
	32	蟫香馆使黔日记	严修
	1	守御纪略	冯云祥
	2	楚北旬宣录	唐树义
政书类	3-4	营田辑要内篇、外篇	黄辅辰
	5	江南凤阳府籍农户不入夷家考	任焕奎
	6	四川官运盐案类编	唐炯

续表

体裁	序号	史籍名称	编著者
政书类	7	四川盐法志	罗文彬
	8	紫泥日记	黄彭年
	9	毕节振录	刘大琮
目录类	1-6	郘亭知见传本书目、宋元旧本书经眼录、书衣笔识、金石笔识、梁石记、持静斋藏书记	莫友芝
	7-8	古逸丛书序目、明五忠手迹考存	黎庶昌
	9	黄忠端公明诚堂十四札疏	黄彭年
	10-11	古泉书录解题、古泉经眼图考	黎尹聰
史评类	1	史腴评要	董懋藩
	2-3	读《史记》稗言、读《汉书》私记	宦懋庸
	4-5	读史管见、《资治通鉴》观要	但明伦
	6-7	《通鉴》论略、兵鉴	李国材
	8	谈史随笔	杜树棻
	9	《张天如史论》详注	李锦心

通过表1-1可以看出，就体裁上来说，除了没有列于表格的地方志书外，1840—1899年的史学书籍以地理类（32种）、传记类（24种）、杂史类（13种）为多。就研究领域来说，以政治领域为多，除了直接的政书类、奏议类之外，杂史类主题基本是战事，也属于政治问题。地理类主要是游记为多，但也有部分属于边防政治类。而后便是学术领域，例如目录类、史评类。就研究的地域范围来说，以贵州本省的人事地为主。总的来看，此期史学仍然属于传统史学范围。但也有一些过渡时期的特征，如对当代史的记载等。

最突出的是出现了外国史著述。首先是黎庶昌的相关著述，最具代表性的便是《西洋杂志》。该书属于近代中国史学发展第二阶段洋务运动时期史学的组成部分，在这一阶段不再像鸦片战争期间及之后，中国人开始“睁眼看世界”，以在国内收集资料编辑外国史为主，而是开始主要通过外交使节走出国门了解西方形成外国史，黎庶昌便是这些外交使节之一。黎庶昌（1837—1897），贵州遵义人，《西洋杂志》是1877年他随郭嵩焘出使英、法，接着又转任驻德国和西班牙使馆参赞之时的著述，从人文地理的角度记述了欧洲各国的国政民俗、经济社会、交通途径、风土人情等。成为贵州具有维新史学性质的代表性著作。

其次，出现了一本具有时代内容和意义的传记史书，即《华盛顿全传》。该书“是向国人介绍美国开国总统华盛顿的第一部译著”，美国人耳汾·华盛顿[1]所撰，由时在日本的黎汝谦偕同翻译人员蔡国昭所译。黎汝谦(1852—1909)为黎庶昌侄子，曾两度随叔父出使日本，任神户、横滨领事官。该书翻译用了三年时间，又5次校正[2]，1886年以《华盛顿全传》名初印，作为近代早期向中国介绍西方民主的著作，学界争相传诵。1896年为汪康年与梁启超重视，在其创刊的《时务报》上以《华盛顿传》为题连载达3个月[3]。在梁启超自己所编《西学书目表》和《读西学书法》中也进行推介。1897年又以《华盛顿泰西史略》之名再版，全书共八卷，语言通俗易懂，在黎汝谦时常回归贵州之际，该书必定有益于贵州人对外国史的认识，也有利于接受体现其中的西方民主政治观念，属于贵州史学中少有的外国史史著。

表1-2 1900—1911年贵州史学书籍统计(不包括地方志)

体裁	序号	史籍名称	编著者
杂史类	1	战国策补释	金正祎
	2	西王母国故	姚大荣
	3	邓家队平黔战事记	蓝廷玉
	4	平彝纪闻	周煦
	5	迎推遗法	丁泽安
奏议类	1	林文宣公奏稿	林绍年
	2	邓和简公奏议贵州奏稿	邓华熙
	3	庸庵尚书奏议	陈夔龙
传记类	1-4	丁文诚公年谱、成山老人年谱、本朝名臣言行录、贤母录	唐炯
	5-6	安顺杨氏谱、杨珍行自行订年谱	杨树

[1] 今译华盛顿·欧文。

[2] 李今. 汉译文学序跋集:第1卷(1894—1910)[M]. 上海:上海人民出版社,2017:3.

[3] 载《时务报》1896年第1册到第11册，自1896年8月9日到11月15日。

续表

体裁	序号	史籍名称	编著者
传记类	7	江西布政使刘公家传	陈灿
	8-9	徐俟斋年谱、周渔璜先生年谱	陈田
	10	郑子尹先生年谱	姚大荣
	11	亚惠敏公家传	叶尔恺等
	12	独山胡氏三世述略	胡禀经
	13-14	孔孟弟于辑录	陈矩
	15-16	望眉山人年谱、贵阳王氏四世五忠三节烈合传	颜嗣徽
地理类	1	黔桂纪行	文明钰
	2	东游志略	邹国柱
	3	都濡备乘	杨宗瀛
	4	牂牁客谈	曾濂
	5	辛丑日记	华学澜
	6-7	贵州考略、苗民考	龚柴
	8	贵州全省舆地图说	贵州调查局
	9	东三省筹蒙大势图	朱启钤 、朱朝宗
	10	开拓西藏大事记	柳宗蘧
政书类	1-3	皇朝谥法表、内阁拟撰文、内阁票拟答支程式	杨树
	4	宦滇存稿	陈灿
	5	宦蜀记略	刘端棻
	6	宦直存稿	李天锡
	7	丙午筹振记	谭启瑞
	8	平论	杨珮
	9	宦游偶记	陈惟彦
	10	日本维新政治汇篇	刘庆汾
目录类	1-5	天全石录、日本金石志、石鼓文全笺、商周鼎钟两种、凫氏为钟图说补义	陈矩
	6	石鼓文足征记、禊帖辨妄记	姚大荣

通过表1-2可知，同1840—1899年的史学书籍情况相比较，本阶段史学书籍表现出来的各方面情况并没有什么变化，因此仍然是传统史学占绝对优势，除了刘庆汾所著的《日本维新政治汇篇》一书具有外国史性质，以及第三节阐述过的方志中的一本乡土志《安南县乡土志》外，其余史学书籍均保持了传统的形式与关注内容。

与此同时，一些当代史学出版物也在贵州的上层知识分子阶层中流传，如《申报》《湘学报》《时务报》等刊物。同时也有一些非贵州著者的当代所著书籍，特别是严修依据梁启超1896年撰写的《西学书目表》所列书籍进行翻刻和求购，就史学来说，有《圣武记》《海国图志》《瀛寰志略》等，为贵州带来了新的史学书籍。《西学书目表》是我国第一部系统介绍西方科学技术、政治思想、制度政策等各方面书籍的有影响的书目。其中的“史志”部分有24种，大部分为编译的外国史著。包括日本冈本监辅著《万国史记》，美国谢卫楼著、赵如光译的《万国通鉴》，英国艾约瑟辑译的《欧洲史略》《希腊志略》《罗马志略》，英国马恳西著的《泰西新史揽要》《列国变通兴盛记》，日本冈千仞著的《法兰西志》《米利坚志》《大英国志》等。

难以考证这些史书严修翻刻或求购了多少，其中的两本史书是必定有的，即《万国史记》和《泰西新史揽要》，它们出现在他的学生周素园所读书籍之中[1]，这两本也是对中国影响较大的史书。特别是后者成为当时“趋之若鹜的最风行的读物”[2]。《万国史记》是日本人著作，“其文虽用汉字，其体反仿泰西史例”[3]。《泰西新史揽要》为蔡尔康与英国人李提摩太合译。两书均有别于中国传统史体，比较而言，《万国史记》仍采用“卷”的方式，《泰西新史揽要》则直接采用了卷节体，更接近后来的章节体。两书均提供了新的思想内容，含有进化论思想，均主张新政新学。《万国史记》反对以欧洲为世界中心，对印度、土耳其、波兰等与中国一样遭受西方侵略的国家表示同情。《泰西新史揽要》主要记叙19世纪欧美资本主义发展的历史，特别介绍法国革命和英国的产业革命，传播破除封建专制积弊的新观念。这些史学书籍为贵州知识阶层接受新史学提供了过渡样本。

[1] 周素园．身世述略[M]//周素园文集．贵阳：贵州人民出版社，1994：77.

[2] 邹振环．西方传教士与晚清西史东渐：以1815—1900年西方历史译著的传播与影响为中心[M]．上海：上海古籍出版社，2007：293.

[3] 佚名．《万国史记凡例》载《万国史记》(卷1-2)。

第二章　军阀混战时期的贵州史学（1912—1935）

自1912年唐继尧督黔开始，至1935年桐梓系军阀势力彻底瓦解，蒋介石国民党政权终于掌控贵州，期间二十余年，贵州一直处于军阀势力的统治之下，不同军阀势力的持续统治以及军阀内部不同派系间的明争暗斗，给贵州各族人民带来了深重灾难。在当时复杂动荡的社会环境中，贵州史学却有所发展。

第一节　军阀混战中的贵州社会

1911年11月3日（清宣统三年十月十三日）深夜，贵州革命派响应武昌起义，打响了贵州辛亥革命的第一枪，宣告延续260多年的清王朝在贵州统治的覆灭。贵州辛亥革命胜利，建立了大汉贵州军政府。然而，如同全国的革命结局一样，甚至以更加惨烈的方式，贵州辛亥革命建立起来的民主共和政权，来不及成长为代表广大人民根本利益的国家机器，情况就发生了剧变：1912年贵州宪政党主要领导人勾结郭重光、刘显世等封建性反动势力发动"二·二"事变，残杀革命派领袖，并利用革命招牌反诬陷张百麟、黄泽霖等为"匪首"，自治学社为"匪党"，后又引入滇军唐继尧部颠覆贵州军政府，拥戴其就任贵州临时都督，继续大肆捕杀革命党人，自此贵州进入了军阀统治时期。"无量头颅无量血，可怜购得假共和"。唐继尧入主贵州的时间虽然不长，但是其在贵州建立的军阀独裁统治，使得贵州政局混乱不堪。他不仅反对革命，拥护袁世凯，宣传尊孔复古，还积极投靠帝国主义，大肆扩充自己的军事力量，使得贵州吏治腐败，民生凋敝。

1913年11月刘显世接手贵州，"兴义系"军阀自此又统治贵州十余年。"兴义系"军阀是立宪派、旧官僚以及以刘显世为核心的封建地方武装势力"三合一"的政权，因而是贵州大地主阶级利益的代表，在经历了内部"新派"和"旧派"的争斗之后就走向分裂与瓦解。1920年11月10日"民九事变"，刘显世辞去省长职务，由任可澄暂代省长之职，时任黔军总司令的“兴义系”“新派”代表王文华被杀后虽由卢焘主管黔军，但实际上出现了五旅争权的局面(1921年4月至1922年4月)。之后虽有袁祖铭定黔(1922年4月至1923年2月)，但是并不能挽救兴义系军阀的颓势，1926年6月贵州军政大权旁落桐梓周西成。至此，“兴义系”军阀退出贵州历史舞台，“桐梓系”开始了其在贵州近十年的军阀统治。

周西成出身于农民家庭，手中既无军事力量，也没有可以依靠的势力，他以地缘为界、以“亲朋”为纽带，将桐梓一方热衷于政治投机的人集结在一起，一番经营之后形成了贵州军阀史上的“桐梓系”，打造了“有官皆桐梓”的局面。周西成主政贵州之时，实施了一系列的封建专制措施，政治上用人唯亲、军事上官兵分离、经济上整顿税收以及禁锢新思想的传入、实行严厉的吏治等，这一系列的独裁统治使得其主政时期贵州出现了短暂的统一局面，社会也得到一定程度的发展。

1929年周西成在“周李(李燊，滇军龙云部属)之战”中死亡，毛光翔接着主政贵州时，“桐梓系”内部的矛盾开始显现，国民党蒋介石政权也开始借机染指贵州。通过政治上的瓦解和军事上的渗透，蒋介石不仅加深了“桐梓系”内部的矛盾，甚至是动摇了“桐梓系”统治贵州的基础。1932年王家烈在蒋介石的扶持之下接替毛光翔当政贵州，不仅没有缓解桐梓系内部的矛盾，还爆发了贵州军阀史上最后一场大战“王犹(犹国材，桐梓系高级将领)之战”，战争耗时两年多。1935年蒋介石借围剿红军之机入黔驻兵贵州，结束了王家烈的统治，同时也宣告了桐梓系军阀在贵州统治的终结。

贵州的军阀统治从“兴义系”到“桐梓系”长达二十三年，绝大部分时间里，军阀的封建独裁统治，不仅给贵州人民带来沉重的负担，更是加深了贵州半殖民地半封建社会的程度。军阀内部矛盾重重，各利益集团为了保全自己的利益不断地进行军事战争，人民饱受战祸困扰，导致这一时期贵州的人口数量锐减。1928—1936年的短短8年时间，贵州人口就由1474.57万人减少到991.88万人[1]，平均每年减少60.34万人。德江贡生廖百川曾以一首《纪乱诗》描写了军阀混战的景象：“烽烟惨澹暗黔中，满目疮痍处处同；兵匪三年千里乱，乡邻十室九家空。”

---

[1] 黄文．抗战时期贵州人口变迁对社会的影响[J]．贵州文史丛刊，2009(3)．

贵州在军阀强化的政治管制之下，经济上的剥削也是愈加沉重。频繁的战争激增了军费的支出，加上军、官、商、匪等相互勾结，剥削程度较之清政府更甚。据相关资料统计，清末时期在贵州的赋税与杂税的总征额是70多万两，到了军阀统治时期，1916年便已经达到150多万。据《贵州经济》[1]的统计，1913—1935年军阀统治时期的贵州，税项多达154种（仅是统计内的数据，加上未统计的估计有200多项），而其中中央政府征收的国税和省征收的省税仅有12种，占比7.8%，剩余的142项都是区乡政府征收的地方税，即通常所说的苛捐杂税。同时军阀官兵、地主富商、教会纷纷利用手中的职权和财富加快集中土地，导致很多农民破产。自然灾害的出现，更加剧了贵州人民的困苦。

另外，贵州作为一个少数民族占有很大比重的省份，军阀统治下民族关系也很紧张。大多数少数民族地区处于地理位置相对封闭的深山，少数民族自食其力，几乎不与外界往来，所以较之他们的民族自觉意识，他们的地方民族主义更为强烈。历史上统治者与少数民族之间的纠纷与统治者的残酷镇压，加上现实生活中地方军阀割据混战与剥削，致使少数民族与汉族剥削者之间的矛盾越来越深，这严重阻碍了少数民族地区社会经济的发展，经济上的对立导致了民族的隔阂。

贵州军阀的统治给百姓带来了巨大的灾难，频繁的战争阻碍了社会的发展，但是也不能否认军阀统治期间贵州社会的缓慢进步。特别是周西成统治贵州期间，对贵州财政进行整顿、修筑公路、兴办实业、整改社会治安、创办大学等。这些举措不仅改善了交通状况，促进了经济的发展；同时也使贵州原有的经济结构发生了改变，促进现代经济的发展以及近现代工业的崛起；大学的创办不仅为贵州的发展培养了人才，成为近代贵州进步的重要推动力，更为重要的是加快了贵州教育近代化的进程。

周西成之后，毛光翔也将注意力放到了农村经济方面，进行田亩整顿，并颁布了《贵州清查田亩改良赋制章程》和《贵州省清查田亩实施办法》等条例，但是军阀内部的利益矛盾使得他无暇顾及，因而难以落到实处。

总的说来，军阀统治期间的一些举措也推动了贵州的发展，即使发展是缓慢

---

[1] 张肖梅．贵州经济[M]．重庆：中国国民经济研究所，1939.

的,却是不可否认的;但是比起军阀对贵州带来的黑暗统治,以及给人民大众带来的苦难,这些微弱的进步,根本不能扭转贵州腐败落后的局面。

贵州辛亥革命胜利后建立的大汉贵州军政府仅过几个月便为敌对势力所倾覆,但它所揭示的“反对专制,创建共和”的大旗,已经深入人心。民主革命在贵州继续发展,在护国运动、护法运动、北伐战争中,贵州各族人民和广大黔籍官兵积极参加,并做出了应有的贡献。五四运动前,新思潮对贵州产生了积极的影响,五四运动发生后,贵州青年积极投身运动,使贵州的民主革命进入了一个新的时期。随着马克思列宁主义的传播,特别是中国共产党组织和中国工农红军在贵州的活动,贵州的新民主主义革命在中国共产党的领导下,不断取得新的进展。

血雨腥风的军阀厮杀中,贵州史学首先迎来了本省当代史即贵州辛亥革命史的研究,地方民族史的研究也开始起步,一批学贯古今的学者,特别是出省宦游的一些贵州人,在国家层面的史学发展上,做出了自己的贡献,既有开创性的专门史研究,也有多方面的史学材料的收集刊刻与传播。

第二节　当代史的研究

军阀统治的20多年里,面对剧烈的社会变动,一些历史的参与者及时或事后记下了当时发生的历史事件,特别是贵州辛亥革命,“即光复以后,贵州同志之被屠杀者,尤惨重于他省”[1]。实际上,有关贵州辛亥革命的历史当时便受到重视,是研究这一时期贵州历史的珍贵资料。另外,关于军阀割据的历史也得到一定程度的关注。

一、贵州辛亥革命历史著述

贵州辛亥革命是贵州近代化历程中非常重要的历史事件,众多贵州本地精英参与其中,无论是事件进行的过程中还是革命之后,对贵州社会均有着重大影

[1] 中国社会科学院近代史研究所《近代史资料》编译室. 云南贵州辛亥革命资料[M]. 北京:知识产权出版社,2013:230.

响。对这一事件进行记载的主要有两种情况。

（一）事件发生时各方的回应著述

首先，1912年“二·二”事变后，逃亡出省的自治学社成员及相关人员，在所到之处愤怒揭发唐继尧、刘显世、任可澄、郭重光、戴戡等祸害贵州的暴行，这便产生了一批关于贵州辛亥革命的著述。较早的有张百麟于上海发表《贵州党争始末记》❶，此后，周素园在武昌撰写了《为旅鄂全黔维持会上政府筱电》《为赵南山呈袁大总统》《呈黎副总统》❷等。另有周素园、黄德铣等483人在重庆致北京大总统、武昌副总统、南京黄兴暨各省的《贵州绅学军商致各省电》及《贵州血泪通告书》❸；徐龙骧自贵州死里逃生回北京后撰写《黔人乞救书》❹；国民党本部政务研究会干事张友栋与漆运钧等数十人整理《为刘显世等惨杀黔人上参议院书》❺，两次呈递参议院；前中央参议员平刚、文崇高及贵州省议会人员谭西庚等29人共同署名，在北京发布《黔人请愿书》❻，向国会呈递；此外，还有京津全黔维持会方敦素、梅镇涵等86人的《贵州之血腥录》❼，漆运钧于天津撰写《致同乡唐公柔书》《贵州政界以暴易暴论》❽，退入四川的鲁瀛散发《布告同胞启》❾，王佐等人代表“川鄂湘三边流亡黔氓二万三千余人”的《上大总统书》❿，沿河王元齐的《泣告同胞书》⓫，上海刊印的《贵州自治党泣告中央大总统、各省都督、议会及各

❶ 并未看到存世情况。

❷ 周素园. 周素园文集[M]. 贵阳：贵州人民出版社，1994.

❸ 中国社会科学院近代史研究所《近代史资料》编译室. 云南贵州辛亥革命资料[M]. 北京：知识产权出版社，2013.

❹ 中国社会科学院近代史研究所《近代史资料》编译室. 云南贵州辛亥革命资料[M]. 北京：知识产权出版社，2013.

❺ 中国社会科学院近代史研究所《近代史资料》编译室. 云南贵州辛亥革命资料[M]. 北京：知识产权出版社，2013.

❻ 贵州省文史研究馆. 贵州文史丛刊[J]. 贵阳：贵州省文史研究馆，1981(3).

❼ 贵州省文史研究馆. 贵州文史丛刊[J]. 贵阳：贵州省文史研究馆，1981(3).

❽ 均载《黔乱真相》，民初印本（见刘毅翔. 贵州辛亥人物传稿[M]. 贵阳：贵州人民出版社，2003：54）。

❾ 中国社会科学院近代史研究所《近代史资料》编译室. 云南贵州辛亥革命资料[M]. 北京：知识产权出版社，2013.

❿ 何仁仲. 贵州通史：第4卷[M]. 北京：当代中国出版社，2003：19.

⓫ 何仁仲. 贵州通史：第4卷[M]. 北京：当代中国出版社，2003：19.

界同胞书》《黔乱真相》[1]等,武汉刊出《黔人血泪》[2],贵州通信处发刊《黔民呼声》《牛洞杂记》《安健告同胞书》[3]等,而黄烈诚所著《贵州起义首功黄泽霖被害略述》[4],是黄泽霖被害后,黄泽霖夫人黄烈诚逃往北京控诉刘显世所作。

这些或以个人名义或集体署名的文章均饱含悲愤之情,是向中央政府、参议院、全国各界发出的请愿书、控诉书、陈情书,内容上试图还原贵州辛亥革命经过情形,大多分条分点进行论述,有人甚至列举多达29条罪状,历数郭重光等人的阴谋,控诉刘显世乱黔事实,揭露唐继尧及滇军荼毒贵州的暴行及暴政,呼吁伸张正义,在当时影响很大。但由于政局混乱等众多原因,最终他们的很多申诉并没有得到有效的回应。

其次,有宪政预备会成员发表的文章,如《宪政派谈"二·二"事变及黔中乱象》《贵州政象种种》《追录贵州反正后之怪状种种》等。有入黔滇军方面的著述,最有代表性的是庾恩旸的《云南北伐军援黔纪事》等。这些文章从各自的立场出发,将贵州辛亥革命后的屠杀及种种混乱现象归因于自治党,大多也采用了分条分点的论述方式。

虽然各方文章大多有偏激或偏见的成分,但在彼此印证之中留存了历史事实,成为今天有价值的研究史料。

最后,此期也有一些非常客观,并非出自"党争"的撰述。钟昌祚是贵州辛亥革命中自治学社第二任社长。《滇黔道中手札》[5]是他在贵州光复后,与刘荣勋、安健从上海绕道云南回贵州,在昆明及回黔途中写给他在上海的次子钟景贤的家信。信中有上蔡锷书的原稿,致江亢虎信的节略等。作为私人且亲人的信件,具有不必掩饰的客观性。其三、子钟全林著的《先烈钟山玉先生事略》[6],1920年

---

❶ 李祖明.黔军史略贵州文史资料专辑[M].贵阳:贵州人民出版社,2011:75.

❷ 周素园.周素园文集[M].贵阳:贵州人民出版社,1994:301.

❸ 李祖明.黔军史略贵州文史资料专辑[M].贵阳:贵州人民出版社,2011:75.

❹ 中国社会科学院近代史研究所《近代史资料》编译室.云南贵州辛亥革命资料[M].北京:知识产权出版社,2013.

❺ 中国人民政治协商会议贵州省委员会文史资料研究委员会.贵州文史资料选辑:第1辑[M].贵阳:贵州人民出版社,1980.

❻ 中国社会科学院近代史研究所《近代史资料》编译室.云南贵州辛亥革命资料[M].北京:知识产权出版社,2013.

1月写于北京。

乐嘉藻撰于1912年的《贵州党争事略》(抄本),同样记述自治学社与宪政预备会之间争斗的情况及这种争斗在辛亥革命后的继续。在贵州自治学社、宪政预备会斗争中,乐嘉藻处于中立地位,该文被认为"论述较为客观、公正,实为研究贵州辛亥革命重要的必读史料之一"[1]。

刘世杰是洪江会议《洪江条约》签订的参与者,其《袁世凯之祸黔》是1912年著作,除记述唐继尧、刘显世破坏洪江会议的种种事实之外,更为重要的是斥责袁世凯支持唐继尧阻止北伐黔军回黔的罪恶。

(二)贵州辛亥革命尘埃落定即"复仇"之后的研究著述

这类著述是个人撰著,在中华人民共和国成立前的贵州一直有所持续。如杨昌铭所著《贵州光复纪实》[2],写于1927年,记述贵州自治学社兴衰及辛亥革命在贵州的经过。忍庐[3]的《辛亥革命在贵阳》一文,记述了辛亥革命时期他在贵阳的所见所闻。朱寿颐的《贵州光复之役》等均是研究贵州辛亥革命,这些著述除力图披露真相外,还有讴歌革命事业的意图。这其中重要的有周素园、平刚的相关著述及凌霄的《贵州革命史》等。

1. 周素园及其关于贵州辛亥革命著述

周素园(1879—1958),原名周培艺,字素园、树元、澍元,贵州省毕节县人。出生于一个没落的仕宦家庭,在母亲的教育下,他"少读书,博闻强记,不肖等四五岁时,唐诗已琅琅(朗朗)上口,聪颖者能背诵《曲礼》《内则》"[4]。学完四书五经,他的父亲"授以《昭明文选》《唐宋八家钞》,后又得宜兴储氏所选《国语》《战国策》《史记》《西汉文》读之"[5]。凭借良好的家庭教育,1895年考取秀才,名列前

---

[1] 见刘毅翔的《乐嘉藻传》载贵州省文史研究馆编《贵州辛亥风云录》,贵阳:贵州省文史研究馆,2011.

[2] 中国社会科学院近代史研究所《近代史资料》编译室.云南贵州辛亥革命资料[M].北京:知识产权出版社,2013.

[3] 即丁上左,1878—1928年,字宜之,号竹孙、忍庐,钱塘(浙江杭州)人,南社社友,著名藏书家丁申之孙,著名书画、篆刻家。

[4] 周素园.先府君暨先妣事略[M]//周素园文集.贵阳:贵州人民出版社,1994:4.

[5] 周素园.周素园文集[M].贵阳:贵州人民出版社,1994:54.

清岁贡生。严修任贵州学政期间,他是被选中的40名高才生之一。严修非常赏识周素园的古文功底。

在此期间,周素园想尽方法,觅取新书、新报,如《校邠庐抗议》《泰西新史揽要》《时务报》等,广泛的阅读,积极的学习,使他具有了关注社会事业的敏锐眼光与独到见识。1903年,周素园应普安知州方雪岑之聘,至普安师范传习所执教。1905年,离开普安来到省城贵阳,与李端棻、于德楷、唐尔镛等贵阳名人有了接触。1907年8月17日,主导了《黔报》创刊发行。《黔报》是贵州历史上第一份日报。他在《黔报》上以《瓜分之警告》为题,披露《英俄协定》《日俄协定》等签订的消息,警醒人们奋起救亡,引起贵州社会关注,促进了贵州自治学社的成立。1909年,周素园改任自治学社社报《西南日报》主笔。期间积极参与贵州辛亥革命的组织筹划工作。

1911年11月4日贵州宣布独立,正式成立"大汉贵州军政府",周素园任行政总理,主政。"二·二事变"后,周素园改任都督府参议长。4月20日前后,获知自己将被加害的消息而逃亡,而后加入控诉唐继尧等暴行的行列。5月17日,在重庆以"贵州全省绅学军商各界"名义,撰写《贵州血泪通告书》。夏秋,抵达武昌,撰写《为旅鄂全黔维持会上政府筱电》《为赵南山呈袁大总统》等。冬天,到北京,经冯自由推荐,任临时稽勋局调查员,专门办理贵州稽勋事,撰写《上临时稽勋局论贵州革命始末》,首次较完整地阐述了他对贵州辛亥革命暨党争全过程的基本认识和看法[1]。1913年1月至4月,受稽勋局委托,联络各方,收集资料,撰有《稽勋表册底稿》。5月,获得担任临时国会参议院秘书员,并为首组织在京"黔人冤愤团",撰写《黔人冤愤团宣言书》。此后的1913—1935年,周素园辗转四川、武汉、北京、贵州等地,寻求报国之路。期间,又撰写了《贵州民党痛史》。另外,据陈纯斋回忆说,周素园在1912年任北京稽勋局调查员时,写了反映贵州辛亥革命情形的著述,有数十万字,共四小册。对1901—1912年贵州革命及其失败的经过,做了较详细的记录,言辞悲壮淋漓。此稿由当时的稽勋局局长冯自由送国民党党部转交国民党党史会,今存我国台湾国民党党史会。

周素园对贵州辛亥革命做了最多的记载,其中,《贵州民党痛史》《稽勋表册

---

[1] 刘毅翔.贵州辛亥人物传稿[M].贵阳:贵州人民出版社,2003:206.

底稿》最为重要。

《贵州民党痛史》是周素园写的关于贵州辛亥革命最重要的著作，也是最具影响力的一部。1926年，周素园"闻张彭年言：陈稚苏（廷棻）语人，彼于黔事已有记载，藏之金匮石室，待其身后发表"。陈廷棻是宪政预备会重要成员，作为自治学社重要成员的周素园担心"对方用心之深刻，且以摧辱吾党为未足，犹欲闭户造谤，厚诬我同志于九原"，于是"亦欲有所造作，述当时之真面目，供百世之公是非"❶，1926—1927年，写成《贵州民党痛史》初稿，在1935年增修并定稿。《贵州民党痛史》七万余字，以自治学社为中心，包括胚胎时期、成立时期、发展时期、死亡时期四篇52章，并有《自治学社社章》《自治学社调查表》《军政府檄文》《梁启超护国之役回顾谈正谬》四篇附录于文中。起自严修督学贵州提倡新学，讫于1920年"民九事变"，完整地记述了资产阶级革命派兴衰及"复仇"的历史。

其史学思想表现为以下几个方面，首先，表彰"艰苦奋斗，与旧势力肉搏，不量轻弱，以改造国家、改造社会为己任；任重道远，而不屈不挠之精神，可歌可泣之史迹"❷的革命派。在他的笔下，有"提倡革命阅十年，地望益高"的早期革命者彭述文、"知其不可而为之，古之豪杰之士"的张忞、致力于创办报刊开通民智的周培艺等。他认为同旋起旋灭的马良政闻社、杨度之宪政公会相比，贵州自治学社能"努力进行，尽量发展，终于推翻专制，建立共和"，可谓"坚苦卓绝"。其次，揭露立宪派等谋取权势利禄，"绳营狗苟"的险恶百态。指出刘显世"凶悍跋扈"，任可澄"违法舞弊""诡幻诪张"，郭重光是狡狯、居心毒的小人。控诉唐继尧"政令所设施，非斩刈人之生命，则搜刮人之财产也。谓摧毁武力，文士亦膏斧锧；谓铲除异己，齐民亦就汤镬。当此之时，行道不闻偶语，婴儿弗敢夜啼，晨起揽镜，见颈戴其颅，则欣然有喜，鬻妻卖子以供诛求，亦无怨色"❸的惨绝人寰统治。再次，总结革命终归失败的原因。就革命领袖张百麟来说，"其一网罗人才，大抵缘于累次之延揽，以为可以吸收同志者，亦可以说服敌党"；"其一避远权势，任戴何人为首领，事实上均可指挥如意，而不悟杨荩诚、赵德全非钟昌祚之伦比"❹。总

---

❶ 周素园．致陈让泉、李小谷、韦少权函[M]//周素园．周素园文集．贵阳：贵州人民出版社，1994.

❷ 周素园．周素园文集[M]．贵阳：贵州人民出版社，1994：236.

❸ 参见贵州省文史研究馆编的《贵州辛亥风云录》，贵阳：贵州省文史研究馆，2011：68.

❹ 参见贵州省文史研究馆编的《贵州辛亥风云录》，贵阳：贵州省文史研究馆，2011：29.

之,其成功在此失败也在此。责备其"天予不取,反受其咎",痛惜其"一著错,满盘输"。这里的总结有资产阶级革命派不够坚定,治理经验不足的问题,也有对手过于阴险狡诈,势力比较强大的方面。最后,写出了清末民初贵州近代社会思想变迁轨迹,比较重视保存思想史料。19世纪末有严修、雷霆珍、吴嘉瑞维新思想的传播,20世纪初有王夫之、黄宗羲等遗著中的种族思想,继之以章太炎《訄书》的革命思想,预备立宪,以及自治学社"以为须普及法政学理于一般青年,使深入群众,激发人民之国家思想,始能共同救亡"[1]等紧跟时代的思想演变历程。在写作上,具有较开阔的视野,既将贵州革命派的成长放在近代新思想发展的大背景之下,也时时与同时代的全国情形作比较。同时,围绕贵州自治党问题,将复杂的事情编排得井井有条。

《稽勋表册底稿》是为贵州省在辛亥革命前后参加革命活动有功人员请功授勋的报表底稿。是作者在贵州军政府被颠覆后,于1913年流亡北京,任参议院秘书员及稽勋局调查员时所作。总计为303人请勋,其中傅燕琼名下有"取销(消)"二字。请勋类别分甲、乙、丙、丁、戊五类,其分类的原则是:甲,开国前各处倡议者;乙,开国时各处倡议死难者;丙,开国时各处尽瘁身亡者;丁,开国时军事上建议策划或奔走运动成绩卓著者;戊,开国前后输资助公国民。其中以丁类者最多[2]。分姓名、年岁、籍贯、会党、逃亡年月、原因、逃亡状况、家庭状况、略历九个方面分述每个人。《稽勋表册底稿》"开了贵州辛亥革命时人物传记的滥觞"[3]。

贵州辛亥革命的爆发距今已有一个多世纪,当时的史实、人物和社会状况,第一手资料很少。作为一个知识分子革命者,以及作为革命直接参与者的责任意识,周素园及时记下了贵州辛亥革命的有关事件。他关于辛亥革命史的写作,为研究辛亥革命在贵州的历史以及研究贵州资产阶级民主派兴衰历程提供了翔实可靠的第一手资料。

2. 凌霄《贵州革命史》

凌霄(1875—1951),原名时雍,又名汉舟。贵州贵定人。曾加入贵州自治学

---

[1] 参见贵州省文史研究馆编的《贵州辛亥风云录》,贵阳:贵州省文史研究馆,2011:30.

[2] 周素园.周素园文集[M].贵阳:贵州人民出版社,1994:89.

[3] 冯祖贻,曹维琼,敖以深.辛亥革命——贵州事典[M].贵阳:贵州人民出版社,2011:317.

社。1910年于贵阳陆军小学堂毕业回乡，任贵定两等小学教习兼堂长，继续进行革命活动。1911年11月4日，贵州军政府成立。凌霄闻讯在贵定率领乡兵起义，宣布独立，后任军政府五路巡防总统领府、第三标营长。1912年滇军入黔，凌霄在贵定率领所部迎战滇军，因寡不敌众而退到湖南边界。在湖南辰州，受到北伐的贵州都督杨荩诚接待，其部改编为北伐军四十二旅八十四团二营，任营长，后升任八十四团团长。1913年年初，凌霄离开部队到上海，与席正铭、阎崇阶、杨虎等13名贵州人“桃园结义”，立志追随孙中山。1913年7月，“二次革命”爆发，凌霄等人奉命到淮北组织平淮军，失利后又到南京黄兴部下任十八大队队长，先后与张勋、冯国璋等部激战于紫金山、雨花台，兵败后又潜逃回上海。1914年，凌霄奉命到湘西组织武装，袭击抢夺刘显世的军械，不料被人密告，被湖南都督汤芗铭逮捕，6月22日，他与湘黔志士7人被解往常德枪毙，暴尸郊外。凌幸而未死，次日晨，凌霄苏醒过来，被一乡农救回家并以草药医治。稍愈即转到上海。1924年1月，作为贵州代表出席国民党第一次全国代表大会。会后，继续任贵州支部长。1928年，任国民党中央党史会委员。在此期间写有《贵州革命史》《平越各县之变乱记》等文章。

《贵州革命史》仅两章，即“辛亥前贵州革命党”“辛亥时贵州革命党”。前章以非常简洁清晰的思维方式分贵州革命党为四派，其叙事开启于20世纪初年出现的贵州革命派。后章记叙了贵阳革命与大定独立两件事。他将自己归为“贵州省内同盟会会员激烈派”，或许正是基于这种归类，与周素园的同类记述相比，对贵州辛亥革命，他有了一种相对局外的视角，这也促使其对某些方面的认识更趋客观。例如，对自治学社性质的界定为“接近革命主义”，辛亥年自治学社“不得不自弃其君宪主张，转而赞成革命”❶。周素园则指出“自治学社取政党步调，形式上虽与同盟会殊趣，精神上实为同物。刚居间介绍，请吸收自治社。自治社亦赍干部决议，加入同盟会。惟内地活动，仍沿用固有旗帜，此生存之必要，海外同志亦极谅解云”❷，有一个精神与实际表现的区别。在贵州辛亥革命失败的原因方面，凌霄侧重于制度因素：“革命后，军政府之组织，且自为风气，运用失当，遂转为反革命之官僚、权绅所覆灭……使民国成立20年，贵州始终劫制于官僚、

❶ 参见贵州省文史研究馆编的《贵州辛亥风云录》，贵阳：贵州省文史研究馆，2011：197.

❷ 参见贵州省文史研究馆编的《贵州辛亥风云录》，贵阳：贵州省文史研究馆，2011：33.

权绅之手。”[1]同时,强调难与同盟会接洽的后果:“所惜者交通不便,与同盟本部失其联络,加以其政制与运用,又有种种谬误。”[2]反映出其作为同盟会会员的立场。

3. 平刚及其辛亥革命著述

平刚(1878—1951),字少璜,贵州贵筑(今贵阳)县人。祖籍浙江山阴。19岁考取秀才,“戊戌以后,孙中山的革命思想传入贵州”[3],尤其是章太炎《訄书》传入贵州,平刚阅毕,“遂首起而剪发”[4],以示与清廷决裂,1903年,平刚与张忞、彭述文一起创设寻常小学于贵筑北门外真武庙内,后迁校于忠烈宫,改名乐群学校,是贵州最早的新式学校之一。1904年,平刚和贵阳蒲藏锋、乐嘉藻、张忞、彭述文等创办科学会,这是贵州最早的自然科学学会。是年,慈禧太后70寿辰,各地奉命庆贺。平刚撰“东望日本西观意,卅年来人皆进化;北惩俄罗南戒党,七旬后我亦维新”一联,张贴贵阳府外巷口,立刻受到官府捉拿并被革去秀才功名,释放后被迫出走。

1905年平刚东渡日本,加入孙中山领导的同盟会,任干事兼贵州支部长。在日本期间,平刚与贵州自治学社主要领导人张百麟、周素园等不断有书信往来。1910年,平刚在孙中山同盟会员回省发动革命的号召下,由日本返回贵阳,以乐群小学教员身份,与张百麟等进行推翻清廷的活动。1911年,贵州辛亥革命成功,成立大汉军政府。平刚任枢密院成员,起草《大汉贵州军政府三个月期间之约章》,明确军民分治。同年冬,平刚、文崇高代表贵州赴上海参加国民代表会议。1912年,中华民国临时政府成立,孙中山就任临时大总统,平刚任众议院秘书长。同年秋,随孙中山赴北京。1915年,蔡锷在云南起义讨伐袁世凯,平刚随章太炎赴云南,加入护国运动。1917年7月,孙中山在广州领导护法军军政府,平刚又随章太炎到广州,任大元帅府秘书。曾建议设立军官讲习所,训练军事骨干,但未被采纳。1918年,任湘西军政府议长,1923年回贵州,先后任镇宁、赤

[1] 凌霄.贵州革命史[M]//中华民国开国五十年文献:第2编第4册,台北:正中书局,1962:178.

[2] 参见贵州省文史研究馆编的《贵州辛亥风云录》,贵阳:贵州省文史研究馆,2011:199.

[3] 吴雪俦,张泗.贵州辛亥革命先行者张忞事略[M]//贵州文史资料选辑:第10辑.贵阳:贵州人民出版社,1981:149.

[4] 平刚.于德坤传[J].平论,1913(1).

水，四川古蔺等县县长。在周西成主黔时曾任过周的政治顾问。1928年任国民党贵州省党务指导委员会常务委员。1939年开始任贵州省临时参议会第一、第二届议长。1944年日军入侵黔南，怒斥当局焚毁贵阳以阻挡日军的计划，从而保住贵阳未遭焚烧。1946年贵州省临时参议会改组为参议会，平刚当选为议长。

平刚作为革命的参与者与领导者之一，关于贵州辛亥革命的著作，与他人合写的有《黔人请愿书》和《贵州之血腥录》。独自撰著的有《于德坤传》[1]《贵州革命先烈事略》《贵州光复史实——在贵州光复卅六周年纪念大会上讲词》等。

其中，《贵州革命先烈事略》写于1936年3月，三万余字。记述了张忞、张百麟、黄泽霖、钟昌祚、赵德全、于德坤、席正铭等78位先烈（悼55位先烈，另有附传23篇）的事迹，是关于贵州辛亥革命人物又一部传记。有学者指出该书"所记各革命先烈事略，或亲所熟悉，或得之传闻。属于前者其纪述大体确实可靠，属于后者则不甚正确。贵州辛亥革命时，参加的人虽多，有著述的人则很少。平氏此书，亦不失为研究贵州辛亥革命史的参考资料"[2]。

《贵州光复史实——在贵州光复卅六周年纪念大会上讲词》，载《贵州民意》第四卷第一，二期合刊，1947年12月在贵阳印行，同前期著述相比，这里的记忆就相对模糊一些。

二、贵州军阀统治历史的著述

在对军阀的研究中，周西成是一个具有争议的人物，也是一个热点人物，他的属下及与他有过交往的同时代人已经开始对他进行记载。首先是刘其贤[3]编《黔东战记》，该书1929年由文通书局出版，七万余字，共分23个部分，书中附有作战形势图多幅，写周西成与李燊1928年在黔东松桃、铜仁一带的战争。记述

---

❶ 平刚．平论[J]．平论报馆，1913(1)．

❷ 中国社会科学院近代史研究所《近代史资料》编译室．云南贵州辛亥革命资料[M]．北京：知识产权出版社，2013：230．

❸ 刘其贤，字思齐，1887年生于贵州省沿河县。1923年年底周西成创办军官教育团，任命刘为团长。1926年军官教育团迁至贵阳河滨公园原贵阳师范学校旧址并改名崇武学校，周西成任命刘其贤为崇武学校中将校长。1928年，43军李燊侵黔，周率所部亲临前线指挥，并任刘为行营参谋长，率崇武在校学生奔赴前线。1929年周死后毛光翔任主席，崇武学校停办。

详谵,包括双方兵力编组、作战经过、战地惨迹、军事上的教训等众多内容。刘其贤作为周西成任命的行营参谋长参与了战争,该书“是黔中军阀之战的一本信而有征的战史”❶。在自序中,刘其贤从史学史的角度讨论了作史的旨趣:“古者左史记事,右史记言,曾设专司。盖国家开明进化胥于史册是赖,非沾沾焉徒为载治乱之时期,纪兴亡之事迹,供后人稽考已耳”。尽管简短,这种史学的思维与论说在当时黔籍作者中还是非常少见的,道出了近代史学撰述与传统史学在功能上的不同,体现史学的时代价值。同时他指出了本书的性质:“铁血之成绩为教战之典则,战事之实验为用兵之准绳,而记此成绩实验者战记也。故战记之为用,小之可悟战略战术之原则,大之可知整军经国之宏猷。考近世列强每于战事结束后恒设专司以为记载。”❷从中也可窥知他著作此书的另一原因及侧重,理论总结是其重要内容,正文180页,最后两部分经验的概括有34页,占比将近五分之一,且叙述部分也常有议论。

另外,刘其贤还撰著有《周西成传略》。同时期同类撰述还有曾在周西成部队当参谋长的刘民杰❸写的《周西成传》、安顺陈廷棻❹写的《周省主席兼军长传略》、闷声的《周省主席治黔政绩的回忆》、昆吾的《周省主席兼军长一年来之政绩》❺及1932年王家烈❻撰《周公西成传》《周西成荣哀录》等,都对周西成的治黔

❶ 冯楠.黔故续谈[M].贵阳:贵州省文史研究馆,1995:27.

❷ 刘其贤.黔东战记·自序[M]//刘其贤.黔东战记.贵阳:文通书局,1929.

❸ 刘民杰(1896—1936),别号继炎,平越(今福泉)人。毕业于贵州陆军讲武学校,历任黔军旅长、师长,25军第一师师长、第四师师长、军参谋长,中将参谋长。1930—1932年任贵州省政府委员、省政府常务咨政。1932年6月至1935年4月任贵州省政府委员兼建设厅代厅长、25军“剿匪”前敌总指挥。1936年1月26日,红二、六军团攻人平越县城时,堕城身亡。

❹ 陈廷棻(1877—1939),字稚苏,贵州平坝人,清光绪二十七年举人。早期任教于贵阳优级师范选科学堂、贵州通省公立中学堂、私立时敏小学堂。贵州宪政预备会成立后,任该会副会长。其文效桐城,诗宗李杜,是贵州宪政预备会的“笔杆子”。清末担任过《黔报》主笔、《贵州公报》主编、《商报》总主笔。民国时期,历任大汉贵州军政府枢密院秘书厅长、镇远道道尹、贵州高等检察厅检察长、省参议会参议员等职。

❺ 该两文载贵州六一纪念大会.贵州六一纪念[M].贵阳:贵州六一纪念大会编印,1930.

❻ 王家烈(1893—1966),贵州桐梓县人,1914年,王投身于贵州陆军步兵第六团当兵;1916年人贵阳陆军讲武堂;1918年6月,王家烈随部队进入湖南,参加“护法”战争,于1920年4月返回贵州。其时,第一混成旅营长周西成了培植个人势力,便大力提拔同乡,王被提升为连长以后,他便随着周西成势力的形成、壮大,而逐步擢升。1926年3月,王被提升为第二十五军第二师师长。

政绩记述较具体。

有些著述是关于军阀史的综合性研究。周素园《贵州陆军史述要》写于1941年,约三万字,四篇,即清末之建立陆军、辛亥革命时期、兴义系统治时期、桐梓系统治时期。系统地记述了清末贵州编练新军始,至1935年国民党中央系在"追剿"红军时迫使贵州军阀王家烈下台的黔军兴衰史事,是为清末民国贵州的军史专史,也可以看作一部综合性的贵州军阀混战史,包括了这一历史时期贵州政局演变的概况。其中由于年代久远等原因,难免有一些错误之处,有学者进行了辨证[1]。

胡树声《播事纪略》则是从地方民间的视角对贵州军阀统治进行记述的著述。胡树声(1872—1944)字听秋,号伯子,晚年自称崖叟,遵义市人。1911年到遵义中学堂任教,直到1936年止,1944年病逝。1946年其子胡容卿整理遗物时发现其所作《播事纪略》。《播事纪略》以编年体记录他日常"所见所闻与所经历之一切琐屑事",是为备忘而随手所做的大事记手稿。他从未将稿示人,具私人性与客观性。包含了自辛亥革命贵州光复至1931年遵义发生的重要政治、军事、经济大事,从中可以窥见著者作为一个普通人对时事的关注,对战争的厌倦与无奈,对民间疾苦的哀怜。为研究贵州军阀统治地方历史与普通人的历史心态留下了没有做作的原始史料。

三、其他当代史著述

民国当代史著述的形式多种多样,从不同的视角比较及时地记载了贵州社会发生的历史事件,给今天留下有价值的史料。例如,很多人坚持写日记,比较出名的有《平刚日记》[2],保存了平刚1914—1951年的日记,作为一位在贵州与国内都很活跃的政治人物,平刚日记保存了一些有影响的人物的行迹。张元埙撰《还读斋日记》[3],对发生在贵州的王家烈、毛光翔、犹国才之间的军阀混战有所记

[1] 如《贵州文史资料选辑(第1辑)》的编者(中国人民政治协商会议贵州省委员会文史资料研究委员会编,贵阳人民出版社,1980:1.)、刘莘园《对周素园遗著〈贵州陆军史述要〉的商榷》(刘一鸣,龙先绪整理.辛亥革命老人刘莘园遗稿[M].贵阳:贵州人民出版社,2003.)等。

[2] 稿本,贵州省博物馆藏。

[3] 稿本。贵州省图书馆藏。

载。《达德学校日记》[1],则非个人日记,是达德学校记录1905—1939年的教学及日常重要事务,是研究贵州教育史不可多得的史料。

还有一些传记类的著述,如黄齐生著《先兄干夫生活纪要》[2]。黄干夫是安顺人,是严修改革后的学古书院四十高才生之一,民国初年曾任过贵州省实业部长。《先兄干夫生活纪要》是贵州辛亥革命后30年间社会历史的可贵资料。张百麟撰《皇清诰封奉政大夫世袭云骑尉显考张公愚阉府君行述》[3],主要记载作者的父亲于光绪末年任贵州开州知府的政绩,从中可以了解清末贵州"新政"的一些具体情形。此外还有如治丧委员会的《谢六逸先生事略》[4],章干芳的《马宗荣先生传(初稿)》[5],白公瀚的《代任泰撰任公志清事略》[6],卢葆华著《飘零人自传》[7],万大章编《段甲楼先生年谱》[8]等众多对当代人的及时梳理与记载。

有关于战事的书籍。《黔东事变纪略》[9]一书由刘时范编著。1942年春至1943年夏,在贵州的东部地区爆发了一场大规模的民变。为反对贵州各级地方政府借"抗战"之名所实施的反动统治政策和苛重的粮税搜刮剥削,包括苗族、侗族等各民族参与其中。先后围攻湖南凤凰,贵州松桃,镇远、石阡,施秉等24个县。该书虽是站在国民党当局的立场,但及时记述了这一历史事件及主要人物的资料。《黔南之战》[10]一书由记者何毓昌主编,从不同侧面反映了日军侵黔及中国军民在黔南抗击日军的情况。同类书籍还有陈养吾的《纪桂匪入贞丰事略》等。

传统政书类史书往往由官员的奏章、会要、会典等组成,这些形式在民国已经失去了存在的根基,但政书类史书依然得到发展,表现形态发生了改变。有个人著述,如吴鼎昌所撰《花溪闲笔》《花溪闲笔续编》在当时的贵州比较别具　格,

---

[1] 稿本。贵州省博物馆藏。

[2] 1935年铅印本。

[3] 为民国铅印本。贵州省图书馆藏。

[4] 治丧委员会.谢六逸先生事略[J].文讯,1947(3).

[5] 章干芳.马宗荣先生传(初稿)[J].贵州民意,1945(4).

[6] 白公瀚.代任泰撰任公志清事略[J].贵州文献汇刊,1949(5).

[7] 卢葆华.飘零人自传[M].重庆:说文社出版部,1945.

[8] 万大章.段甲楼先生年谱[M].贵阳:文通书局,1938.

[9] 刘时范.黔东事变纪略[M].贵阳:文通书局,1943.

[10] 何毓昌.黔南之战[M].贵阳:文通书局,1945.

在全国也有比较大的影响,吴鼎昌在书中记录了自己任职贵州省政府主席期间的施政情况。对其经验作了相当系统的总结,也涉及个人的政治心态与统治策略,是了解抗战时期贵州省政的重要文献,也是研究吴鼎昌个人思想的重要资料。桑毓英、高尚仁合著的《清中叶县行政舞弊之研究》,虽然不是当代史著述,但也属于政书类,是研究著述,一并归类到这里。该书包括绪言、县行政舞弊发生原因、现象、影响及防弊方策共五章,对清中叶县级行政中的舞弊问题进行了较系统的研究。而政书更有其他各种表现形态,如就民国贵州财政问题的历史文献来说,主要有佚名编《贵州省财政沿革利弊说明书》、贵州地方自治筹办处编译课编《地方财政学讲义》《中国华洋义赈救灾总会贵州分会民国十四年赈务报告》、杨德衡编撰《贵州财务稽核成案汇编》、董伯欣编《地方财政要义》等。

第三节　专门史的研究

专门史的概念与意识是近代发展起来的,但是从事于这方面的研究有着悠久的历史,可以说从史书一出现就已经存在。贵州有着同样的践履之迹,在近代早期,就有着很重要的盐政史研究,丁宝桢主政四川时改革盐政很有成效,据此唐炯1881年有《官运盐案类编》[1]28卷,后《续编》17卷。1882年,丁宝桢、罗文彬等合纂的《四川盐法志》[2]刊刻,共40卷,卷首一卷,全面记述四川盐业发展的历程。清末民国,被《国粹学报》称为"南学巨子"的当时贵筑人陈矩进行了金石学方面的研究,编成《日本金石志》,撰《石鼓文全笺》《凫氏为钟图说补义》《商周鼎钟两种》及《贵州通志·金石志稿》等。区域专门史也有所发展,如1930年出版的凯里县人毋伯平撰《炉山物产志稿》,全面抗战时期有李良骐论述贵阳气候的最早著作《贵阳之气候》,乐森璕《贵阳市附近地质矿产志略》等。下面主要介绍一下军阀统治时期国史专门史方面贵州人做出的努力,这里既有史料的整理工作,也有专门的著述,代表性的贡献有乐嘉藻的《中国建筑史》、姚华的戏剧史、朱启钤的各种工艺史的整理等。

---

[1] 唐炯辑.四川官运盐案类编:28卷[M].成都:成都总局印,1881.

[2] 有光绪九年刊行之木刻本二十册流传,但未见藏本信息。

一、乐嘉藻与《中国建筑史》

乐嘉藻(1867—1944),字彩澄(又被写作采澄、釆丞、彩丞、采臣),一字孟潜,贵州省镇远府黄平州人,后迁贵阳定居。为贵州著名绅耆、革新家、教育家。1893年考中举人,1895年赴京会试,曾参与公车上书题名。戊戌政变后以提倡新学为己任,曾自费赴日本考察学务。1902年,与于德楷、李端棻等创办公立师范学堂。1904年秋,与彭述文、平刚等人创设寻常小学,后更名为"乐群学堂",任校长。1907年,开始主办贵州初级师范简易科学堂。1909年秋,乐嘉藻先后当选为贵州省教育总会会长和贵州省首届谘议局议长。1910年夏,赴南洋劝业会考察实业。1910年7月贵州国会请愿同志会正式成立,乐嘉藻被该会公推为贵州商务总会上书代表,与宪政预备会代表何麟书等一起参加全国第三次请愿速开国会活动。1911年春,贵州优、初两级师范学堂成立,乐嘉藻任堂长。同年10月,武昌起义爆发,乐嘉藻与蔡岳、周素园一起为自治学社、宪政预备会两党调停。11月1日,两党妥协成立。11月4日,贵州军政府成立,乐嘉藻成为枢密院十位枢密员之一,并任枢密院总务股事。1912年3月唐继尧率滇军夺取贵州政权后,乐嘉藻离开贵阳,并于当年撰写《贵州党争事略》书稿一卷。1913年10月,乐嘉藻任直隶筹备巴拿马赛会事务局干事。1915年2月20日至12月4日以直隶出品展览会编辑主任一职赴巴拿马万国博览会开会。会后撰写《预会志略》一书,之后去韩国及日本考察实业,归国后在北京任农商部主事。后受聘于京华美专执教,讲授中国建筑史,这样,近代中国第一部《中国建筑史》最终诞生。

写作《中国建筑史》,乐嘉藻有天然的兴趣:"自成童之年,即留心建筑上之得失",无意识之中,即已开始收集资料,致"积稿盈箧笥"。又有强烈的爱国与责任意识,"参观巴拿马赛会,因政府馆之建筑,无建筑学家为之计划,未能发挥其固有之精神,而潦草窳败之处,又时招外人之讥笑,致使觉本国建筑学之整理,为不可缓之事"[1]。再经多年艰辛的资料收集工作,在当时无系统资料可供引用,也没有同类典籍可资借鉴的情况下,六易其稿,书成于1933年自费出版。书分三编,一、二编分类述之,包括屋盖、斗拱、庭院建筑等共18类;第三编为3篇文章构成,分论中国建筑之美、仿古及保存的问题。书出版后"在当时的建筑史学界,因其

[1] 乐嘉藻. 中国建筑史[M]. 台北:华世出版社,1977:5.

首创性的历史功绩而产生了广泛的社会影响”[1]。

就研究方法来说，乐嘉藻是从历史学、文字学、金石学、古文学及绘画艺术等方面研究中国建筑的历史发展。早期丰厚的财力及丰富的阅历使他得见许多珍藏的古籍、金石、书画、古玩。他本人精于书法绘画，所以这部著作，插图百余幅，多由本人绘制，有一些即取自我国名画家的作品。这些是本书的优点，但就另一方面来说，是偏重于传统的知识与治学方法，尽管“这部书的优点是具备现代人的观察和研究”[2]。另外，就文章结构来说，“学术界一般的历史论述大多依时代顺序而排列，读中国文化史方面的著述，总是按周代、秦代、汉代的顺序，谈建筑和美术史的著作特别有这样的倾向。乐嘉藻写这部《中国建筑史》则完全与这个倾向不同，他将问题区分种类，而分门别类地处理，这是这部书的特长”[3]。但是书的章节与名称存在一些问题，例如梁思成指出：“乐先生章节之分配。为什么把屋盖与庭园放在一章？如屋盖是中国建筑之一部分，为什么乐老先生只研究屋盖部分而不研究其他部分如梁，柱，台基，墙，斗拱，门窗装修等等？”[4]

二、朱启钤与中国建筑及工艺美术史

朱启钤（1872—1964），原名朱启伦，字桂辛，晚年号蠖公，祖籍贵州开阳。生于河南信阳，三岁后因父亲去世随母亲寄居在湖南长沙外祖父傅寿彤家。1891年到四川做姨夫瞿鸿机的幕僚，代理读宗卷及料理有关事务，从此开始宦途生涯。1896年，朱启钤负责修凿四川云阳大荡子新滩工程施工事务，自此开始关注工程实业事业。1902年任京师大学堂译学馆工程提调。1903年任京师大学堂译书馆监督。后任北京城内警察总监，其间，朱启钤常常走街串巷，了解北京城市市政状况，对比帝都市政布局的历史脉络，开创北京警察统揽市政建设的制度。1908年，任东三省蒙务局督办，1910年任津浦路北段总办及邮传部丞参，至1912年任交通部总长，成为老交通系的重要成员之一。1913年8月代理国务总理，稍后任熊希龄内阁内务部总长。1914年兼任京都市政督办。1915年拥护袁

[1] 崔勇．论20世纪的中国建筑史学[J]．建筑学报，2001(6)．

[2] 冈大路．中国宫苑园林史考[M]．常瀛生，译．北京：农业出版社，1988：370．

[3] 冈大路．中国宫苑园林史考[M]．常瀛生，译．北京：农业出版社，1988：371．

[4] 梁思成．中国建筑史[M]．天津：百花文艺出版社，1998：363．

世凯复辟帝制,12月任登基大典筹备处办事员长(处长)。1916年袁世凯死后,以帝制祸首之一遭通缉。1917年起经营实业,先后经办中兴煤矿公司、中兴轮船公司等企业。1918年获赦免,8月当选为安福国会参议院副议长,未就任。同年发起成立北戴河海滨公益会,被推为会长。1919年任南北议和北方总代表,和谈破裂后辞职,此次逗留南京期间,于江南图书馆发现手抄本中国古建筑专著《营造法式》。1921年后基本退出政坛。1925年筹办营造学会,从事古典建筑文献的整理研究,并于1930年正式成立了中国营造学社。"七七事变"之后,日伪组织曾多方威胁利诱,不为所屈,继续整理古籍文献。

朱启钤在学术文化领域做出了众多贡献,特别是古籍文献的整理方面,并在一些领域发表了自己的见解,写作了自己的论著,这些首先体现在中国古代建筑史研究方面。就文献整理来说,朱启钤先后三次[1]组织校勘出版《营造法式》,他认为"数千年之专门绝学及至不能为外人道,不惟匠氏之辱,抑亦士夫之责也"[2]。正是强烈的社会与学术责任感,使得这一中国古代遗留下来最完善的建筑技术专著终得以完善的方式刊行流布。而该书的推广,成为近代建筑学与建筑史研究的开端,"海内同志,始有致力之途辙",以后的事实证明,该书也成为学界研究的重要内容。在建筑史研究方面,由他辑本,梁启雄、刘敦桢校补的《哲匠录》也是一本重要的建筑史书,专门为历代匠作工师立传,"开创了系统梳理中国古代建筑人物传记之先河,树立了文献史料按时序整理之垂范,对建筑史学研究产生了深远影响"[3]。

就古建筑的研究来说,朱启钤通过组建营造学社,开启了中国建筑史和建筑学近现代化的科学研究。营造学社是我国第一个研究中国古代建筑的民间学术机构,也是近代中国最早的研究建筑文化遗产的学术团体,聘请梁思成和刘敦桢等从国外学成归来的专业人员参与其中。在营造学社存在的15年间,他们开启的一系列中国建筑史上最早的野外考察活动,深化了对《营造法式》的认识,基本

---

[1] 分别为1920年、1925年及1932年。

[2] 朱启钤.石印《营造法式》序[M]//北京市政协文史资料研究委员会,中共河北省秦皇岛市委统战部.蠖公纪事:朱启钤先生生平纪实.北京:中国文史出版社,1991:20.

[3] 徐怡涛.《哲匠录》的洞察与回响[M]//《读书》编辑部.读书:2017年合订本(下).北京:生活·读书·新知三联书店,2018:123.

上掌握了自魏晋到明清时期的建筑实物资料，并对中国建筑自远古至明清时期的历史发展脉络第一次有了较清醒的认识。先后出版了《中国营造学社汇刊》《中国建筑史》《工段营造录》《元大都宫苑图考》《营造算例》《中国建筑史纲》《牌楼算例》《清式营造则例》《梓人遗制》《同治重修圆明园始末》等古建筑书刊、专著30多种，打下了中国建筑学与建筑史的基础。朱启钤也成为中国20世纪古建筑研究领域的开路先驱及最早的卓越组织者。

此外，在建筑史学领域，朱启钤除了发表一系列运营营造学社的方法及研究规划外，还发表了关于建筑史研究的一些理论观点，突出地表现在其宏大的建筑史研究视域。他指出："年来东西学者，项背相望，发皇国粹，靡然从风。方今世界大同，物质演进，兹事体大，非依科学之眼光作有系统之研究，不能与世界学术名家公开讨论。"[1]也就是研究古建筑应该运用进化的观点，作科学系统的研究，才能站在世界学术前沿。这种开阔前瞻性的研究眼光也体现在其他论述之中。他指出："故因李氏书，而发生寻求全部营造史之途径。因全部营造史之寻求，而益感于全部文化史之必须作一鸟瞰也。夫所以为研求营造学者，岂徒为材木之轮奂，足以炫耀耳目而已哉。吾民族之文化进展，其一部分寄之于建筑，建筑于吾人生活最密切。自有建筑，而后有社会组织，而后有声名文物。其相辅以彰者，在在可以觇其时代，由此而文化进展之痕迹显焉。"[2]将古人视之为"器"的建筑，上升为与"道"密切结合的高度，且应从进化发展的文化史中探索建筑史的痕迹。另外，对于中国的建筑学研究，他认为应该具有开放的心态："中国营造学社者，全人类之学术，非吾一民族所私有。吾东邻之友，幸为我保存古代文物，并与吾人工作方向相同。吾西邻之友，贻我以科学方法，且时以其新解，予我以策励……且东方人士，近多致力于南部诸国之考索者。西方人士，多致力于中亚之考索者。吾人试由中国本部，同时努力前进，三面会合，而后豁然贯通。"[3]满满的中国自信与责任担当。

---

❶ 朱启钤．中国营造学社缘起[M]//朱启钤．营造论：暨朱启钤纪念文选．天津：天津大学出版社，2009：6.

❷朱启钤．中国营造学社开会演词[M]//朱启钤．营造论：暨朱启钤纪念文选．天津：天津大学出版社，2009：14.

❸ 朱启钤．营造论：暨朱启钤纪念文选[M]．天津：天津大学出版社，2009：20.

有学者指出,朱启钤“是我国古建筑、髹漆、丝绣等门学术研究的奠基人”[1]。他之所以能够具有这样的地位,与他系统的文化观分不开:“本社命名之初,本拟为中国建筑学社,顾以建筑本身,虽为吾人所欲研究者最重要之一端。然若专限于建筑本身,则其于全部文化之嗣系仍不能彰显,故打破此范围,而名以营造学社。则凡属实质的艺术无不包括。由是以言,凡彩绘、雕塑、染织、髹漆、铸冶、抟植、一切考工之事。皆本社所有之事。推而及之,凡信仰传说仪文乐歌。一切无形之思想背景,属于民俗家之事,亦皆本社所旁搜远绍者。”[2]在其他专门史领域,他也做出重要贡献,特别体现在他积极清理前人的研究成果,使一些日趋衰落的领域重新得到关注和重视。例如,在漆艺史方面,《髹饰录》一书,为明朝著名工匠黄大成所写关于漆器的专著,1927年朱启钤辗转找到遗失已久而藏于日本的《髹饰录》手抄孤本。他与助手阚铎对该书作了详细的校勘及整理后出版。早在1924—1925年,他曾将查寻到的与漆艺相关的古代文献编成《漆书·九卷》一书。这两部书被人称为“20世纪前期中国漆艺学术领域的双壁”[3],为漆艺史研究准备了文献基础。园林史方面,《园冶》,又名《园牧》,明代崇祯时吴江人计成所作,是中国古代唯一的一部造园专著。其在刊行后鲜为人知,几近湮没。1924年,朱启钤得知日本内阁文库中有一明朝版《园冶》,于是托请桥川时雄和阚铎获得《园冶》的影印本,1930年在北京图书馆得本书残本并用他家藏的影写本补成三卷影印。1931年,阚铎从日本内文库借来此书另一个版本,便重新校正补充,又由中国营造学社作第二次印本发行。蚕丝织绣方面,编印《存素堂丝绣丛刊》,包括《存素堂丝绣录》《清内府藏刻丝书画录》《清内府藏绣线书画录》《丝绣笔记》《女红传征录》5种,1928—1933年出版朱氏存素堂无冰阁铅印本。该丛书完整地保存了中国悠久的蚕丝织绣工艺及历史,是这方面极为重要的资料。在古典小工艺品方面,有《存素堂校写“几谱”三种》,即《燕几图》《蝶几谱》《匡几图》的整理出版。

---

❶ 张敏. 中国古建筑理论研究的开创者——朱启钤[J]. 兰台世界,2011(12).

❷ 朱启钤. 营造论:暨朱启钤纪念文选[M]. 天津:天津大学出版社,2009:15.

❸ 何振纪. 丰富之识:朱启钤《漆书》的编纂[J]. 中国生漆,2014(1).

三、姚华与中国戏曲史

姚华(1876—1930),字一鄂,号重光、茫父,室名弗堂、莲华庵,贵州贵筑(今贵阳)人。他出身寒微,自5岁开始其父延师教读,系统研习传统典籍。1895年应童子试,名列榜首。1897年入严修改革后的学古书院,涉足格致、算学、时务等新学,同年秋乡试中举人。1902年任兴义笔山书院山长。1904年中进士,任工部主事,后保送留学日本,入东京法政大学攻读法律、财经。1907年回国后供职政府工部、邮传部。期间曾做京师第一蒙养院、清华学堂等校教员。辛亥革命后,短暂留任交通部,三任参议院议员。1914年任北京女师校长,曾在中华大学、高师、美专等校教授文学和艺术。1924年为北京京华美术专门学校校长。后因脑溢血右臂致残,在家闲住,研究学术,以卖书画自给。

姚华学识渊博,被誉为"旧京都的一代通人"❶,在诗、曲、书画、金石、文字等众多领域都卓有建树,著述众多。其中,1930年由中华书局出版的《弗堂类稿》便有31卷,包括论著3卷,序记1卷,序跋5卷,诗11卷,词3卷,曲1卷,赋1卷,碑志、书牍、传、祭文、赞、铭各1卷。还有《姚茫父书画集》《弗堂词》《菉漪室曲话》《小学问答》《书适》《说文三例表》《金石系》《黔语》《古盲词》等。正如姚华学生王伯群所说:"先生之学,原本经史,旁通诸子百家,而深探乎吾国文字之原,凡金石、书画、篆刻,亦罔不覃思精研,一破古人未发之扃,浩然有以自得。"❷姚华的众多著述中包含有史的部分,更有多种专门史著述。如1910年为邮政部统计处编撰《邮政沿革略》。1911年著《驿站沿革考》。1914年撰《书适》,该著阐述了中国文字的渊源与递变情况,同时还论述了文字的社会意义与作用。1925年发表的《中国图谱源流考》"代表了二十世纪二十年代我国美术和美术史的最高水平,影响了北京大学美术研究会内外一大批美术研究者和美术创作者,已成为美术史文献资料"❸。共五篇,目次如下:(一)名篇;(二)上古三代篇;(三)秦汉六朝隋唐篇;(四)宋元明清篇;(五)余篇。这里主要讨论他的戏曲史研究情况。

---

❶ 苏华.姚华——旧京都的一代通人[J].书屋,1998(3).

❷ 王伯群.《弗堂类稿》序[G]//中国人民政治协商会议贵州省贵阳市委员会文史资料研究委员会.贵阳文史资料选辑:第18辑.贵阳:信誉包装厂印刷,1986:41.

❸ 邓见宽.姚茫父画论[M].贵阳:贵州人民出版社,1996:46.

在戏曲方面，姚华是一个全才，能整理、著作、还能制作曲。著有戏曲论著《元刊杂剧三十种校正》《菉漪室曲话》《曲海一勺》《盲词考》《说戏剧》《曲名集解》等。其中《菉漪室曲话》《曲海一勺》同时成书，1913—1914年由梁启超组稿在他主编的《庸言》杂志上分期交错长期连载。这两本论著是姚华曲学的代表作，《菉漪室曲话》为姚华曲论著述中篇幅最宏富者。通过《曲海一勺》“姚华也由此著奠定了其曲学家的不朽声名”❶。曲学在近代才有所发展，王国维、吴梅、姚华属于第一代研究者。1942年，戏剧史论家卢前通过比较，准确地对姚华戏曲研究的地位进行了界定。他指出，近代在曲学发展的过程中，首先是整理期，王国维开创曲学研究，贡献在于根据历史观念，估定曲在文学上的价值，时代上以元为限，在体裁上限于戏曲，尤其是杂剧；吴梅则是偏重于从曲的本身，例如修辞、声律、宫调、谱等开始整理，“至于姚茫父先生在曲的整理工作中，是第一个校雠方法的人”❷，即他是以乾嘉学派治学方法研究戏曲的第一人。偏重于传奇的整理研究，《菉漪室曲话》是其代表。在发展期，即不仅要整理，还要发展曲体，这方面《曲海一勺》则是学界首创的著作，与杨钟义的《雪桥诗话》、沈周仪的《惠风诗话》、王国维的《人间词话》“有同等的价值”❸。

《菉漪室曲话》侧重论述杂剧戏曲，考订元曲版本。据姚华考证，明代人普遍忽视曲这一艺术形式。他搜集校勘元曲多种版本，进行订正、诠释。该书共四卷，其中卷一为《卓徐余慧》，主要评述明朝人卓人月编选的《古今词统》一书，兼及徐士俊评。卢前评价了这部分内容的贡献：“其中谈衬字，用韵，词曲相近处，词曲接续之际皆有见地；尤其说词曲的转捩在小令这一点，已暗示到后来‘散曲’的研究了。”❹卷二至卷四为《毛刻签目》，对《六十种曲》❺所收《双珠记》《寻亲记》《东郭记》《金雀记》《焚香记》《荆钗记》《浣纱记》《琵琶记》《南西厢》九部剧进行考订和评述。其中，他对滑稽文学的认识引人注意，指出：“文学之至，喻于上天，

❶ 郑海涛、魏志龙．姚华著述考[J]．中国书法，2016(16)．

❷ 卢前．姚茫父先生曲学·代序[M]//姚华．曲海一勺．上海：交通书局，1942：3.

❸ 卢前．姚茫父先生曲学·代序[M]//姚华．曲海一勺．上海：交通书局，1942：7.

❹ 卢前．姚茫父先生曲学·代序[M]//姚华．曲海一勺．上海：交通书局，1942：3.

❺ 是戏曲作品集。编者毛晋（1599—1659），共收杂剧《西厢记》1种，传奇59种，是无注释、无题评的白文本。

滑稽文学，且在天上。滑稽者，文学之绝谊也。古今才人，虽合众长，不足一战。予是以崇拜滑稽，尊为无上。”[1]也就是对喜剧的地位给予高度肯定。全书采取札记体形式。

《曲海一勺》包括四个部分：《述旨》为总论；《原乐》追踪乐与曲发展变化的轨迹及其关系；《明诗》论述诗的五次变迁而为南北曲的历程及南北剧在宋、金、元、明时期的消长分合；《骈史》（上、下）论述曲为史支流的观念及两者关系历史。该论著是在社会文化与乐、诗等文学艺术变迁背景下，探讨戏曲的渊源流变及各种特性。姚华指出社会对戏曲存在错误的认知："曲之于文，横被摈斥，至格于正轨之外，不得与诗、词同科。每揽陈篇，辄为慨然。"[2]由此表达其为曲正名的意向，认为"体物之工、写心之妙，词胜于诗，曲胜于词"，推尊曲体，认为戏曲在社会文化中具有重要的地位。在社会生活中也有着各种重要功能，如"曲为有元一代之文章，雄于诸体，不惟世运有关，抑亦民俗所寓"[3]。

《曲海一勺》论述曲的渊源、发展及特点，持进化史观，特别是他将关于史学的知识运用于对曲的价值论述中，在对曲的认识方面具有重要价值。这种对史学知识的运用及思维方式在贵州学人中也很少见。

他将史书分为"纪政之书"与"志俗之书"，前者"史于国"，是国史；后者"史于民"是民史。尽管帝制之下"民之言微""民俗为卑"，但姚华认为国史与民史同样重要，因为"民积而为国，俗胚而为政"，这两种史书，有自己的代表作，即"古之为史也二，《诗》《书》职之"，两者共同构成中国古史的完整形态："《书》以观政，《诗》以观俗，多闻之资，实取诸此。"[4]但这两种古史形式在发展的过程中都出现了偏差，《书》发展到纪传体，"务为庄重，常记大言，文其内怯，至使文物风俗，散而无纪"。文物风俗的记载缺失，必将导致"古今兴替，必求诸史，而兴替之源，莫由详焉"。对于《诗》来说，则是"史裁之不备，则《诗》失而之野也"。为何出现这

[1] 隗芾，吴毓华．古典戏曲美学资料集［M］．北京：文化艺术出版社，1992：442.

[2] 姚华．述旨第一［M］//王书良，等．中国文化精华全集13：艺术卷．北京：中国国际广播出版社，1992：1178.

[3] 姚华．述旨第一［M］//王书良，等．中国文化精华全集13：艺术卷．北京：中国国际广播出版社，1992：1179.

[4] 姚华．述旨第一［M］//王书良，等．中国文化精华全集13：艺术卷．北京：中国国际广播出版社，1992：1179.

种情况呢？他指出:“《诗》胡以亡？匪师失其声，史失其官尔。《三百篇》以降，递变而为南北诸曲，诗未尝绝也。然而史氏所职，赡于其事，而遗于其物；详于其政，而略于其俗；輶轩已罢，上下疏隔。秦、汉而后，天子益尊，格于野言，不予推致。儒生尊古，妄为雅郑，声歌之作，夷于玩好，兰台风阁，无复位置。虽复体物缘情，含宫咀商，集衰百篇，箧衍千叶，代有作者，各以之名，私家诵习，自为传播。于国史无关焉。官既久废，义亦终塞，学者悉不能言，诗所由长沦也。”❶也就是“史国者官，史民者稗”❷。尽管官职有大小的区别，但在一段时期内，民史与国史均是由官员记载的，但民史发展到后来，官府就不管了。

在这种情况下，曲与史发生了关系:“曲之于文，盖诗之遗裔；于事，则史之支流也”，这其中是怎样的逻辑发展关系呢？他认为虽然《诗》失之于官，但是仍存在于民间:“虽致叹于史阙，犹蔓引而弥长。凡为文章，系于诗者，莫不各有其德，楚之骚，汉、魏之赋，六代、三唐之五七言，五季、两宋之长短句是也。具体而微，其必曲乎！”，也就是曲继承了《诗》，也就承继了《诗》史志的特点:“物之所比，俗之所宜，史志之眉目，不若声诗之骨髓也。诗备众德，其一宜史，后叶中衰，美德几失。曲起支孽，远承先志。古史二职，直婉殊能，纪传仅守其官，歌咏久坠诸野，野之所有余，皆官之所不足，以此翼彼，匪曲胡归?”，曲能做到这一点，一方面，在于其与《诗》之后发展起来的骚、赋等一样“诵之以为人群之通史也”，“读之以为民纪之实录也”，且能“以诗人之心，行稗官之志”，不仅具有求真求实的特征，而且能以富有情感的方式呈现。另一方面，就曲本身来说“以为曲之情伪，哀乐蔽矣”，因为“经传所论，其原尽已。然而哀以万区，乐亦千别，情只一天，状兼众态，曲准情以供状，实人欲之谱牒”❸。也就是曲具有记事全面，记社会众多形象面相的特征。

此外，他进一步具体举例论述了曲能尽言“人情物理”及“文物风俗”的民史

---

❶ 姚华．骈史(上)[M]//王书良，等．中国文化精华全集13：艺术卷．北京：中国国际广播出版社，1992：1192.

❷ 姚华．述旨第一[M]//王书良，等．中国文化精华全集13：艺术卷．北京：中国国际广播出版社，1992：1179.

❸ 姚华．骈史(上)[M]//王书良，等．中国文化精华全集13：艺术卷．北京：中国国际广播出版社，1992：1193.

表现。可以看出,姚华充分接受了当时学术界关于新史学的一些观念,包括重视民史,反映普通民众的生活,包括史料的尽量扩充等,并据此构建戏曲发展的历史,形成骈史观,为戏曲史的发展做出贡献,虽然其中不乏历史局限性。

第四节　近代民族史研究的开端

中国悠久的历史撰述中包含了大量民族史的材料,只是传统“夷夏之辨”观念贯穿于其中。鸦片战争使得中国面临空前的民族灾难,部分具有忧患意识的学人本着经世致用的精神进行了边疆民族史的研究。甲午战争以后,西方有关种族与民族的知识受到学人的普遍关注,中国民族史撰述开始了近现代转型。19世纪末20世纪初,种族、民族、中国民族、中华民族等概念被先后提出,其含义也被学人所讨论,近现代民族史首先以种族史的方式被编撰,并逐渐过渡到民族史的研究。此外,民族史的研究与民族学、社会学的出现密切相关。

虽然中国古代有关于民族学与社会学方面的思想与资料记载,但是真正近现代的民族学与社会学的建立仍然与西方新文化的影响有关。

就民族学来说,鸦片战争之后,中国逐步沦为半殖民地半封建社会,一批外国传教士、西方探险家、新闻记者、商人、外交官以及欧美、日本和俄国的民族学家以各种名义先后进入了中国,对中国进行各种形式的调查和研究,对中国学者的民族学知识的获取及民族学知识的传播起到了一定的促进作用,同时也启发刺激了中国学人:中国的资源不能只有外国人研究！自20世纪的最初几年起,我国的学人就开始介绍西方的民族学及相关的学科理论与方法。1903年7月2日由北京大学堂官书局开始印刷,于月底发行了中国最早的民族学译著《民种学》,这本著作由德奥帝国的民族学家哈伯兰(Haberland Michael)于1898年首次出版,书名为*Volkunde*,中国著名的翻译家林纾和魏易合作译成。同时自1928年开始的最早的有关民族学的实地调查活动,是中国民族学田野工作的开端,这些标志着民族学在中国开始成为一个独立的学科。

在19世纪的西方,民族学和社会学较为接近。在中国,这两个学科发展的初期,学者对他们的研究分工并不明确,兼容并蓄,时常在实际研究中表现出交叉或者相近的关系,有时甚至是同一的。许多老一辈的中国社会学家也是民族学家,他们研究的课题往往涉及这两个学科,一些著作既被视为民族学杰作,又被列入社会学书目。著名民族学家杨堃便认为,中华人民共和国成立前民族学和社会学是很难划分的[1]。

贵州民族众多,历史悠久,历代史籍志书记载有大批民族学资料流传至今,但是用科学方法整理研究,同样开始于近代。西方殖民主义者为侵略我国西南边境,曾不断派遣传教士、探险家、旅行家等,以不同身份进入包括贵州在内的西南少数民族地区,收集和刺探情报资料。日本学者鸟居龙藏也曾于1902—1903年到中国西南和贵州境内,对苗族、彝族、布依族、屯堡人等进行调查,出版有《中国西南之行》等论著。

我国学者对贵州少数民族的调查研究于20世纪初就已开始,目前所能见到的我国学者发表研究贵州民族的文章,最早应是1904年署名波公的《调查贵州苗族之情形》[2],但该文是对鸟居龙藏相关成果的编译。1911年5月至6月,我国著名地质学家丁文江趁从国外学成归国之机,途经贵州进行地质考察,对贵州的少数民族发生了浓厚的兴趣并做了一些考察记录,是国内学者最早对贵州进行的民族学研究。此后有1917年庄启的《苗文略述》[3];崔蕴奇的《苗族考略》[4];1920年芝轩泽的《苗族小史·历撒得牧师笔记》[5]一文;1923年于曙峦的《贵州苗族杂谈》[6],总之,在1926年以前发表的有关文章主要以苗族为主,有近十篇[7]。

辛亥革命以后的20世纪初期,安健、余若瑔、杨万选等则是贵州本省史家对贵州民族历史进行研究的先锋人物,他们的研究代表了近代贵州民族史研究开启阶段的成就。

---

❶ 杨堃. 民族学既论[M]. 北京:中国社会科学出版社,1984:9.

❷ 波公. 调查贵州苗族之情形[J]. 新民丛报,1904,3(5).

❸ 庄启. 苗文略述[J]. 东方杂志,1917,14(1).

❹ 崔蕴奇. 苗族考略[J]. 地学杂志,1917,8(5).

❺ 芝轩泽. 苗族小史·历撒得牧师笔记[J]. 小说月报,1920,11(3).

❻ 于曙峦. 贵州苗族杂谈[J]. 东方杂志,1923,20(13,14).

❼ 陈国安. 民族学在贵州的发展历程及展望[M]//中国民族学学会. 民族学研究:第12辑. 北京:民族出版社,1998.

一、安健的贵州民族研究

安健(1877—1929),字舜卿,又称舜钦,彝族,生于贵州郎岱县(今为六枝地区)岩脚场上官寨一个土司家庭。1897年考中秀才。1905年留学日本。同年加入中国同盟会。此后,安健积极投身到革命活动中,并多次参加旨在推翻清廷统治的钦廉、河口、广州等地武装起义。1911年11月,贵州光复后,与贵州自治学社社长钟昌祚自上海回贵州,强烈谴责宪政派与滇军的勾结。钟昌祚被害后,又东走日本。1914年9月,参加组建中华革命党,为党内重要人物之一。1915年1月,中华革命党在东京召开反对袁世凯的大会,被推举为贵州中华革命党军事行动负责人,并被孙中山任命为中华革命军贵州司令长官。袁世凯帝制失败后,从日本回国,于1917年与余达夫等人在上海创办《斯觉报》,宣传民主革命思想,鞭挞军阀政治。1917年8月25日,出任广州军政府的中将参议,成为孙中山处理西南,尤其是贵州方面问题的得力助手。11月24日,他被委为川边宣慰使。1923年7月返回广州,任大本营谘议。

1924年,孙中山拟定北伐,于是他回到贵州进行动员,并挑选百余名青年入黄埔军校。在其推动下,彭汉章部于1926年参加北伐,编为国民革命军第九军,安健任该军党代表兼政治部主任。1927年夏,国民革命军第九军被唐生智瓦解。后因与蒋介石政府政见不合,寄居上海、广州。1928年赴云南,运动龙云、李桑夺取贵州省政权,然后联络两广势力与南京政府抗衡。曾任贵州省临时政务委员兼民政厅长。毛光翔夺取黔政后,随李部退走云南,发起"关系西南方面民族文化的《佉圣会》"[1],没有成功。1929年10月12日,安健因病医治无效,在昆明法国医院逝世。由于云南国民党省党部和原同盟会诸多老会员力争,南京政府追赠安健为陆军上将,予以一等抚恤,并以其字舜卿将郎岱县岩脚场上官乡更名为舜卿乡。

作为少数民族成员,安健在关心社会政治之外积极研究贵州少数民族问题,向国人率先介绍了贵州的民族概况,为研究贵州少数民族历史保留了可贵资料。

[1] 转引自中国人民政治协商会议贵州省六盘水市委员会文史资料研究委员会.六盘水文史资料:第2辑.贵州:贵州省民族印刷厂,1986:12.

1911年写有《贵州土司现状》一文,刊载于当时的《地学杂志》一卷18期。在该文中讲到自鄂尔泰收回贵州土司行政权之后,各土司没有管辖词讼钱粮兵马之权。空存衔名,而隶于地方官之下,处于衰落的状态。他们和普通士民一样需缴纳赋税。该文比较详细地论述了彝族的历史发展、分布及语言风俗等问题。

安健另外一篇很有影响的长文是《劝滇蜀桂黔诸土司文》。该文首载于《民立报》,《东方杂志》第8卷第7号转载了该文,而《内外时报》也于1911年7月25日以《贵州南龙桥土司安健劝滇蜀桂黔诸土司文》为题进行转载。

1911年,为加强对西南边疆的统治,清廷在西南地区推行改土归流,出现了滇、蜀、桂、黔四省土司联合乞保护于法国的谣传。安健在《劝滇蜀桂黔诸土司文》中,称其事"自绝于天",认为各土司中出现这样的考虑,"实有五惑三谬见"。五惑即"土汉之成见""主客之臆断""种族革命之错信""官吏之凌暴""自身之不能存活";三谬见即"中国必不可救药,不如舍旧谋新""外人招徕如恐不及,必不夺我世守之地""有所凭藉,积不能相容之宿怨,可以报复"。对此,安健逐条进行了驳斥,强调"清政府胙土分茅之恩"及中华文化与西方文化的差异,劝告各土司:"不容于廓其有容之汉族,而谓窃邑奔去,能见容于言语不通、嗜欲不同,宗教信仰相背而驰,皮肤毛发一见判然,骄夸凶暴、疾视黄人之碧眼黄须儿乎?"[1]该文谈论古今中外,引经据典,具有很强的爱国情感,代表了清末沿边土司对清廷的国家认同意识,反映他们对西方国家及西方文化的认识。

1928年安健著有《贵州民族概略》一文,刊载广州中山大学语言历史研究所《周刊》四卷44-45期。在该文中,他阐明了两个问题。

首先,要"确定各族名称,以免混淆"[2]。人们对贵州民族的称谓是非常混乱的,主要是中土汉族人士的偏见以及记载的混乱笼统甚至错误所致,认为浙闽赣粤桂川滇黔湘夷族祖先均为"盘弧后裔",是为"南夷","南夷为虫,北夷为犬",事实上,仅贵州一省"尤非一族",笼统地称作"苗子"是于贵州民族实际情况不符合的。他认为比较合理的做法是"欲以西南各族分类研究,从未冠以苗字,如仲家、蔡家等,则仍其名称。原冠有苗字者。依据其习称,而定以名称,仍冠苗字"。

---

❶ 余若瑔,安健. 且兰考·贵州民族概略[M]. 贵阳:贵州大学出版社,2011:190.

❷ 余若瑔,安健. 且兰考·贵州民族概略[M]. 贵阳:贵州大学出版社,2011:185.

其次，应该“用语言、文字、礼俗、器用以考证各族到西南之先后”[1]。以汉族为参照，他论述了苗族、罗罗（彝族）、仲家（布依族）、犵狫（仡佬）等贵州民族的文字、语言、风俗的不同，推测其来贵州时间的不同，并指出贵州民族众多，进一步研究获取资料的困难。从后来的事实来看，这些建立在对贵州民族深刻了解之上的见解非常具有远见。

二、余若瑔的彝族史研究

余若瑔（1870—1934），字达父，彝族，四川古兰县水潦乡人。自幼过继于伯父余象仪，于是入籍贵州省毕节县龙场驿大屯。与周素园同受业于毕节博学长者、前清进士葛子惠门下。

1906年春，余若瑔东渡日本，入江户和佛山法律大学专攻法律。1910年归国，中政法科举人。贵州辛亥革命后，余若瑔被选为省立法院议员，后推荐为立法院临时副主席。不久，贵州宪政党、耆老会密请滇军入黔镇压革命。余若瑔被迫离黔，颠沛流离于上海，与安健在上海创办《斯觉报》，宣传革命，鞭挞军阀。后在北京开设律师寓所，从事律师职业，兼任法政学校教员。数年后，回黔归里，闭门隐居，潜心文史，从事著述。后乡间兵匪频繁，亦难安居，于是迁居贵阳。时袁祖铭为贵州省省长，经挚友周素园推荐，余若瑔出任贵州省大理分院刑庭庭长。因秉性刚正，不喜阿谀奉承，更恶吏治腐败。便弃官入滇，旅游数载，仍归乡里，从事著述。因不容于地方权势，再次被迫出走省城，1934年为贵州省主席王家烈名誉顾问。数月后，病逝于贵阳寄寓。归葬毕节县龙场驿大屯故里，后迁葬黄金乡白泥塘。

余若瑔博览群书，兼通汉文、彝文和日文，多才多艺，对于本民族文化有深厚的感情，而汉文化有着雄厚基础。一生著述甚多。生前刊印有《邃雅堂诗集》《罂石精舍文集》《蠖盒拾尘录》《通雍余氏宗谱》《且兰考》《且兰野史》等。

《且兰考》和《且兰野史》是研究彝族历史的著作，《且兰野史》有4卷，未刊，今天也没见到任何对它的征引。汉文手抄本《且兰考》是余若瑔过世后，其夫人

---

[1] 余若瑔，安健．且兰考·贵州民族概略［M］．贵阳：贵州大学出版社，2011：185.

徐立芳将他平生之著作收拾好,并请族人杨芳枝校订成册的,1941年周素园为其作序;2011年,该书作为《国际视野中的贵州人类学·彝学辑》专著由贵州大学出版社出版发行。

《且兰考》原为竹简彝文,为彝族的重要历史史料之一。最早成书年代为清朝初年。竹简本出于瓦沙彝族统治阶级御用文人——笔摩——之手,可以说它是且兰部落的正史。彝族称它为《瓦沙楚尺》,意为且兰部落的家史,是一部彝族的系谱。今本汉文《且兰考》是余若瑔根据竹简彝文译成汉文之时,作了极为详尽的考证而成。该汉文手抄本上下两卷,上卷有“且兰旧事”三考,下卷包括“且兰旧事”第四考、且兰考历代建置考、历代世系考、且兰历代建置总表。另有附录《土司仪礼论》。叙述了从远古至明末,二千六百多年且兰彝族发生、发展、变迁的历史。在考证编写中,余若瑔并没有局限于原书的范围,而将内容扩展到了清朝,个别内容写到民国初年,《且兰考》对贵州古代史,尤其是对西南彝族历史的研究富有参考价值。

早在汉文书籍《华阳国志·南中志》中就出现“且兰”一词:“周之季世,楚威王遣将军庄蹻溯沅水出且兰以伐夜郎,植牂牁系船。于是且兰既克,夜郎又降,而秦夺楚黔中地,无路得反,遂留王滇池。蹻,楚庄王苗裔也。以系船因名且兰为牂牁国,分侯支党,传数百年。”而且与贵州历史上两个重要历史热点问题“牂牁”,“夜郎”密切相连,且兰也成为历代研究热点[1],《且兰考》在研究方法上很突出的地方,就是作为一个少数民族学者,余若瑔在博征汉文文献的同时,征引了彝文文献资料。综合比较,考释校刊,是用新方法研究彝族历史的成功尝试。同时,就内容上说,《且兰考》提供了古代且兰国的许多政治活动的记载与许多经济资料,其中记载的众多战争,也提供了其他书籍所不曾记载的、较为详细的军事资料,古代且兰国社会文化问题资料也非常丰富,包括宗族的组织和结构、职能和权力、婚丧嫁风俗、迁徙等。

[1] 可参见贵州省且兰文化研究院编:《且兰研究资料》(贵州省且兰文化研究院,2007年版),只是该书没有提到余若瑔的研究,估计该书以收文章资料为主。

三、杨万选的苗族史研究

杨万选，生卒年月未见记载，根据网上零星的资料只能勾勒出他大致的人生历程，据说系苗族[1]，字万选，名次青，贵州大定(今大方县)人。"儿时就学贵阳"。[2]曾长期担任贵州大定基督教学校教师，1922年前后任贵州大定内地会福音堂立之两级小学校校长。1926年前后于北京师范大学进修社会学，1928年前后回贵州从政，《贵州苗族考》是他返回贵州当年所作。曾受国民党党中央执行委员会委派成为贵州省党务指导委员会的成员之一。1936年8月1日，续修贵州通志局改组，成立"贵州文献征辑馆"，被聘为名誉采访。曾任1943年创刊的《西黔日报》总编辑。在网上能搜索到他的另外两篇文章，其一为刊登在1927年《东方杂志》上的《贵州省大定县的农民》一文，其二为发表在1938年《贵州文献季刊》创刊号上的撰著《苗族考》，应该是《贵州苗族考》的修订版，但只刊出第一章。

《贵州苗族考》一书前有"自序"后有"附录"及"后序"，主体包括七个部分。第一部分总论苗族，阐述苗族何以大部分集中于贵州；第二部分论述苗族与贵州历史的关系；第三部分论述苗族分类；第四部分论述苗族宗教；第五部分论述苗族语言文字；第六部分论苗族婚礼；第七部分论述改进苗族的方法。

杨万选的研究是建立在近现代学术基础之上，在序文中，他说："且批评前人作品，关于苗族部分之失真，自信尚多为前人所未及道或未及见者，纯粹出以科学方法及研究态度。初非立异鸣高，藉博称誉，实为真理之追求耳。"同时，他的研究也有回应时代课题的期望："苗族即中华民族，打破华族西来之假定。"[3]认为："我国即非世界人种之初生地，中华民族，亦当自为一族也。"[4]而生活于中国的中华民族最早的土人是苗族，苗族是中国最古的人种。他从星座与生肖思想及文字发音等方面，批驳中国民族西来说，并运用进化观点指出："苗族华胄，同为一种，后经部落战争，强者起为领袖，统驭其下，以互助竞争之故，逐渐进化，遂

---

[1] 贵州省委员会文史资料委员会．贵州少数民族文史资料专辑[M]．北京：中国文史出版社，1991：113.

[2] 杨万选，杨汉先，凌纯声，等．贵州苗族考[M]．贵阳：贵州大学出版社，2009：21.

[3] 杨万选，杨汉先，凌纯声，等．贵州苗族考[M]．贵阳：贵州大学出版社，2009：5.

[4] 杨万选，杨汉先，凌纯声，等．贵州苗族考[M]．贵阳：贵州大学出版社，2009：8.

斥其他环绕者为蛮夷。”[1]

对历届统治者,他抱有一定的批判精神,指出:“元至清末,对贵州之政治设施,为有秩序之进展,然对苗民,皆肆屠杀,不设法开化。直至现时,死者已矣,生者则偷生山巅水涯,过其远古时代之简陋生活。质言之,彼等大多数仍守初民之礼俗也。”他指出清政府及任职贵州的官员对苗民的治理“要皆无关于启发愚民,适足以见其侮辱人格”[2]。

他认为必须开化苗民,而且不能使用武力的方式,因为一则“总理提倡革命,以扶植弱小民族为党纲,以全民得自由平等为目的。然则开化苗族,实有不容缓者”[3]。再则“匪特可使流寇失负隅之凭藉,杜帝国主义者觊觎之野心,即进其民为革命之前驱,亦可无瞻顾携贰之虑矣”[4]。并提出了促进苗族进步的具体方法。

首先,在于“翔实调查”,弄清楚苗族人数,分配地域,生产状况,婚丧制度,宗教信仰,语言文字,饮食衣服习尚如何,交通是否畅达,政令推行难易等情况。否则,“颇类隔靴骚(搔)痒。甚则政令一颁,与苗族利益冲突,即激苗变,官苗间顿成寇仇。开发计画(划)之实施,更何能及”。其次,他认为进行交通建设是急务。同时,还应该组织农村合作社,进行识字教育,促进农业技术改进等具体措施。而且“改进苗族,在原则上有当注意者,则因势利导是也”[5]。

杨万选对苗族问题的研究及其所建议的启蒙方法虽然有立足统治者居高临下的视角,但诸多认识还是有其合理性。

古代贵州有关苗族的记载,大多来源于地方官员,如李宗昉的《黔记》、爱必达的《黔南识略》、严如煜的《苗防备览》、田雯的《黔书》、胡宗绪的《苗疆记事》、龚柴的《苗民考》、贝青乔的《苗俗记》、徐家干的《苗疆闻见录》等。最大规模的“民族调查”有清代组织的《百苗图》编绘。上述著述大多站在统治阶级的立场观察苗族社会,为“王政”或“战事”服务。

运用现代学科方法进行苗族研究,起源于西方传教士和早期人类学家,如英

[1] 杨万选,杨汉先,凌纯声,等.贵州苗族考[M].贵阳:贵州大学出版社,2009:15-16.

[2] 杨万选,杨汉先,凌纯声,等.贵州苗族考[M].贵阳:贵州大学出版社,2009:16、37.

[3] 杨万选,杨汉先,凌纯声,等.贵州苗族考[M].贵阳:贵州大学出版社,2009:36-37.

[4] 杨万选,杨汉先,凌纯声,等.贵州苗族考[M].贵阳:贵州大学出版社,2009:38.

[5] 杨万选,杨汉先,凌纯声,等.贵州苗族考[M].贵阳:贵州大学出版社,2009:38、40.

国内地会传教士克拉克、循道公会传教士柏格理等人大量的调查报告，还有日本早期人类学家鸟居龙藏的《苗族调查报告》，法国巴黎外方传教会的神父萨维那所著的《苗族史》，这些著作大多产生于19世纪最后十几年至20世纪最初的20年，可以将它们看作是“贵州苗学”形成的初期阶段。杨万选是贵州本土最早研究苗族的学者，其《贵州苗族考》是贵州建立在社会调查基础之上，运用现代人类学方法研究苗族及其历史的最早著作，可以看作是贵州苗学研究初期阶段向成熟阶段过渡的代表性作品，具有重要意义。

第三章　抗日战争时期贵州史学(1935—1945)

1934年夏至1935年4月,蒋介石借中央军进入贵州"追剿"红军之机,结束了封建性地方军阀主政贵州的历史,开始了至1949年由蒋介石中央政府对贵州的直接管辖。政局更迭后的贵州社会,将史学推送到另一个发展环境中。

第一节　抗战硝烟中的贵州社会

1935年5月,随着王家烈的卸职,国民党中央政府为巩固在贵州的统治,扭转过去地方军阀把持贵州政坛的被动格局,大力进行行政机构和区划改革。

首先,改组贵州省行政机构,成立了省政府委员会,改变过去军阀独裁局面。省政府主席、委员均由中央政府直接委派,委员会主席全面负责。下设秘书处、民政厅、财政厅、教育厅、建设厅、人事处、会计处等多个机构。在这些机构下,各设一些直属单位。秘书处下设无线电总台,财政厅下设贵州省银行,教育厅下设各社会教育机关等。

其次,设置两个与省政府平行的机关:一是保安司令部,下辖省会警察局,司令一般由省主席兼任,另设副司令负实际责任;二是军管区司令部,下设师、团管区,负责征兵与训练新兵等任务。至于滇黔绥靖公署,是国民党军事委员会的派出机构,统辖云南、贵州两省军事大权。

此外,在贵州地方推行层级改革。一是设置行政督察区。1935年6月贵州省划分为十一个行政督察专员区,分管各县。1936年并为八区,1937年11月又并为六区。二是全省划分或调整为若干县。以土地面积、人口、经济,文化、交通等条件划分一、二、三等级县。据1937年公布的各县等级一览表统计,共计八十一县。与县平级的还设有少量市与局。在县市局之下,设有乡、镇、保、甲等组织,即保甲制度。乡长、镇长、保长、甲长由县政府指派。

1935年4月蒋介石控制贵州后,7月开始在贵州编查保甲户口,至1936年9月,全省共建立保安甲种中队18个、乙种中队21个,独立分队42个。到1936年年底,贵州省各县保甲大致编组就绪。

通过上述种种措施,国民党在贵州的统治机器得以逐渐建立和完善,贵州在实际与名义上正式服从于中央,真正成为蒋介石政权的一个组成部分。

王家烈被迫交出贵州大权之后,蒋介石派其亲信薛岳接收军权,重庆行营主任顾祝同为滇黔绥靖公署副主任驻贵阳,吴忠信为贵州省政府主席。两年后的1937年12月29日,吴鼎昌宣誓就任贵州省政府主席,自此主政贵州长达7年。

全面抗战开始后秉政的吴鼎昌,从政治上巩固对贵州的统治,采取稳妥的办法,保证抗战后方社会稳定。同时以审时度势的态度,让方针政策的制定与实施及时服务于抗战的需要。他制定了施政方针:“本人认为在开发物力之前,应先设法开发人力,否则空言物力开发,等于徒劳,但是在这抗战建国期间,物质的开发,也不容稍纵,所以又决定人力与物力的开发,同时并进,使其平衡发展,发生相辅的作用。”[1]

吴鼎昌在整顿地方吏治方面,特别重视人事改革,以此为中心进行地方行政改革。在经济发展方面,即“物力开发”,也进行了一系列的变革,分为四个大的部分,包括农林牧蚕、电工矿、交通及各个责成直接机关。在卫生、教育、禁烟、军训与体育及习俗之改善等方面做了大量的工作。在吴鼎昌主政时期,贵州与发达省份差距仍然巨大,但从纵向发展的角度来看,此期是中华人民共和国成立前贵州开发建设最多、经济发展最快、现代化色彩最浓烈的时期。

随着贵州政治文化环境的改变,社会各方面也发生了相应的重要变化。同时,南京国民政府迁都重庆,使全国政治、经济中心由东南转移到西南,地处僻远的贵州成为陪都屏障和抗战后方,地理位置变得十分重要,一时间资金、设备、人才大量流入贵州,为贵州各方面发展提供了历史机遇。

在贵州,官僚资本的工厂在1937年仅存省建设厅所办的贵阳电灯厂和模范工厂两家。抗日战争全面爆发后,国民党政府和官僚资本企业逐渐西迁,蒋、宋,孔、陈四大家族和政学系的垄断资本便随之深入贵州,最终垄断了全省

---

[1] 吴鼎昌.花溪闲笔初编[M]//林绪武.吴鼎昌文集.天津:南开大学出版社,2012:459.

的经济命脉。

1937—1943年,是贵州民族资本主义得到短暂发展而达到鼎盛的时期。当时,贵州通往川、滇、湘、桂的四条公路干线已经通车,东南沿海和长江中下游地区的少数工厂和科技人员、熟练工人,以及一些机关、商店、学校内迁贵州,商品的销售市场扩大了,在技术设备和科技人才等方面,具备了发展民族工业的条件。加之鸦片销售市场较前缩小,省内的一些商人纷纷投资近代工业,只是贵州的民族工业主要是中小企业的轻工业。1935年以前,全省仅有文通书局和永丰纸厂,资本总额为五十万银圆,1943年上升为九十七家,总资本额为四千七百九十二万二千元,成为民族工业发展的顶峰[1]。

贵州工业现代化水平很低而且发展不平衡,以抗日战争时期的1942年为例,全省官僚资本和民族资本工厂的工人共有5000多人,其中现代产业工人只有3000人左右,而且90%以上集中于贵阳地区。如果加上矿工和运输工人,全省工人总数接近4万人[2]。

在抗日战争时期,日本侵略者对贵阳等战略要地不断进行袭扰,造成了众多损失。直接的地面战争则是发生在1944年11月下旬至12月中旬,侵略者由广西侵入贵州南部的独山、荔波、三合(今三都)、丹寨等县,制造了黔南事变。黔南数十万人民家破人亡,流离失所,遭受了巨大的损失和牺牲。同时,在长期的抗日战争中,同全国人民一样,在极其艰苦的环境下,贵州各族人民开展了各种形式的抗日救国活动。

1935年国民党中央势力控制了贵州全省党政军权后,增设特务机关,变得越来越反动、黑暗、腐朽。贵州人民为争取民主,与国民党反动派进行了不屈不挠的斗争,其中规模和影响较大的是“黔东事变”。1942年秋至1943年夏,贵州东部的松桃、镇远、三穗、施秉、台江、剑河等县各族人民,武装反抗国民党统治的事件。除此之外,到国民党统治在贵州结束,小规模的反抗国民党暴政的活动没有停止过。

抗日战争时期,贵州的人文学科一度出现繁荣局面,贵州史学也得到了一定程度的发展,一方面,有贵州本土的史学家;另一方面,因战争搬迁来贵州的人中

---

[1] 周春元,等.贵州近代史[M].贵阳:贵州人民出版社,1987:321.

[2] 贵阳市地方编纂委员会.贵阳通史(中)[M].贵阳:贵州人民出版社,2011:477.

也有一些史学家,他们往往随内迁的大学来到贵州。在此一时期,无论是本土还是外来史学家均进行了办刊办报的活动,为史学发表准备了载体,这也为抗战时期贵州史学的发展创造了条件。

第二节 战时史学

本书就研究的范围来说,贵州领域内所产生的史学均纳入,这样贵州本土作者的纳入毫无疑问,同时也纳入那些暂时生活贵州的作者,这种情况在抗日战争全面爆发时期特别集中,但这是暂时的,无以名之,勉强名为"战时史学"。本节所述不能包括暂时居住贵州学者著述的全部,民族史的研究则放在第三节。

除了传统的书籍出版,报刊是近现代史学发表的重要载体。据统计,内迁大学的学报、抗日救亡团体及国民党贵州当局所创办的刊物达205种之多❶,可谓近代贵州办刊的高潮时期。但是,发表史学论著的刊物仍然不多。专门性的史学刊物官办的有1938年创刊的《贵州文献汇刊》,此外创刊于贵阳的《革命日报》❷副刊设置过"大众史地"栏目。学校期刊有大夏大学1941年历史社会研究部编印《文史》(半月刊),浙江大学文科研究所史地学部先有《史地杂志》,后有1942年创刊于遵义的不定期刊物《浙大文科研究史地学部丛刊》。

综合性杂志中也刊有史学文章,这类刊物包括学校期刊和社会人士出版的期刊。在学校期刊方面,搬迁来贵州的有浙大师范学院编印的《浙江大学师范学院院刊》,浙大师范学院思想与时代月刊社编印的《思想与时代》等。社会人士创办发表有史学论著的综合性期刊,包括1941年创办于贵阳的《文讯》;顾颉刚主

❶ 据《清末、民国时期贵州期刊一览表》(贵州省地方志编纂委员会.贵州省志·出版志[M].贵阳:贵州人民出版社,1996:68-81.)统计,清季创刊报刊4种;1912—1935年创刊56种;1936—1945年创刊205种;1946—1949年创刊91种。

❷ 1935年2月10日创刊,由以薛岳为前敌总指挥的"围剿"(围攻工农红军)第二路军总部官员方学芬、王力航等主办,王力航为首任社长,以后叶浩如、李大光相继任社长。该报于1936年3月改由贵州绥靖公署接办,余鲲任社长。8月,绥靖公署改组,乃由省政府接办,以黄晋珩为社长。该报刊至1939年12月31日结束。贵阳市档案馆藏有该报1935—1939年少量报纸(余吉华.贵阳市档案馆指南[M].贵阳:贵州人民出版社,2003:320)。该报副刊辟过的栏目还有"革命军""朝暾""晴岚""文化抗战""新垒""心理周刊""妇女与儿童"等。

编的《文史杂志》,其中一部分是在贵阳出版;1938年贵州十日旬刊社编《十日旬刊》[1]等。

综合各方面因素,本部分对贵州战时史学考察的思路为:以学校为单位,考察此期各个学校的历史教师及其在此间的史学研究情况,然后研究此期该校出版的专门性的史学刊物,以及刊登有史学文章的综合性刊物中刊载的史学论著情况。符合这些条件的大学主要有大夏大学、国立浙江大学,因此本部分主要以迁入贵州的国立浙江大学和大夏大学在贵州期间的史学研究为中心。

一、大夏大学在贵州的历史研究

大夏大学是今华东师范大学的前身。抗战时期迁到贵州的高校中,大夏大学是最早来贵州的,1937年12月于贵阳讲武堂开学,1944年12月迁往贵州赤水,直到1946年9月离开贵州赤水迁回上海复校,在贵州前后历时将近9年。在大夏大学迁移到贵州之前有文学院、理学院、法学院、教育学院和商学院。文学院经多次变更,到贵州之前,包括文学系、英文系、史地系、社会系。到贵州后,奉教育部令合史地系与社会学系为一,即史社系,只是内部有史地、社会两组。设有文史研究室一所。在贵州出版《文史》半月刊。

在贵州期间,历史社会系附设的社会研究部对贵州和西南地区的少数民族的历史、语言进行了调查、考察,收集了大量珍贵的文物,还创立了民族博物研究室,为研究我国少数民族的历史,做出了特殊的贡献。关于少数民族史研究的内容将在民族史部分论述。史地组作为历史社会系的部分,在搬到贵州之时,跟随学校一起来到贵州的教师,主要包括梁园东、王绳祖、王国秀、吴澄华等著名学者。他们在贵州2~3年的时间,但大多没有或很少进行历史研究,一方面可能由于生活的不安定,另一方面有可能关心抗战时局,积极参加相关活动,包括有的人写时论文章。抗战后期来校工作的教师,如吴泽等在贵州时间较短暂而没有发表研究成果。中期在贵州的历史教师主要有姚薇元、葛受元、栗庆云、吴庆鹏等人。现在几乎找不到关于葛受元与栗庆云的史料。所以,下面主要介绍姚薇

[1] 十日旬刊社出版,贵阳生活书店总经销。贵阳人接手出版了一期(1938年5月第7期)便被查禁。这期上有一篇史学文章,署名为毓祥的《东洋史上的百年战争》。

元与吴庆鹏在贵州时的历史研究情况。

1. 姚薇元的历史研究

姚薇元(1905—1985),出生于安徽繁昌县三山镇一个小康之家,6岁入伯父私塾读书,后因父亲逝世,辍学3年,直到9岁才入本地国民小学学习。1926年高中二年级时以优异的成绩考入清华大学,初学物理,后因对中国近代史有浓厚兴趣而改学中国近代史。1931年,考入清华大学研究院历史门,在著名历史学家陈寅恪指导下研究魏晋南北朝隋唐史,撰成研究生毕业论文《北朝胡姓考》。《北朝胡姓考》是第一部详细讨论中国历史上少数民族姓氏的专著。该文以其独有的价值至今仍被国内外有关学者视为研究魏晋南北朝乃至隋唐历史的重要参考书。1936年,姚薇元于清华大学研究院毕业后,开始了坎坷的教书生涯。最初在南京中央大学讲授国文、中国史、隋唐五代史等课程。1940年,受聘到已经迁移至贵州的大夏大学任教授,讲授中国史,是大夏大学史地研究室主任。1942年,改任贵州大学历史社会系教授。同年参加了中印学会。1943年,参加了全国学术团体——中国史学会。1945年,受聘为重庆中央大学教授。1946年,随中央大学迁回南京。1948年,先后在金陵女子文理学院和政治大学讲课。1949年,因其岳父病重,全家迁往湖南,先后受聘为南岳国立师范学院、湖南大学历史系教授。

姚薇元主要从事魏晋南北朝隋唐史和中国近代史的教学和研究。在贵州期间,他主要从事历史的考证研究。首先是1942年2月由贵阳文通书局出版了他的论著《道光洋艘征抚记考订》。

姚薇元在考入清华大学后本科学习期间,为弄清中国近代史的发展脉络,从中国近代史的开端——鸦片战争史着手研究。当时关于鸦片战争的著述有魏源的《道光洋艘征抚记》。但是由于种种原因,魏源的这本著作,也存在不少缺漏和舛误的地方。在郭廷以讲师的指导下,他充分利用清华图书馆所藏丰富的中、英两方有关鸦片战争记载的主要资料和著作,对魏源的《道光洋艘征抚记》逐段进行考核,补正书中的各种缺、误上百处,写成《鸦片战争史事考》,又名《道光洋艘征抚记考订》。

1945年,《道光洋艘征抚记考订》获当时民国政府教育部“奖励学术发明”二等奖。1955年姚薇元再作重要修改，易名为《鸦片战争史实考》，由上海新知识出版社再版。此后，姚先生又根据新发现的资料，再次进行修订，1984年由人民出版社出版了修订本。这是一部研究鸦片战争史的权威著作。此书出版后，受到国内外专家的一致好评。华中师范大学原校长、我国著名历史学家章开沅教授就认为，这本著作"学风严谨，功力深厚，堪称开创之作"❶。美国著名历史学家费正清也认为此书"是一本有详细的注释而且有判断力的书"❷。

在贵州期间的历史研究工作，更主要地体现在一系列论文的发表。在各校任教期间，同时潜心学术研究，发表了《可汗称号源出中国说》《藏族考源》《唐代诸帝享年考》《北朝帝室氏族考》《唐代回纥人华化考》《四史解题》《与钱宾四论唐藩镇胡籍》《欧阳修集古录目考》《五胡考》《独孤即屠各考》等多篇有影响的考证论文。

另外，姚薇元还发表了一些进行历史解释的研究论文，这类论文往往与抗日战争密切相关，体现其关心反侵略的社会现实的一面。在《中国历代的统一》❸一文中，他自豪地指出："中国民族寿命的亘长和国家领土的广大与统一，在整个人类历史上是一件独一无二的奇迹。"中国为什么会有这样的奇迹呢？他认为寻找到其中的原因非常重要，因为"我们必先了解了这些问题，然后才能够明白今日'抗战必胜，建国必成'的口号，不是夸大的政治宣传，而是数千年历史推演的'结论'，然后才能恢复我们民族的自信心"。可见，长期的历史考证研究中，他也没有忘记现实的斗争，自觉地将自己的研究与民族的危亡联系在一起。他认为中国民族寿命亘长的原因在于"儒家提倡'忠孝'的成绩，忠孝是中国民族道德的两个基点"；他指出在古代"'忠君'就是现代的'爱国'，中国人自古严'夷夏之辨'爱国的情绪是很强烈的，尤其当外患侵逼，国家危亡的时候表现的最显著"，而"孝是人类同情心的出发点，一个人如果连自己的父母都不供养，我们还能希望他救济别人么？所以孝亲就是爱同胞爱民族的起点"。

而先哲的"统一论"则是中国数千年来促进和支持统一的原动力。然后他从中国历史上的"统一论"的理论和统一的历史实践两个方面进行了论证。当然，

---

❶ 章开沅．《鸦片战争史》序二[M]//萧致治．薪火文集．长沙：岳麓书社，2010.

❷ 费正清，等．外国学者论鸦片战争与林则徐(下)[M]．福州：福建人民出版社，1991：2.

❸ 姚微元．中国的历代统一[J]．时代精神，1941，3(5).

一方面他的论证是有一定道理的，另一方面也与当时国民党的国策宣传保持了一致，凸显“一个政府，一个领袖，一个主义”。

《中华民族之整个性》[1]是此期姚薇元发表的与时事密切相关的另一篇文章。他指出：“吾汉满蒙回藏苗瑶诸宗族，经五千年亘长之共同历史，生活于同一政治教化之下，其间虽间有政权之变迁，势力之消长，然其民族之关系，则愈接触而愈融和，愈交织而愈密致，迄至今日已由诸宗族销熔混化而铸成一‘整个的’中华民族，就现状言：满族已完全混化；蒙藏二族因限于地理环境，仍有一小部分习游牧生活。回族则由宗教之隔阂，习俗稍异，至苗瑶族与汉族渊源极古，其生活风俗，实即吾先民生活风俗，特以居地贫瘠，经济困难而文化落后耳。故今诸宗族间仅存些微之生活方面或宗教方面之差异，一如英格兰人与爱尔兰人间之差别，初不失为英吉利民族然。要言之，汉满蒙回藏苗瑶诸宗族经五千年之交融混化，业已铸成一中华民族，此民族之本身具有一种综错密结之‘整个性’，绝非外来暴力所能分裂也。”表达了一种民族团结的信心。当然，这些观点与当时国民党政府的宣传同样保持了一致性。

2. 吴庆鹏的历史研究

吴庆鹏，字奋天，广西人，生卒年不详，根据网上信息只能简单勾勒如下一些履历：暨南大学文学学士，曾任广西省立武鸣中学教师。接受过顾颉刚《上古史》的课程教育。1941年他在大夏大学任教时，就“商人”问题求教于顾颉刚[2]。当时后方各大城市都相继成立了“中华全国文协”分会，唯独贵阳无人过问。后来迫于形势，由吴庆鹏、王拌石等大夏大学青年教师牵头发起了筹建工作。在贵州期间，他还曾任省立铜仁师范学校校长。

吴庆鹏曾任《新年代》半月刊的主编。该刊1944年创刊，发行人兼社长孙庆禄，社址设于中国国民党贵阳市党部内，编委有谢六逸、谢永谦、钱安毅。同年7月7日出版《新年代》创刊号。该刊为综合性月刊。辟有“每月谈”“论著”“哲学论坛”“文史专页”“科学讲座”“青年问题”“杂谈”“文艺”等栏目。现在能找到的有第一卷第二、三期合刊。在这个合刊中的“文史专页”三篇文章中，只有一篇是历史，为吴庆鹏发表的《杨文骢传》，是作为书籍《贵州名贤传》增订篇之一而发表

[1] 姚微元．中华民族之整个性[J]．边疆通讯，1945，3(1)．

[2] 顾颉刚．浪口村随笔[M]．沈阳：辽宁教育出版社，1998：61．

的。他认为杨文骢的“整个为人,是屡抗清兵,至死不屈的民族英雄,他的一生故事,正是有血有泪的明末抗清历史的一部分”❶。

另外,吴庆鹏还是《学而》半月刊的主编之一。该刊由《学而》半月刊社于1942年创办,社址设于贵阳富水路进修书店。1943年1月1日出版《学而》创刊号。该社成员由抗战期间流亡到贵阳的知识界人士组成。创刊目的为:“建设国家本位文化,竭尽所知所能,协助全省青年研究新知。”❷发行人曾俊侯,主编张乃璇、陈绍箕、吴庆鹏、董每戡。

在现有能找到的资料中,吴庆鹏的著述有《唐宋散文史》,贵州熙民印书馆1945年出版。因为这本著述他被称为“近现代知名的中国文学史著译者”❸之一。在唐宋散文的研究中具有一定地位。

吴庆鹏编纂有两本书。其一是《高中国文》一书。该书是马宗荣、谢六逸主编的《中学复习受验丛书》之一种,由文通书局1942年出版。其二是《贵州名贤传》。本书主编为吴庆鹏,贵州省政府教育厅编著,贵阳文通书局1944年2月初版,共152页,36开。选择史乘中较著名的贵州籍贤人35人,起自西汉,迄于清末,共34篇传记,每传记末有注释。书前有时任贵州教育厅长欧元怀“贵州名贤传序”,该序言指出编纂《贵州名贤传》缘由:“旷观欧、美乡土教育发达之邦,其编辑乡土教材,莫不置重于乡土历史。良以是项教材,可养成学子爱护桑梓观念,而为培育爱护国家民族情感之根苗。窃以编述乡土历史,应自乡贤传记始。盖匪特群贤之生活、人格、学问、事业易于默化乡国后进,而亦以传记之为体,涵孕故事,生动多姿,更使读者加深印象,迅予接受而消化之也。”❹该书是民国年间贵州出版的历史人物传记中较重要的一部❺。

吴庆鹏同时还是大夏大学专门性史学刊物《文史》(半月刊)主编,该刊由大夏大学文史研究室编印,1941年10月创刊至1942年1月出版1－5期。主要刊登该研究室同人在文史领域中的研究成果和作品。但是现在很难找到该刊物而窥

---

❶ 吴庆鹏.杨文骢传[J].新时代,1944,1(2,3).

❷ 贵州省档案馆.贵州社会组织概览(1911—1949)[M].贵阳:贵州人民出版社,1996:254.

❸ 邓敏文.中国多民族文学史论[M].北京:社会科学文献出版社,1995:144.

❹ 贵州省政府教育厅.贵州名贤传[M].贵阳:文通书局,1944:1.

❺ 贵州省地方志编纂委员会.贵州省志:社会科学志[M].贵阳:贵州人民出版社,2001:432.

其全貌。

二、浙江大学在贵州的历史研究

浙江大学(简称“浙大”)的前身是求是书院,1897年创建于杭州,书院几易其名。1927年5月,定名为第三中山大学;1928年7月改称国立浙江大学。1936年4月,著名气象学家竺可桢开始出任该校校长。1937年11月,学校师生在竺可桢校长的率领下西迁。1940年2月浙大迁入贵州遵义,直至1946年6月复校杭州而离开。在将近七年的时间里,浙大与遵义人民休戚与共,克服了种种艰难困苦,在抗日战争严酷的环境里,实现了浙大与遵义的共同发展。

浙大史地学系创立于1936年5月,抗日战争爆发后,辗转万里,历尽艰险,于1939年年底迁至贵州北部遵义和湄潭。当抗日战争结束以后,1946年9月史地系师生复员返回杭州,计在遵义历时七年之久。

1936年竺可桢执掌浙大之后,任命张其昀为史地学系主任。1939年7月,在教育部授意下,浙大设立文科研究所史地学部,是全校最早设立研究所的科系之一。8月4日,教育部第20248号训令委托史地系设立史地教育研究室。至此,浙大史地系实际包含有四个单位,即文学院的史地系、师范学院的史地系、史地学部和史地教育研究室。浙大史地学系在遵义期间的学术活动非常活跃,除了承担正常教学工作外,还担负着出版刊物、建立研究室、组织学会等多项职责,在史学研究方面坚持浙大特色,做出了成绩。他们“编修新系统的通史、弘扬中国文化精神成为国难之际创新史学的要义,浙大史地学系成为战时‘新史学’的重镇之一”[1]。这里以学术刊物及教师为单位,考察浙大在遵义时期的史学成就。

1. 浙江大学史学刊物

关于史学的研究,浙大出版发行了五种刊载有史学论文的期刊。其中史地学系主办的有《史地杂志》《国立浙江大学文科研究所史地学部丛刊》《思想与时代》,以文学院或师范学院为主办而史地系参与的有《国立浙江大学文学院集刊》《国立浙江大学师范学院院刊》。下面分别进行介绍。

[1]张凯.科学主义的人文主义:国难之际浙江大学文学院的分与合[J].中山大学学报:社会科学版,2018(3).

《史地杂志》于1937年5月1日在杭州创刊,浙大史地学系编辑及发行,双月刊,铅印十六开。该刊在杭州只出第一卷第一、二两期,由于全民抗战开始,浙江大学数度迁移,印刷困难,暂停出版。1940年9月《史地杂志》在贵州遵义复刊,出版第一卷第三期,改铅印为石印,到1942年3月止,共出版了两卷六期。也就是在贵州期间,继续出版了第一卷三、四期,第二卷一、二期。该刊有论著、新书介绍、附录等栏目。

《发刊辞》和《复刊辞》均为史地学系主任张其昀撰写,他在《发刊辞》中指出创刊的目的"阐发新知,微贡新得",以及"继承精神之遗产,发扬固有之光荣"。杂志专载史地学系教师在历史地理方面的著述,其中史学方面有不少论文和学术报告发表在《史地杂志》上。到贵州后发表的文章中有关于贵州的研究,如任美谔的《黔南苗族调查记略》、谭其骧的《播州杨保考》等,与本地刊物相比,更大的特色是关于世界史的研究,如顾谷宜的《罗邱宣言与威尔逊十四条之比较》、费巩的《西班牙内乱之历史背景》。其中第二卷第二期以专辑的方式出现,命名为《太平洋战争讨论集》,1942年3月出版,收有论文五篇,包括张其昀的《太平洋战争之新战略》、沙学浚的《太平洋战争之地理基础》、任美锷的《太平洋问题之回顾与前瞻》、黄秉维的《太平洋战局前瞻》、涂长望的《空军在现代战争之地位》,该专辑是太平洋战争爆发后,史地系举行报告会和讨论会的成果。此外,还有其他类型史学文章,如张其昀的《中国历史上之国防地理》《国父对于发展东北之遗教》、李源澄的《浙东史学之远源》、俞大纲的《武曌母号考》、杨敏曾的《禹贡三江考》、张荫麟的《宋代南北社会之差异》等。

《国立浙江大学文科研究所史地学部丛刊》是反映史地学部各组教师和研究生科研成果的期刊。文科研究所史地学部成立于1939年,由史地学系主任张其昀兼任史地学部主任,史地学系教授涂长望任副主任,内分史学组、地学组、气象学组,人文地理学组。第一期出版于1942年4月,共出版了4期,每期铅印或石印十六开一册。本刊重点刊登的是贵州省地质、地形、气候等各项调查资料和研究论文。例如,涂长望的《何以贵州天无三日晴》,任美锷、丁锡祉的《遵义附近地形发育之研究》等。对抗战时期建设西南地区有一定的实际价值。

其中第4期是《徐霞客先生逝世三百周年纪念刊》,1942年12月出版。该期汇集了张其昀的《序言》、竺可桢的《徐霞客之时代》、叶良辅的《丁文江与徐霞客》、方豪的《徐霞客与西洋教士关系之初步研究》、任美锷的《〈江流索隐〉质疑》《读徐霞客游记忆浙东山水》、黄秉维的《霞客游记小植物地网资料》、谭其骧的《论丁文江所谓徐霞客地理上之发现》、方树梅的《大错遗文霞客自滇归年之贡献》、王维屏的《徐霞客之故乡》等论文共12篇。

《思想与时代》,由张荫麟与张其昀商议,于1941年6月在贵州遵义发起组织思想与时代社,联合当时在昆明的西南联大及成都、乐山的一部分大学教授创办。8月1日正式创刊,其中浙大史地学系仍是发表群体的重要基地,参与者很多为当时学界名流,其基本成员为钱穆、朱光潜、贺麟、张荫麟、郭洽周、张其昀6人,此外还有谢幼伟、缪钺、陈立、竺可桢、任美锷、冯友兰、王焕镳、熊十力、洪谦等。

编辑部设在浙大文学院。在遵义出至40期(1945年2月1日出版),因战事和抗战胜利后浙江大学迁回杭州之故,曾停刊一年十个月。1947年1月1日在杭州复刊,至1948年11月为止,共出版53期。为月刊,有的年份并没有出齐,读秀期刊数据库有录。该刊为大16开,篇幅在50页左右,每期发表文章6~8篇,从《思想与时代》各期目录看,主要栏目有论著与书评以及纪念专刊、学术通信等几个部分。要求"特重时代思潮与民族复兴之关系","本刊文字大都为通论,不载考据纂辑之作,但穷理力求精密,立论务期征信,以要言不繁(烦)、深入显出者为尚"[1]。

该刊在全国有较大的影响,在遵义时期,重庆和桂林设有总代售处,发行后成为抗日时期大后方最有影响的刊物之一,发行量达3000册左右,行销遍于后方各省,除学校外,军政工商各界均有订户。每期出版,零售旋即告罄。浙大文科学生,几乎人手一册。至今仍具有重要的史料价值。

《思想与时代》发表文章涉及哲学、科学、政治、文学、教育等领域,也刊登了不少史学方面的著述,多为浙大史地学系同人所作,并于第18期出版了《张荫麟先生纪念专号》,以纪念时在遵义去世的历史学家张荫麟。也有一些史学论文非浙大学者所作,其中钱穆发表的史学论文最多,其次是张荫麟和张其昀。这些史学论文牵涉的面也比较广,主要的论题有以下几个方面,其一,与当前现实密切

[1] 编者.征稿启事[J].思想与时代,1941(1).

相关的研究课题，例如关于军事的研究，包括缪凤林的《国史上之战斗观》、刘永济的《论古代任侠之风》、张其昀的《两千年来我国之兵制与兵役》《历代之军政与军令》《历代之兵源与将才》、王焕镳的《春秋攘夷说》、卢温甫的《中国古代之军事气象学》、陈乐素的《第七世纪中叶的中日战争》、杨联陞的《司开洛述〈战争与史学〉》等。其二，关于历史及史学理论的研究，包括熊十力的《哲学与史学》、钱穆的《中国今日所需新史学及新史学家》、张荫麟的《论史实之选择与综合》《论传统历史哲学》、王绳祖的《卡林渥德的历史思想》、李絜非的《论历史方法》《论史观》、黎子耀的《刘知几思想述评》、谢幼伟的《柏烈得来的历史观》等。其三，其他历史问题研究，如张荫麟的《宋朝的开国和开国规模》《北宋的外患和变法》、全增祐的《清代幕僚制度论》、钱穆的《宋以下中国文化之趋势》《从秦始皇到汉武帝》、陶元珍的《中国历代官制演变之方式》、张孟闻的《中国生物分类学史简述》、朱伯康的《五十年来中国财政之变迁》、吴其昌的《国史上安南暹罗缅甸之地位》等。

《国立浙江大学文学院集刊》于1942年6月在贵州遵义创刊，由集刊编辑委员会编辑及发行，文学院中国文学系主任郭斌和为编委会主席，梅光迪、张其昀、费巩、张荫麟、王焕镳、缪钺、黄尊生等为编委。张荫麟去世后，增补谭其骧为编委。到1944年8月为止，一年一集共出版了4集，属于年刊性质。每集均为石印线装，读秀期刊数据库有录，但第三集不全。本刊属于综合性刊物，比例较大的是历史学论文，以考证类论文为主，包括缪钺的《杜牧之年谱》、李源澄的《汉代赋役考》、张荫麟的《燕肃著作事迹考》、谭其骧的《辽史订补三种》、方豪的《拉丁文传入中国考》、黎子耀的《补后汉书食货志》、李诞的《北宋楮币考》及郭斌和的《章实斋在清代学术史上之地位》等。

《国立浙江大学师范学院院刊》于1940年9月创刊于贵州遵义，由院刊编辑委员会编辑及发行，师范学院院长王琎任编委会主席，郭斌和、梅光迪、张其昀、陈剑修、苏步青、朱正元任编委。校长竺可桢为院刊撰写了《发刊辞》。本刊只出版两期，即1940年9月第一集第一册和1941年6月1日出版第二册，每期石印线装一册，读秀数据库有录。本刊内容反映师范学院文理各系的学术研究成果，它刊载的历史学文章有钱宝琮的《金元之际数学之传授》、顾谷宜的《俄国政治文化史论》、张荫麟的《王阳明以前之知行学说》等。

2. 史地学系教师及其在贵州期间史学研究

在遵义时期的浙大史地系的教师，大部分已经是或正在成长为国内的知名学者。史学组教师中发表史学文章的教师有张其昀、钱穆、张荫麟、陈乐素、谭其骧、方豪、陶元珍、李源澄，顾谷宜、李絜非、黎子耀、缪钺、李埏等。其中钱穆赶赴贵州遵义浙大讲学虽只有一个月，但在贵州发表史学文章很多；李埏在贵州时刚刚走上教学岗位，时间也只有一年（1942年），但也还是在贵州发表了史学文章，如《北宋楮币起源考》❶。

（1）张其昀及其在贵州史学研究。

张其昀（190l—1985），字晓峰，浙江宁波鄞县人，出身于一个比较富裕的书香之家。1913年考入宁波省立第四中学，国文老师陈康黻、历史老师洪允祥、地理老师蔡和铿，都是“甬上名宿”，对张其昀影响很大，奠定了他的文史科基础。1919年考入南京高等师范学校（1921年更名东南大学）。在校时，最受三位老师的影响，一位是哲学教授刘经庶；一位是史学教授柳诒徵；还有一位是地学教授竺可桢。张其昀因而将柳氏的传统史学与竺氏的科学观点结合起来，成为他独特的史地学，使自己成为我国最为杰出的史地学家以及人文地理学的开拓者。大学毕业后，他进入上海商务印书馆，从事中学地理教科书的编辑工作，该套地理教科书成为当时最受欢迎的教科书。1927年东南大学改组，1928年改名为国立中央大学，张其昀当了母校的地理讲师，在校十年以后升为教授。在这期间，他除了著译有关地理学的著作外，又到浙江（1929年秋）、东北（1931年夏）、西北（1935年秋至1936年夏）等地考察地理。1936年夏，张其昀应竺可桢校长之聘，到浙江大学创办史地系，担任教授兼系主任。全面抗战爆发后，浙大被迫到处迁徙，1940年4月，他随浙大在贵州遵义定居，直到后来随浙大迁回杭州。其间1943年6月到1945年9月离开贵州去美国访问。因为是作为在贵州的浙大派出人员，因此这段时间的论著仍然作为贵州史学的组成部分。

在贵州期间，张其昀勤奋治学、以身作则，使浙大史地系的发展日新月异。浙大史地系不仅包括文学院史地系与师范学院史地系，还创立了其他大学所无

❶ 李埏．北宋楮币起源考[J]．国立浙江大学文学院集刊，1944(4)．

的史地研究所与史地教育研究室,由张其昀兼所长、主任,统一领导。在这样的组织形式发展下,浙大史地系在遵义时期,不仅培养了史学和地学方面的大批学士,还培养了一批硕士,在史地教育、教学和研究上都居全国领先地位。以这些史地机构和单位为基础,出版发行《史地杂志》《思想与时代》《国立浙江大学文科研究所史地学部丛刊》三种刊物。

就个人而言,张其昀除发表大量的时论以外,也进行了历史方面的研究,在论著方面有《中华历代大教育家史略》和《中国军事史》。同时他整理了史地研究所在遵义收集的资料,1948年5月出版了《遵义新志》。

《中华历代大教育家史略》一书于1942年由重庆钟山书局出版,蒋介石很欣赏,亲自题写了封面书名。书中对孔子、孟子、荀子、董仲舒、王通、韩愈、胡瑗、程颐、程颢、朱熹、陆九渊、王阳明中国古代十二位儒学大家的教育思想、教育方法、贡献及影响等方面进行研究,他的研究是与现实密切联系的,其论著的旨趣在于:"孔子是中国文化的代表人物,也是中国史上一位最伟大的教师,其教育学说有精密的理论和一贯的系统。他以为政治必须以教育为本源,所以他的教育哲学也是他的政治哲学。共言足为天下法,共行足为百世师。孔子学说经过孟子、荀子、董仲舒、王通、韩愈、胡瑗、程颢、程颐、朱熹、陆九渊、王守仁等之绍述而益发扬光大。二千多年以来,儒学思想是中国思想界的主流,也是中国文化的大动脉。兹当孔子诞生二千五百周年纪念,国家正处于空前未有的变局,我们试从血脉上来探究中国文化的本质,把孔子以降十二位圣哲大师的遗教,涵泳体察一番,实在可以得到无穷的启发和鼓励。"[1]他最后指出:"中国古代的教育理想,第一是人格教育,第二是公民教育,其余均属次要。在这样的文化背景之上来发展科学,使科举与技术统治于人本哲学之下,我们深信中国对于未来世界之繁荣与和平,必能为真正有效的贡献。"因此,"中国史上大教育家的思想,是中国文化的命脉。第一,我们应知道这部精神遗产是中国目前科举教育的源头活水。第二,我们应知道惟(唯)有能真正享受这部遗产,则科举发达的结果方可救人类于浩劫"[2]。表现其新儒家救国的思想。

《中国军事史略》是一部军事史专著,1941年冬,蒋介石委托陈布雷找人撰写

---

❶ 张其昀.中华历代大教育家史略[M].[出版地不详]:中国新闻出版公司,1956:1.

❷ 张其昀.中华历代大教育家史略[M].[出版地不详]:中国新闻出版公司,1956:35.

一部综合精深的军事史书，作为军事学校军事史教材，陈布雷推荐张其昀任撰述。曾分篇在《思想与时代》月刊陆续发表，1943年3月完稿，1944年5月中正书局出版印行。该书正文共四章，分别为兵役与兵制、军政与军令、兵源与将才、兵器与军资。叙事上溯先秦，下至民国，张其昀在《凡例》中说明了该书主要内容："本书以朝代为经，以事为纬，对于我国历代之军事演变，如兵制兵源与兵役之法，军政与军令系统，名将与重要战争，军器军需与其对战术之影响，皆溯其原始，迹其递嬗，论其得失，俾于我国军事各方面之沿革，著其涯略。"❶陈布雷作序并对此书多加褒奖："洵足以明古今之变，彰递嬗之迹。至若称述汉唐明初用民建军之良法美意，表扬历代名将之精神，乃至论列一代之军政将才之如何影响于当世之治乱兴衰，往往因事以明旨，语重而心长，读者自能体会得之"，并认为"所以阐明我国军事之大概源流者，洵可供我革命军人与一般国民之参考，且足为军事学校军事史教材之取资也。"❷《中国军事史略》开创了近代中国军事史综合性贯通研究的先河，同时，该书作于抗战期间，其目的在于借古鉴今，进行国防宣传，唤起国民的国防意识，有益于抗战期间的国防建设。

在贵州期间，张其昀发表的史学论文还有《纪念林文忠公并论禁烟与抗战之关系》《梁任公别录》《顾景范氏之国防论》《印度独立运动之原委》《印度建国之基本问题》《中国之陆权与海权》等，除《梁任公别录》属于纪念性文章外，其余论文与他的论著一样与抗战建国的时代密切相连。

《顾景范氏之国防论》❸一文是1940年4月26日在贵州遵义陆军大学所做的演讲。张其昀认为顾祖禹的《读史方舆纪要》一书是我国规模最大最有系统的国防地理名著。为此他研究了顾祖禹撰著该书的经过及良苦用心。指出："方舆纪要所以称为中国地理学一大归宿，而为数千年来所仅有者，不独在著述之方法，而尤在其著述之精神。从前地志多偏于词章之学，重视名胜古迹，无当于国计民生，国防要地常略而不书，景范之父柔谦有言，'尝怪我明一统志，先达推为善本，然于古今战守之要类皆不详；于山川条列又复割裂失伦，源流不备，何怪今之学者，语以封疆形势惘惘莫知。'景范此书，备载山川海岸险要，详论南北军事形势，

❶ 张其昀．中国军事史略[M]．[出版地不详]：正中书局，1946：3.

❷ 张其昀．中国军事史略[M]．[出版地不详]：正中书局，1946：2.

❸ 张其昀．顾景范氏之国防论[J]．国立浙江大学师范学院院刊，1940(1).

及古今用兵兴亡成败强弱得失之故,而景物游览之胜不录焉,故方舆纪要一书实即现今所谓国防地理。"他并具体从国防线、国防根据地、国防经济、战略四个方面对顾祖禹的国防思想进行论述。《中国之陆权与海权》❶一文则是1944年在美国为纪念九一八事变而做的演讲,他回顾了近代日俄在东北对中国的争夺,并指出陆权与海权的密切关系。然后探究了中国历史上的拥有及维护海权与陆权的表现,最后指出海权陆权与空权的重要关系,认为"在此空军时代,中国之沿海与内地,呼吸相通,其关系愈臻密切,新时代之国防,如鼎三足,会之实为一体。以中国之历史传统与地理背景自有统一口口之必要,俾在新国际组织中,负荷保障东亚和平之职责"。张其昀是中国较早具有海权思想的人。

(2)张荫麟及其在贵州历史研究。

张荫麟(1905—1942),自号素痴,生于广东省东莞石龙镇一官宦之家,1922年,张荫麟考入清华学校中等科三年级。1923年,张荫麟在清华大学发表处女作《老子生后孔子百余年之说质疑》❷,时年18岁。梁启超感叹"此天才也"。在清华大学读书期间,除进行学术评论外,还发表了一系列具有开创性的中国科技史论文,是我国科技史研究的先驱。1929年,赴美国斯丹福大学留学,专攻哲学和社会学,以为志业史学的预备。1933年为博士候选人期间回国,1934年任清华大学讲师。1936年升任哲学系、历史系合聘教授。1938年南下任西南联大历史系、哲学系教授。1940年7月29日离开昆明,赴贵州遵义浙大任文学院史地系教授,居住于遵义石家堡3号第三层阁楼。1942年10月24日病逝于贵州遵义,年仅37岁。

张荫麟在遵义浙大时,讲授"中国上古史""唐宋史""历史研究法"及"魏晋南北朝史"等课程。除教授本科生外,还带有研究生,指导他们的毕业论文。张荫麟个人完成和发表的论文近30篇,大部分是史学论文,还有哲学论文、时论。再版专著《中国史纲》,还有未及编辑完成的专著《通史原理》《宋史论丛》等。此外,还负责主编《思想与时代》月刊。

《中国史纲》1936年完成,1940年6月初版于重庆青年书店,署错姓而为杨荫麟。张荫麟到遵义任教后,当时主持浙大史地教育研究室的张其昀教授特地商

❶ 张其昀. 中国之陆权与海权[J]. 思想与时代,1945(39).

❷ 张荫麟. 老子生后孔子百余年之说质疑[J]. 学衡,1923(21).

请于他，希望将这本书在遵义用石印刊印500部，以广其传，这本书遂于1941年4月又有遵义石印版。书出版后不久就被买光。1942年，浙江大学决定将之重版。张荫麟又于1942年9月写了再版自序，并将第二版的8章，增添为11章。即增加了"大汉帝国的发展""汉初的学术与政治"及"改制与革命"3章，约16万字。遵义再版本为张荫麟亲手校订，是他辞世前的最终定稿本。现今我国多家出版的《中国史纲》都是根据遵义版本重印而成。

张荫麟撰述《中国史纲》的缘起在于1935年经傅斯年的推荐，受教育部(一说为国防设计委员会)之聘，开始编写高中历史教科书。按原计划安排，汉朝以前由张荫麟自撰，唐朝以后则属吴晗，鸦片战争后的社会变化则归千家驹撰写，而王芸行所写的则是中日战争部分。但最终仅有张荫麟负责的那部分写成，为一部未完成的通史著作。尽管如此，顾颉刚于1945年著的《当代中国史学》，仍然将张荫麟著的《中国史纲》列为中国新史学中较为理想的7部通史著作之一。当时全国已有40多部通史面世，由此可见《中国史纲》的影响和价值。

张荫麟在《中国史纲·自序》中说明了写作宗旨："现在发表一部新的中国通史，无论就中国史本身的发展上看，或就中国史学的发展上看，我们正处于中国有史以来最大的转变关头"，"第一次全民族一心一体地在血泊和瓦砾场中奋战以创造一个赫然在望的新时代。若把读史比于登山，我们正达到分水岭的顶峰，无论四顾与前瞻，都可以得到最广阔的眼界。在这时候，把全部的民族史和它所指向道路，做一鸟瞰，最能给人以开拓心胸的历史的壮观"，"回顾过去十年来新的史学研究的成绩，把他们结集，把他们综合，在种种新史观的提警之下，写出一部分新的中国通史，以供一个民族在空前大转变时期的自助之知，岂不是史家应有之事吗?"表明他的研究与当下的全民族抗战相连。

张荫麟在遵义时的史学论文中有史学理论方面的研究，如《论史实之选择与综合》[1]一文，该文实际上是他《中国史纲》的《自序》。还有一篇是关于王阳明的研究，即《王阳明以前之知行学说》[2]，研究了王阳明知行学说与郑玄及宋儒包括程颐、杨龟山、陆象山、朱熹及《朱子语类》之间的关系。《论传统历史哲学》[3]一文

---

[1] 张荫麟. 论史实之选择与综合[J]. 思想与时代，1943，(18).

[2] 张荫麟. 王阳明以前之知行学说[J]. 国立浙江大学师范学院院刊，1941(2).

[3] 张荫麟. 论传统历史哲学[J]. 思想与时代，1943(19).

曾经以《传统历史哲学之总结算》[1]为题名发表过，该文认为以往各种不同历史哲学派别的相同性质，在于“认定过去人事世界之实在而探求其中所表现之法则”。由于对不同法则的认可不同，因而形成各种不同的历史哲学流派。据此，将历史哲学区分为五种：目的史观、循环史观、辩证史观、演化史观、文化变迁之因果律(理想史观、唯物史观、气候史观、人物史观)。依次论析这些史观的本义，并加以叙述。否定历史必然性与规律性，不承认历史进化律的普遍性，并表现出对循环史观的深厚偏爱，说“吾人若以循环之观念为导引以考察人类史，则每可得惊人之发现。此则吾所确信不疑者”。

其余论文就研究范围来说集中在对宋史的研究，后来三联书店准备以《宋史论丛》的名称将他的宋史研究出版，1956年已经整理出清样，但后因故而未出版。他此期的宋史研究，包括两类，一类是考证文章，例如《宋太祖誓碑及政事堂刻石考》[2]一文指出宋太祖誓碑及太祖政事堂刻石均是南宋人所传北宋文献而伪造的，在文中，他具体考证分析了南宋人为什么要造伪的原因。《〈顺昌战胜破贼录〉疏证[3](附：顺昌战前之刘锜)》一文指出，顺昌之战(宋顺昌府治所即今安徽阜阳县)是宋南渡后第一次大挫金人以少胜多的战役，该文对这次战役进行记录的史料进行疏证。《燕肃著作事迹考》[4]一文对北宋燕肃这一以格物、创物名世之士的事迹进行考索。还有《宋太宗继统考实》《宋武功大夫河东第二将折公墓志铭跋》等文。另一类宋史研究以历史论述或叙事的方式呈现。《宋代南北社会之差异》[5]一文指出在宋朝，农奴制度仍然存在于南方。至少在北宋，农奴制度在江淮以南，西讫四川，东迄闽浙，仍然普遍存在。此外宋代还存在一严重社会病态特盛于南方，即杀婴习俗。其时间亘南北两宋，其地域遍及丁江南东西路、荆湖南北路及闽浙、两广。政府虽严设法禁，力谋救济，终不能止。他进一步分析了这些现象存在的原因在于南北财富分配的差异，并具体进行了解释。《宋朝的开国和开国规模》《北宋的外患与变法》《北宋关于家庭制度之法令》《北宋四子之生

---

[1] 张荫麟.传统历史哲学之总结算[J].国风，1933.2(1).

[2] 张荫麟.宋太祖誓碑及政事堂刻石考[J].文史杂志，1941.1(7).

[3] 张荫麟.《顺昌战胜破贼录》疏证[J].清华学报，1941.13(1).

[4] 张荫麟.燕肃著作事迹考[J].国立浙江大学文学院集刊，1941(1).

[5] 张荫麟.宋代南北社会之差异[J].史地杂志，1940(3).

活与思想》等文被认为是:“建宋史研究之体系,立宋史叙述之框架。自此而后,直至今日,通史著作之宋代卷,及断代性之宋史著,几无破此体系与框架者;其整体认识与论断,后人亦少有超越,唯于具体问题之论述,有所深化。”[1]

(3)谭其骧及其在贵州历史研究。

谭其骧(1911—1992),字季龙,浙江嘉兴人,出生于一个书香门第家庭。1926年考入上海大学,后又入暨南大学。1930年大学毕业入燕京大学成为顾颉刚的研究生,1932年研究生毕业后曾任北平图书馆馆员,先后在辅仁、燕京、清华等大学任教。期间于1934年春,与顾颉刚合作创办了《禹贡半月刊》,倡导研究历史地理,培养研究人才,为我国历史地理学学科的建立和发展做出了贡献。是中国地理学会的发起人之一。1940年3月27日,谭其骧至贵州青岩浙大分校报到,任副教授,一年后升教授,教授“中国通史”“魏晋南北朝史”“中国历史(沿革地理)”等课程。1946年9月,合家追随浙大复员回杭州。

在贵州期间,谭其骧没有出版论著,但是他发表了十篇左右的科研论文都很有分量。这些论文可以分成几类。一类是古代民族研究,包括《羯考》《记五胡元魏时之丁零》《记翟魏始末》等文。匈奴、鲜卑、羯、氐、羌是中古史上非常著名的五大族类,谭其骧对西晋以后“五胡乱华”时期民族迁徙的复杂性有着明确的认识,为了进一步梳理魏晋南北朝时期的人口迁徙运动,他对这一时期重要的非华夏民族历史进行了专门研究。《羯考》一文完成于1945年。在这篇文章中,谭其骧通过翔实的考定,明确提出羯为中亚阿利安人种,非匈奴同类。厘清了历来对羯族的模糊认识。《记五胡元魏时之丁零》[2]一文专论入居塞内丁零的分布状况。《记翟魏始末》[3]一文基本复原出丁零翟氏所建南魏政权的兴亡过程,体现他对魏晋南北朝民族史研究的精湛造诣。

一类包括《贵州释名》《播州杨保考》在内对贵州进行研究的文章。《贵州释名》[4],对贵州、夜郎、黔中的得名,进行了考证。这对贵州史地的研究,都是大有

[1] 范立舟,曹家齐.张其凡教授荣开六秩纪念文集[M].上海:上海人民出版社,2009:739.

[2] 谭其骧.记五胡元魏时之丁零[N].益世报:文史副刊,1942-10-04(16).

[3] 谭其骧.记翟魏始末[N].益世报:文史副刊,1942-12-17(22).

[4] 谭其骧.贵州释名[N].益世报:文史副刊,1943-07-15(37).

裨益的。《播州杨保考》[1]一文对杨保的族源、迁徙及占据播州的经过、与其他民族的关系、消亡过程、后裔分布等都做了考证。论证了贵州"杨保"并非如明初宋濂所称是宋代杨业之后,而是唐朝末年从泸叙二州的边徼羁縻州地区迁来播州的少数民族,这种民族应为罗族(今称彝族)的一支。在论证方法方面,指出运用谱牒应该慎重,而他更多地采用了地方志。这篇文章是他的"中国移民史"研究的一篇名作,对当时和此后的史学界产生过相当的影响。

谭其骧此期还著述有其他主题的考证文章,如《〈辽史〉札记》与《〈辽史〉订补三种》订正了《辽史》中《皇子表》《皇族表》,补充《皇子传》等。

最后一类是历史地理的考证。谭其骧认为秦郡的范围、界线历来不为人们所重视,连清末沿革地理大家杨守敬编绘《历代舆地图》时也只是根据杜佑《通典》中的说法,沿袭了不少错误。《秦郡界址考》[2]一文,对秦朝各郡的范围勾画出了轮廓,为复原秦郡确立了基础[3]。关于秦郡研究,清代以来学者有陈芳绩、全祖望、钱大昕、杨守敬、王国维、马非百、谭其骧、周振鹤等,以谭其骧集大成。他的《秦郡界址考》,连同之前发表的《秦郡新考》对核实秦代设郡问题做了300年来学术争论的一个总结。

在《西汉地理杂考》[4]一文中,谭其骧系统总结了清代学者对于西楚九郡的考证,依次点评了程一枝、全祖望、刘文淇、梁玉绳、汪之昌、何焯等学者的考证结果。认为西楚九郡之名称,应以姚鼐之说为准。

谭其骧的《与缪彦威论〈招魂〉庐江地望书》[5],约作于1942年。当时浙江大学教授缪钺(字彦威)就《招魂》中庐江当在何处一事函询,谭其骧根据《汉书·地理志》及《水经注》的记载,对照《招魂》中对地理景观的描述,确定其中的庐江在今湖北宜城县北,而不在今安徽。并进而推断《招魂》的作者当为屈原,而不可能是宋玉。缪钺将此文作为自己《中国文学史讲义》的附录。以后此文在重庆某刊登载,为郭沫若所见,引为《楚辞》及宋玉研究论战中的依据。

---

[1] 谭其骧.播州杨保考[J].史地杂志,1941,1(4).

[2] 谭其骧.秦郡界址考[J].真理杂志,1944,1(2).

[3] 创修良.中国史学名著评介:第五卷[M].济南:山东教育出版社,2006:354.

[4] 谭其骧.西汉地理杂考[N].益世报:文史副刊,1942-03-24(3)/1943-07-15(37).

[5] 所刊未详,约1942年。

此外,在1942年浙大出版的《徐霞客先生逝世三百周年纪念刊》上,谭其骧发表了《论丁文江所谓徐霞客地理上之重要发现》,该文纠正了丁文江《徐霞客年谱》对徐霞客地理学成就过高的评价。丁文江曾论及徐霞客对西南地理有五项重大发现,最主要的一项是发现了长江的正源是金沙江,而不是传统所指的岷江。谭其骧指出这五项"发现"中有四项并非事实,早在汉代时人们就已经知道长江是源于金沙江的事实;徐霞客的功绩在于"以真理驳圣经,敢言前人所不敢言",是"正名",而不是"发现"。从而阐发了古代著作的科学价值,是一篇实事求是的学术名篇。当年在徐霞客纪念活动中可谓独树一帜,并且在后来得到了学术界的公认。

(4)陈乐素及其在贵州历史研究。

陈乐素(1902—1990),原名博,号乐素,广东新会人,其父陈垣,是当代著名的历史学家和教育家。1918年,陈乐素留学日本明治大学,攻读政治经济学。1923年,陈乐素回国到广州当中学教员。1926年,参加国民革命军。1929年,任《日本研究》杂志主编。1935年,受教育部委派赴日本考察中国古籍。全面抗战爆发后赴香港,任英华中学教员。1942年12月,由陈寅恪先生推荐,应竺可桢校长之聘,到贵州遵义浙大史地系任教授,开过"唐宋史""中国目录学史""东洋史""史料学""校勘学""避讳学"等课程,又兼任史地研究所史学组导师。1946年,随浙大离开贵州迁回杭州市。

在贵州期间,陈乐素在繁重的教学任务之外,努力进行历史研究,1946年写成《中国目录学史》[1]与《宋史·艺文志考证》专著初稿。

在中国古代正史的诸《艺文志》中,《宋史·艺文志》由于成书仓促,错误很多。《四库全书总目提要》批评说"诸史艺文志未有荒谬于《宋志》者"。陈乐素《宋史·艺文志考证》的写作前后经历了半个世纪,其间三易其稿。初创于1941年,用五年时间于1946年完成初稿。但是直到陈乐素去世之后才得以出版。有学者评价:"《宋史·艺文志考证》把对《宋志》的研究提高到了一个崭新的阶段,对宋史的研究也将起推动作用。学术界认为,这是一部可以传世的著作。"[2]

---

❶ 徐规. 陈乐素师在遵义[M]//贵州省遵义地区地方志编纂委员会. 浙江大学在遵义. 杭州:浙江大学出版社,1990:411.

❷ 张荣芳. 近代之世界学者:陈垣[M]. 广州:广东人民出版社,2005:191.

陈乐素在贵州发表的论文,1943年有《第七世纪中叶的中日战争》,1946年有《〈直斋书录解题〉作者陈振孙》《〈宋史·艺文志〉序文之正误》《〈四库提要〉与〈宋史·艺文志〉之关系》《南宋定都临安的原因》《主客户对称与北宋户部的户口统计》《读宋史魏杞传》《余靖奏议中所见北宋庆历时社会》《古代日本及其新文化》等论文。其中,《第七世纪中叶的中日战争》《古代日本及其新文化》两文与现实密切相关。《第七世纪中叶的中日战争》[1]详细研究了日本与朝鲜半岛和中国最早发生关系的情况,以及日本通过朝鲜半岛接受中国影响及其野心;集中讲述了公元7世纪日本、朝鲜半岛、中国隋唐三方的势力消长,特别是日本在与唐朝战斗中的惨败经过,为现实的抗日战争提供历史经验。《古代日本及其新文化》[2]写于抗战胜利之后,论述了古代中国文化东传日本和日本人民重视中国文化的情况,以促进战争期间被迫中断了的中日友好文化联系。

(5)方豪及其在贵州历史研究。

方豪(1910—1980),字杰人,笔名茅庐、绝尘、圣老,浙江杭县人。方豪出身于基督教圣公会家庭,1920年皈依天主教,1921年进杭州神学院预备学校(俗称小修道院),1922年入杭州天主教修道院。1929年进入宁波圣保禄神哲学院,研究哲学、神学,旁及圣经、教律、教史等。1934年毕业后为天主教司铎。1938年,方豪离开浙江到云南协助于斌办《益世报》。

1941年方豪到贵州任浙大史地系教授。主讲17~18世纪中西交通史等课程。1943年8月起,应迁校于重庆北碚的复旦大学聘任,离开贵州前往重庆。他是中西交通史、宗教史研究的名家。

在贵州期间,方豪已经写就著作《徐光启传》。他《在万山从中的浙大》一文回忆道:“一是门生杨昕升(曦)卒于一九四三年八月二十九日,他是我同乡,在考试前后为我代抄徐光启传(胜利出版社印行),又因我即将离黔,杨昕升病中仍为我赶抄。至今每一念及,不禁悲从中来。”[3]从中可以判断《徐光启传》这部名著完成于贵州,徐光启的研究当是方豪此期对17~18纪中西交流关注的组成部分,

[1] 陈乐素.第七世纪中叶的中日战争[J].思想与时代,1943(22).

[2] 方豪.古代日本及其新文化[J].思想与时代,1947(44).

[3] 中国人民政治协商会议浙江省委员会文史资料研究委员会.浙江文史资料选辑:第34辑天涯赤子情——港台和海外学人忆浙大[M].杭州:浙江人民出版社,1987:88.

虽然现在很难找到该著。

方豪的论文，一类以17~18世纪中西交流的文章为主，包括《拉丁文传入中国考》《徐霞客和传教士的关系》《伽利略和科学输入我国的关系》《望远镜传入中国考》《十七八世纪来华西人对我国经藉之研究》《明末清初旅华西人与士大夫之晋接》《明清之际中西血统之混合》等重要论文。

方豪在《拉丁文传入中国考》一文中指出，"基督教之始入我国，其有文献可考者，殆莫先于景教。景教盛行于叙利亚一带，故教中以叙利亚文为主。现存汉译景教遗经，均非直接译自拉丁文者。元后，天主教修士东行，始有翻译拉丁文经籍者。然拉丁文影响及于我国文化，厥在明清之际，而与我国音韵学之关系尤著"。在《明清之际中西血统之混合》[1]一文中他认为，"民族血统之混合，由于宗教关系者，其事例较多"，并对相关西方文献进行了具体研究。

另一类也仍然与中西交流有关，而偏重于中国方面在主动。例如，《北平北堂图书馆小史》《康熙雍正二帝之提倡拉丁文》《李之藻》等。《北平北堂图书馆小史》[2]一文历叙了北平天主教堂北堂、南堂、东堂与西堂图书馆创始和藏书情况，以及西堂、北堂、南堂图书馆毁灭的过程，最后介绍了由东西南北四堂图书馆合并的北平北堂剩余藏书情况。《李之藻》[3]一文介绍了明清之际的科学家天主教徒李之藻的生平事迹以及他在地理、水利、数学、翻译等各方面的造诣。

(6)顾谷宜及其在贵州历史研究。

顾谷宜(1904—1966)，字俶南，江苏无锡人，出生于无锡张泾桥名门世家，系明代东林书院创始人、著名学者顾宪成之后裔。顾谷宜自小随父母在家乡就读，1918年前后，顾谷宜兄弟先后被父亲送往南洋大学实验中学学习。1921年，顾谷宜考入南洋大学电机系。1924年，加入国民党。此时在徐家汇南洋大学、东亚同文书院、复旦大学附中三所学校成立了国民党区分部，顾谷宜成为区分部的负责人。1925年5月8日，秘密加入中国共产党。5月30日，上海发生了震惊中外的"五卅"惨案。在这次运动中，南洋大学学生成为上海学生运动的急先锋，也成为上海学联的核心力量。组织选派顾谷宜担任上海学联主席。毕业后在国民

---

[1] 方豪. 明清之际中西血统之混合[M]//方豪文录. 北平：上智编译馆，1948：286.

[2] 方豪. 北平北堂图书馆小史[J]. 图书月刊，1944，3(2).

[3] 方豪. 李之藻[J]. 中央周刊，1943(2).

党上海执行部工作,1926年10月由中共中央选送去莫斯科中山大学留学。1928年底,在莫斯科中大毕业,被选送去莫斯科国家研究院学习。1930年5月,顾谷宜在莫斯科国家研究院毕业,由共产国际秘密派送回国。刚到达上海,一上岸即被国民党特务逮捕。很快又从上海押解到南京,关在南京老虎桥陆军监狱。不久获释出狱,但仍在长期监视之下,仅允许到学校教书。先在东南大学地理系任教,后去中央大学,1935年8月到浙大任教,1940年随浙大到贵州,抗战胜利后随校迁回杭州。

顾谷宜是浙大史地系在遵义时唯一的西洋史教授,曾开过"西洋通史""西洋上古史""西洋近世史""希腊罗马史"等课程。在贵州期间,1941年由江南出版合作社出版翻译著作《德国兵家克劳山维兹兵法精义》上册,钱基博注释并写卷头语。该书讲述战争的性质、原理及战略等。在贵州期间他也发表了一些研究文章,包括《苏联外交政策的真相》《美日谈判的真意义》《罗邱宣言与威尔逊十四条之比较》《西南太平洋战事同盟国初期失利之基本原因及今后之期望》等。

顾谷宜的论文通常是历史与时事共论,例如《罗邱宣言与威尔逊十四条之比较》[1]一文指出,1942年8月罗斯福与丘吉尔在大西洋会谈后联合发表的八大原则宣言与威尔逊1918年发表的十四条都是期望建立国际和平与新秩序。前者是后者的复兴,均是人类历程的里程碑。但是两者发表的时间环境均不同,一是"世界主义的开创时代",一是"国际主义在一般进步者心目中已认为当然的原理,一般人的期望,仅在实际政治家负担这实际的责任"时代。由此尽管两者同样重要,而精神意义不同,具体表现为:"史家称威尔逊是理想主义者,是时代背景使然,罗邱宣言固然有他理想成分,然而那理想主义,已是实际化的了"。然后他以威尔逊十四条为基准,从各个方面与罗邱宣言进行对比,最后回到中国,"如果罗邱以为英美的负责领导世界,乃一时之权宜,我们可以谅解,而且同意。但如果罗邱还是为新世界制度而立法,我们固不能同意,即将来的历史,亦必证明其不可能。我中国人读此宣言,更应自知我国家光荣的历史,丰厚的潜力,自省于将来的世界地位,而时加警惕!"表明了顾谷宜对抗战必胜的信念,以及强烈的民族国家尊严感。

[1] 顾谷宜.罗邱宣言与威尔逊十四条之比较[J].史地杂志,1942(1).

(7)李絜非及其在贵州历史研究。

李絜非(1906—1983),中国近现代历史学家,名永达,字絜非(又写作洁非),安徽省嘉山(现明光市)人。1932年毕业后在浙江省立图书馆工作,职务为编纂组组员。在此期间,《浙江省立图书馆月刊》创刊,李絜非是撰稿人员之一。1933年,任职于安庆职业女子学校,编纂了安徽各地风土志系列,包括《怀宁风土志》等。1936年5月,国立浙江大学史地系成立,8月进入浙大史地系工作。1938年受浙大校长竺可桢派遣,参与了保护文澜阁《四库全书》内迁贵州的重要工作。1939年9月,浙大史地教育研究室在遵义成立,担任专任副研究员。1941年8月,《思想与时代》杂志在遵义创刊,负责该杂志的印刷与发行工作,同时也是撰稿者之一。1943年,史地系主任张其昀赴美讲学,叶良辅代理系主任,李絜非协助其处理系务工作。1946年,在史地系研究所的派遣下,赴台湾进行地理资源考察。1947年,他升为浙大史地系教授。

在贵州期间,李絜非开设过中国近代史,中国历史研究法等课程。他出版的历史学专著有《历史教学法》《台湾》《中国近世史》《东北小史》。可以看出,李絜非在贵州期间的历史研究的成果是非常突出的,就研究的领域来说,当时贵州研究中国近代史的人也比较少。

《台湾》一书1944年由文海出版社出版。李絜非认为抗战即将胜利,台湾即将回归,为了"有助于今后台湾革新的大计与建设的实施"进行了台湾研究。全书共八章,包括台湾的地理基础、民族和人口、风物杂记、经济概况、中国早期经营台湾史略、台湾的民族精神、日帝国主义者统治下之台湾、收复台湾对于中国的重要性。书前有李絜非自序、台湾地图。这一选题体现作者作为史学工作者的强烈历史责任感和学术敏感性。

《历史教学法》一书1945年由成都路明书店出版。主要内容包括历史教学的使命与目标、历史教师的使命与修养、历史教科书,教材(教学材料)和教学要点、历史教学设备、历史科目的课外作业和考试、历史学科与其他学科的关系等。在该书中他强调了历史教学要培养学生的爱国主义精神、注重激发学生历史学习的兴趣、关注历史教师的修养与注重直观教学等,认为历史教学在于"使各级学生和国民,对我们国家的过去和现在,都有明确的认识,对于我们国家的将来,都有坚决的自信"[1]。同时,该书有着比较浓厚的政治色彩,宣扬三民主义民生史观等。

《中国近世史》属于"大学丛书",是他在浙大教学授课讲稿基础上修订完善而成,据其"自序",应自1943年左右开始研究著述,1945年撰成,到1948年5月由贵阳文通书局出版。该书大致以第一次鸦片战争开始到作者写书的1943年为"中国近世史",共十六章,内容上来看体现著者注重理论的阐发,在开始的四章和结束的五章均是偏理论性论述,中间七章叙述历史过程,间有理论概括部分。

《东北小史》一书由金毓黻校订,1942年4月重庆中国文化服务社出版,十万余字。自史前东北历史开始,终于"九·一八"事变。全书共十章,包括绪论,史前的东北,早期汉族开拓东北,东胡、扶余两族的争霸与隋唐之征韩破日,渤海辽金的建国始末,元明对东北之经营,汉族开发东北的成熟与俄日两国东北的角逐,日本对东北侵略的积极与"九·一八"事变,"九·一八"事变后的东北,余论等。是提纲挈领的东北简史[2]。

李絜非在贵州期间发表的论文有关于历史的研究,主要有《滇省开发史之回顾》《三国至唐期间之中央与云南》《南诏建国始末》等,均是对云南历史进行的研究。另外李絜非还写有《明代的浙江倭寇(附表)》一文。

对史学理论的研究是此期李絜非发表论文中数量最多的部分,《论历史的概念及其趋势》《论历史的本真》《历史学与统计学》《历史与地理》是对史学本体问题的研究;包括《史论撮译》《论史观》等对历史本体论问题的关注;包括《论历史方法》《读书指导:历史专题研究的方法与重要》《论作史的方法》系列等是对历史方法论的探讨。李絜非关于史学理论的探讨比较多比较突出,当时贵州对这个领域进行研究的学者也比较少。

《论历史的概念及其趋势》[3]一文讨论了历史学的基本概念,指出"历史与史学,在国内每被人混为一谈。前者指史实或史实的记载,后者则指研究此史实或史实记载的学问"。这种对历史与史学概念的界定,与今天的含义相比仍有其差

[1] 李絜非.历史教学法[M].成都:路明书店,1945:28.

[2] 澍田.东北文献辞典[M].长春:吉林文史出版社,1994:149.

[3] 李絜非.论历史的概念及其趋势[J].东方杂志,1946,42(4).

异在，特别是“历史”一词，“史实的记载”不应包含在内。另一处关于历史的定义，也有同样的问题，即“历史乃是叙述人类社会所发生的重大事实，研究它发生的原因和对于人类所发生的影响”。也有很多观点很有道理，例如“历史是限于人类的社会活动，然人事恒河沙数，无法搜罗完备，故必言选择。然一言选择，则又涉于史观”，谈到历史事实的选取与史观有密切的关系。“吾人在历史概念的本质上言之，须记取广泛的，典型的、内在的、适于演化的人类社会活动，可以包括政治军事，而不限于政治军事的一种文化史”，这里对史学研究范围的界定，比传统史学关注的对象也大为扩展。

李絜非在《论历史方法》[1]一文中指出，“历史方法，为一种专门研究历史事实之方法。其工作有二：(一)研究这种资料，以为确定何者为过去之特殊事实，而这些事实的资料，就是痕迹，看这种事实，是否靠得住？(二)证明这些事实以后，便拿他们汇集类别于一种合法构造之下，以为发现这些在他们彼此间之关系”，即包括辨别事实真伪的方法和叙事的方法。“历史方法与其他一切科学方法有别。历史方法凭着推理间接存在资料来考证，以替代直接观察这些事实。因之，凡一切历史的知识，是间接的，所以历史完全是一种推理的科学。它的方法凭推理做根据，所以历史方法是一个间接方法”。这里，他对史学的性质进行了界定，即它是科学，且是一种推理科学，强调历史研究凭借史料来进行，具有间接性，与使用直接观察实验方法的自然科学不同。

李絜非的《论史观》[2]一文，则认为历史叙事的方法，就是历史的解释，也就是“史观”，这些观点是很深刻的。同时，他认为古今中外的史观初为神权史观、继则垂训鉴戒史观、终为科学史观。而他则详细介绍了西方一些新的历史观，以美国人班兹(Harry Elmer Barnes)《新史学与社会科学》一书提到的八种史观为主。包括私人或伟人论、经济或物质论、联合地理或环境论、精神或唯心论、科学论、人类学论、社会学论、综合或集体心理论。最后他认为民生史观也是非常重要的。

(8)缪钺及其在贵州历史研究。

缪钺(1904—1995)，字彦威，江苏溧阳人，生于官宦家庭。七八岁时，从外祖父读《论语》《孟子》，打下良好的传统文化根基。1922年，缪钺中学毕业，考入北

---

❶ 李絜非．论历史方法[J]．思想与时代，1943(28)．

❷ 李絜非．论史观[J]．思想与时代，1944(31)．

京大学文科预科。1924年冬,缪钺因父去世,辍学教书以赡养家人。先后任教于保定私立培德中学、志存中学、省立保定中学高中部。在此期间,曾于1930年秋赴河南大学中文系任教授一年,1935年秋又曾赴广州学海书院任教授及编纂一年。全面抗战爆发,缪钺携家南下,经开封、武汉抵达重庆。

1938年9月初,曾任教于四川省江安县省立江安中学,旋即于10月赴广西宜山,应聘为浙大中文系副教授,1940年年初随浙大迁至贵州遵义。1941年被聘为中文系教授。抗战胜利以后,因江浙物价昂贵,难以养家,未能随浙大迁返杭州,而是留在成都,应华西协合大学之聘,任该校中文系教授兼中国文化研究所研究员,同时兼任四川大学历史系教授。

缪钺在贵州时尽管作为中文系教师聘用,但他本人是文史兼善的学者,在文学方面进行研究的同时,也进行了历史学的研究。他的论著《中国史上之民族词人》是一部既文既史的普及读物。结构包括绪论、南宋初之民族词人、辛弃疾、辛派词人、南宋末之民族词人五章,论述的都是南宋民族词人。是为激励青年爱国精神而作。

缪钺的《杜牧年谱》一书虽然在1980年才刊行,初稿完成于1940年在贵州时。后在1941—1942年,以《杜牧之年谱》为名,分上、下卷,先后发表于《浙江大学文学院集刊》。此年谱被认为“是20世纪最早的一部全面、系统、深入地研究杜牧生平的著作,不仅理清了杜牧的生平行踪,为不少诗文作了精确的系年,廓清了一些历代相传的讹传与谬误,而且对杜牧的身世思想及诗文艺术风格均有简约精到的发明,为后来的杜牧研究提供了极大的方便,使得杜牧研究有了一个质的飞跃”[1]。

1940年后,贵州的生活环境相对安稳,科研条件有所改善。从1941年10月到1945年2月,缪钺仅在《思想与时代》杂志上,就发表了13篇文章。而这时期的文章中,也有部分是史学论文。这些史学论文大部分是中国古代史方面的研究,涉及思想、文化、民族、人物等诸多方面,包括《论荀学》《唐代文人小记》《汪容甫诞生二百年纪念》《何晏王弼事辑》《与钱宾四论战国秦汉间新儒家书札》《论〈墨经〉的撰著时代》《颜之推年谱》等。

---

❶ 张燕瑾,吕薇芬. 隋唐五代文学研究[M]. 北京:北京出版社,2001:610.

缪钺的《与钱宾四论战国秦汉间新儒家书札》[1]一文,赞同钱穆战国晚世下至秦汉间之新儒家受道家影响,他认为该新儒家"尚带阴阳家色彩,大抵思致精微,富于想象,取孔孟以来儒家传统之说,更予以形而上学之根据,此其所长也。而古代天人徵应术数迷信之观念为孔孟所漠视、荀子所排击者,此派儒者又稍吸取焉,于是儒家澄洁之思想中复略杂入迷信之成分,至西汉而其风大畅,此其弊也",且"虽偶有以'阴阳'解释宇宙现象者,如周之伯阳父、内史叔与越范蠡等,至于特重阴阳,视为宇宙万物变化之两种基本力量,而著书立说持以说明一切天象人事者,盖始于齐之邹衍"。针对这些说法,钱穆进行了分析答复,彼此之间往返两次探讨。

缪钺另有《评郭沫若著〈屈原研究〉》《读〈二程全书〉》等书评。缪钺的《评郭沫若著〈屈原研究〉》[2],对郭沫若出版的论著《屈原研究》中的四篇文章分别进行了成就及弱点方面的品评,比较实事求是。而长篇书评《读〈二程全书〉》[3]则详论程颢、程颐兄弟二人在宋代思想史、学术史上的地位和影响。

缪钺还有《王粲行年考》《李冶李治释疑》等考证文章。《李冶李治释疑》[4]一文针对诸书对金元时人"李冶"与"李治"的混乱记载,后来学者非此即彼的争论,认为"李冶"与"李治"以"一人之名而所以参差互见者,非必一是而一误也。李冶盖本名'治',后改名'冶',一人前后两名,故诸书所记,参差不一;而其所以改名者,则因误与唐高宗同姓名之故",并进行了考证。

(9)李源澄及其在贵州历史研究。

李源澄(1909—1958),四川犍为人,出身于书香门第,民盟盟员。幼年跟随祖父李富春学习,后就学荣县县立中学校。1928年,李源澄考进四川国学专门学校,蒙文通、廖平等大家担任教学。1932年,到南京入支那内学院,追随欧阳渐学习佛学、诸子、明代理学。1935年,到苏州参加"章氏国学讲习会"。1936年6月,章太炎去世之后,李源澄应江苏无锡国学专修学校校长唐文治之邀,任教于该校,讲授诸子,从此开始了教学生涯。

---

❶ 缪钺. 与钱宾四论战国秦汉间新儒家书札[J]. 思想与时代,1944(35).

❷ 缪钺. 评郭沫若著《屈原研究》[J]. 思想与时代,1943(29).

❸ 缪钺. 读《二程全书》[J]. 思想与时代,1944(33).

❹ 缪钺. 李冶李治释疑[J]. 东方杂志,1943(16).

1939年聘为浙江大学史地系教授。1941年年初,辞去浙大的教职,前往大理"民族文化书院"执教。

李源澄曾经回忆道,"六年前在浙江大学授课,有秦汉史及魏晋南北朝史之纂录。《魏晋南北史》多已单篇发表"[1]。也就意味着《秦汉史》这本出版于1947年的著作,以及后来没有机会出版的《魏晋南北朝史》两书均是他在贵州时编著。

李源澄的《秦汉史》得到史学界赞誉。林剑鸣就曾多次指出了李源澄《秦汉史》一书的学术价值,如他认为李源澄的《秦汉史》、吕思勉的《秦汉史》等是当时"出现的综合政治、经济、思想、文化以新体例写的秦汉史著作,较为有影响的四部"。在结构体例上,该书共有23个部分,其中前十五个部分以秦汉帝王名称等为篇名而组成,包括始皇二世、秦楚之际、高祖、孝惠吕后、文帝景帝、武帝、霍光、昭帝宣帝等;后面八个部分则是各个专题,包括政治思想、法吏与法律、选举与学校、社会经济与国用、地方政治、社会风尚、官制、学术思想。两大部分之间有附录一篇,为《魏武帝之政治与汉代士风之关系》。前有钱穆序文及自序。之所以如此结构布局,或许这句话可以解释:"吾于马班范书犹病未能精熟,足见古人之蕴未经人道者甚多,帝王家谱之说殆不其然。"[2]

在贵州期间李源澄发表的论文有《儒墨关系考》等关于先秦思想史研究,有《论茂才孝廉》等汉朝历史研究,有《两晋南朝军户及补兵》《东晋南朝之学风》等魏晋南北朝史研究,有《浙东史学之远源》等清朝学术的研究,还有《尚书中书之起源及其升降》等专题论文。

李源澄的《论茂才孝廉》[3]一文认为,"汉代送举,有常科特科之分。常科者,选举有定时。特科无定时,故每举必下诏书,此待诏而举也。常科既每年皆举,书不胜书,故史家于其始也特著之。特科既待诏而举,故有举必书,而选举特科之诏令满目矣。后人不察,一言汉代送举,必曰贤良方正、直言极谏云云,而于汉代之常科茂才孝廉,反视为无足重轻。自《通典》以降,言典制之书皆如此也"[4]。因此他对西汉茂才、孝廉选举的历史进行了考证。《东晋南朝之学风》中指出,"东

---

[1] 李源澄.秦汉史:自序[M]//李源澄.秦汉史.上海:商务印书馆,1947:6.

[2] 李源澄.秦汉史:自序[M]//李源澄.秦汉史.上海:商务印书馆,1947:6.

[3] 李源澄.论茂才孝廉[J].贵善半月刊,1940(15).

[4] 李源澄.李源澄儒学论集[M].成都:四川大学出版社,2010:355.

晋与刘宋尚玄谈，而文艺次之，齐梁以下好文艺，而晋宋之余风犹在。即经学与佛学，皆以玄学之影响，而成为义学”[1]。《两晋南朝军户及补兵》一文指出，“兵家者，乃世代为兵之家也”。他研究了军户制度在东晋南朝的存在、变化等情况，“但此种制度究始于何时，无明文记载，以史文推究，大约始于三国”。因为“南渡以后，有兵籍者，未必尽遇江，兵籍既少，则不能多事征发，征发过多，租税又无从出。而既有之兵士，复不能得其用”，只好补兵，补兵有招募及义从等，但并不理想。李源澄的这些研究都是很有功力的。

(10)黎子耀及其在贵州历史研究。

黎子耀(1907—2005)，学名明浩，湖南汉寿人。幼读私塾多年，后赴常德入湖南第二师范附小。1923年入长沙明德中学，1935年毕业于武汉大学史学系。先后任苏州女师、贵阳女中文史教员。1941年，受聘于浙大史地系任讲师。在永兴分校教过“中国通史”课。此后致力于中国史学史的研究。1944年晋升副教授。

在贵州期间，1943年由文通书局出版黎子耀译著《土耳其之建设》。本书系1938年8月伦敦《泰晤士报》出版的《土耳其特刊》辑录文章36篇。介绍土耳其1923年建立共和政府，公举凯末尔为大总统至1937年期间政治、经济、文化教育等各方面的情况。黎子耀指出：“凯氏对于改革事业，进行不遗余力。十余年内，一切改观，使中古式的土耳其，一跃而为现代化国家之林，不可谓非现代史上一大奇迹。其宏谟硕画，吾人愿悉其详，……仙山之石，可以攻错，吾人之建国大业，经纬万端，于此亦或有所借鉴。”[2]这一译著可谓非常迅速。

黎子耀另外还发表了《刘知几思想述评》《补〈后汉书·食货志〉》等学术论文。《刘知几思想述评》[3]一文评述了刘知几著作《史通》的缘由，《史通》史学思想体系包括论史著的体裁、作史的方法、史家之修养、史之鉴别。认为《史通》在学术上的贡献，首先在于史学上，其次在于怀疑精神，最后在于写作论文的主张。著述《补〈后汉书·食货志〉》[4]一文则在于范晔《后汉书》只有纪与列传而无志，晋朝

[1] 李源澄．李源澄儒学论集[M]．成都：四川大学出版社，2010：448.

[2] 黎子耀．译者序[M]//黎子耀．土耳其之建设．贵阳：文通书局，1943：1-2.

[3] 黎子耀．刘知几思想述评[J]．思想与时代，1943(30)：26-48.

[4] 黎子耀．补《后汉书·食货志》[J]．国立浙江大学文学院集刊，1944(4).

司马彪《续汉书》志三十卷而没有食货志。黎子耀纵览群书,为之补食货志两卷,包括人口、农业、工业、商业、货币、交通及财政七个部分。很显然,这是现代的经济部门分类标准。

(11)陶元珍及其在贵州历史研究。

陶元珍(1908—1980),字云孙,四川安岳人,生于一个官宦家庭,幼年即喜爱历史,十三岁读完了《资治通鉴》,1924年肄业于四川省立第一中学。1927年,考入成都大学预科甲部一年级,并加入中国青年党,后因参与学潮而离校。1930年,考入国立武汉大学史学系。1934年,就读北京大学研究院文科研究所史学部研究生,1937年,卢沟桥事变爆发后南归四川。

1943年秋,应聘至贵州遵义浙大文学院史地系任史学教授,讲授明清史、中国政治制度史。1944年12月,陶元珍回四川。

陶元珍在贵州期间,主要研究明史。先后发表《安龙发现明永历帝三子洛悼王沔殇王沣冲王圹志铭考证》《万历起居注》《后明韩主续考》等。《安龙发现明永历帝三子洛悼王沔殇王沣冲王圹志铭考证》[1]一文系陶元珍在贵州安龙参与的一次挖掘墓葬活动后的考证文字,通过考古发掘,发现《兴义府志》所记载的明朝宗室在贵州遭孙可望惨杀的记载有误,实则为永历帝第五第六第七子之墓,即为皇室之后,且为早殇,而非惨杀。

陶元珍的其他论文包括《中国历代官制演变之方式》《辽东公孙氏事迹杂考》等。《中国历代官制演变之方式》[2]论述了卑官变为高官,高官变为虚衔;差遣变为实官,实官变为虚衔;佐官变为正官,正官变为虚衔;长官本位变为机关本位等中国古代官制演变的方式。《辽东公孙氏事迹杂考》则对辽东公孙家族众多的事迹进行了考证,被金毓黼称赞说:"考证精当,多为论史者所未及言。"[3]

(12)钱穆与发表于贵州的历史论著。

钱穆(1895—1990),字宾四,笔名公沙、梁隐、与忘、孤云,晚号素书老人、七房桥人,斋号素书堂、素书楼,江苏无锡人,吴越太祖武肃王钱镠之后。1901年入私塾读书。1904年进果育小学就读。1906年入常州中学堂。1910年转入南

---

[1] 陶元珍.安龙发现明永历帝三子洛悼王沔殇王沣冲王圹志铭考证[J].文史杂志,1945(7/8).

[2] 陶元珍.中国历代官制演变之方式[J].思想与时代,1944(33).

[3] 陶元珍.辽东公孙氏事迹杂考·按语[J].东北集刊,1943(5).

京私立钟英中学，逢武昌起义，学校停办，遂辍学。1911年任教无锡秦家渠三兼小学，开始教学生涯。1922年赴厦门任教集美学校，是任职中学教师之始。1930年因发表《刘向歆父子年谱》成名，被顾颉刚推荐，聘为燕京大学国文讲师。之后授课于燕京大学、北京大学，并在清华、北师大兼课。1937年，全面抗战爆发，钱穆辗转于西南，任教于西南联大、齐鲁大学、武汉大学、华西大学、四川大学等高校。期间于1943年2月至3月到遵义浙大就中国学术思想史等主题讲座一个月，1946年赴昆明任教五华学院，兼任教于云南大学。1948年任无锡江南大学文学院院长。1949年4月，与江南大学同人唐君毅一起应广州私立华侨大学校长王淑陶之邀，从无锡南下广州。10月随华侨大学再迁香港，出任香港亚洲文商学院院长。1950年，与唐君毅、张丕介诸人创办新亚书院，出任首任校长。1953年，创立新亚研究所任所长。1963年，新亚书院、崇基学院、联合书院三校合并为大学，钱穆亲定校名为"香港中文大学"。1967年10月，应蒋介石之邀，以归国学人身份自港返台，定居台北。

据统计，钱穆在《思想与时代》上发表的文章，在遵义出版的40期《思想与时代》中，只有创刊号；1942年第9期、13期、14期、15期；1943年19期；1944年35期共7期没有发表文章，1944年第34期不详外，其余各期均有他发表的文章，其中大部分可以认为是史学论文。

钱穆在《思想与时代》上发表的论文偏重于传统文化史的研究，有专题性研究。例如，《中国传统政治与儒家思想》[1]一文被称为是他的著名文章[2]。

《中国传统政治与儒家思想》论述了西方与中国政教由来，深入揭示了一国政体是一种文明的自然生长之物，是其文明整体极重要而不可分割的一部分。他尖锐批评主张照搬西方政治模式的全盘西化论者，“一辈浅薄浮躁者流，误解革命真义，妄谓中国传统政治全无是处，盛夸西国政法”，“国人崇信西士，亦以专制自鄙”，其观念、舆论之争的背后，是政党攫取权力之争。他对历史上把秦以后的政治制度称为专制政治持不同的看法。认为中国历代虽以皇帝为最高统治者，但中央政府设有监察机构，同时各级官吏都是通过辟征、科举等制度进入政府的，宰相一职的设置，对皇帝的权力作了很大限制。因此，不能用专制一词来

[1] 钱穆. 中国传统政治与儒家思想[J]. 思想与时代，1941(3).

[2] 毛峰. 大一统文明：中国梦的文化诠释[M]. 北京：知识产权出版社，2014：493.

概括。这些认识应该是对中西方的政教变革之得失作深入考察之后很有深度的结论。因此,有学者认为“比较于梁启超、胡适、陈独秀诸君,钱穆先生的认识无疑远为全面而清晰”。

钱穆的其他关于古代史著作还有《中国传统教育精神与教育制度》《中国民族之文字与文学》《古代学术和古代文字》《古代观念与古代生活》《中国人之法律观念》《中华民族之宗教信仰》《宋以下中国文化之趋势》《从秦始皇到汉武帝》等。

钱穆所著《宋以下中国文化之趋势》[1]是综合性的文化史研究。他认为从中国文化的演进进程来看,“宋元明清四代约略一千年,这可说是中国的近代史,比较上又自成一个段落”[2]。这一阶段就其国力方面来看,大体上是比汉唐逊色,但是其文化仍然有值得注意的地方。他指出“宗教思想之再澄清”“民族之再融合”“社会文化之再普及与再深入”是这一段落的三个重要方面,并对这三个方面进行了详细论述。《从秦始皇到汉武帝》[3]一文则研究了从秦始皇到汉武帝时期学术上由诸子百家到儒家一统的历程,特别是此期政治上的巨大转折即由先秦封建制向郡县制转变的历史必然性、过程及重大意义。钱穆认为“从秦始皇到汉武帝,这是中国国家民族开始走上大一统的最光明最灿烂的一段”。而“论到当时的政治,秦始皇是中国史上第一个郡县制的统一政府之开始(西周时代也可以说是出现一统局面,但只是封建制的统一政府。故严格言之,应以秦代统一为真统一),汉高帝是第一个平民为天子的统一政府之开始,汉武帝是第一个文治的政府即士人的统一政府之开始。贵族阶级与封建制度只代表着分割,要待平民社会逐渐觉醒逐渐抬头,始有统一的要求”[4]。而且,他还骄傲地指出,“上述秦汉时代的中国政府,即与并时世界其他民族相互比较,其政治理性之健全及其政治势力之卓越,亦堪首屈一指”[5]。体现出他一贯的民族文化自豪感、自信心。

---

❶ 钱穆.宋以下中国文化之趋势[J].思想与时代,1944(31).

❷ 钟离蒙,杨凤麟.中国现代哲学史资料汇编:(第三集、第四册),内部资料,1983:167.

❸ 钱穆.从秦始皇到汉武帝[J].思想与时代,1943(27).

❹ 钟离蒙,杨凤麟.中国现代哲学史资料汇编:(第三集、第四册),内部资料,1983:145.

❺ 钟离蒙,杨凤麟.中国现代哲学史资料汇编:(第三集、第四册),内部资料,1983:149.

钱穆于抗战时期发表的《中国近代儒学之趋势》[1]一文，是奠定他“新儒家”理论基础的篇章之一，标志着由他开拓的新儒学将成为一个独立的园地[2]。该文通过历史的回顾，认为中国古代儒家学术的发展是以“和会融通”与“剖析驳辩”为两翼相互推进而成。这也是中国近代儒学所应遵循的发展路径，在“欧风东渐，人心昧昧然不信我之犹有可以自立之地，而失心强颜以游心于群强众富之列的今日”，他强调“能立然后能行，有我而后有同”。即认为只有树立民族文化的主体性，才谈得上对外来文化的辨析与和会融通。

钱穆的《中国今日所需要之新史学与新史学家》[3]一文为悼念张荫麟而作，属于史学理论的探讨，从历史哲学的高度论述了中国现代所需新史学的本质特征和新史家应具备的基本素质。提出今日所需要的新史学为“通天人之故，名古今之变”的通史，即“融贯空间诸相，通透时间诸相而综合以视之，故曰，述往事，思来者。惟昔人虽有此意，而未尝以今世语到达之，今则姑以名号相假借，曰此新史学也”。也即“史学殊无新旧，真有得于史学者，则未有不能融贯空间相，通彻时间相而综合一视之者”。同时，他认为新史家应该具有的基本素质有如下四个方面：“一者其人于世事现实有极恳切之关怀者。继则其人又能明于察往，勇于迎来，不拘拘于世事现实者。三则其人必于天界物界人界诸凡世间诸事相、各科学知识有相当晓了者。四则其人必具哲学头脑，能融会贯通而抽得时空诸事态相互间之经纬条理者。”[4]

由前面的论述可以看出，在贵州的浙大史地组的教师史学成就是非常显著的，不同的教师有自己不同的研究领域，他们克服艰苦的生活条件，关注民族国家前途命运，在学术上做出了自己的贡献，在人才培养上成绩同样卓著，例如就培养宋史研究人才来说，当论及对中国宋史学研究具开创之功的最重要学者时，学术界大多公认为蒙文通、陈乐素、张荫麟和邓广铭四人[5]，在这四人中，就有张

---

[1] 钱穆. 中国近代儒学之趋势[J]. 思想与时代，1944(33).

[2] 张宝明. 忧患与风流：世纪先驱的百年心路[M]. 上海：东方出版中心，1999：255.

[3] 钱穆. 中国今日所需要之新史学与新史学家[J]. 思想与时代，1943(18).

[4] 周忱选. 张荫麟先生纪念文集[M]. 上海：汉语大词典出版社，2002：7.

[5] 东莞市政协，莞城区办事处. 东莞地方文献整理与东莞学人研究文集[M]. 济南：齐鲁书社，2015：200.

荫麟和陈乐素两人曾在遵义浙大任教,并在此进行宋史研究,开创宋史课程,当时浙大对宋史的研究,不仅有老师在努力,学生也多参与,积极发表相关文章,如徐规的《宋代商人之政治地位》《宋代妇女的地位》《李焘年谱》,倪士毅的《赵宋宗室中之士大夫》,程光裕的《宋代四川茶盐》《茶与唐宋社会生活之关系》《茶风与唐宋思想界》,宋晞的《北宋稻米的产地分布》《士大夫势力下宋代商人的活动》❶等。可见浙大当时对于宋史人才培养的成就。此外,浙大还为遵义做了另外一件重要的事情,就是由史地系主持修纂的一部地方志《遵义新志》,被认为是地方志中的奇葩,第五章将会专门讲述,这里从略。

第三节　民族史研究的繁荣发展

20世纪30年代后期,全面抗日战争爆发后,贵州出现民族研究高潮。这一时期,贵州民族研究有几个方面的力量,首先,国民党政府及贵州地方政府部门进行的调查研究。如贵州省政府边胞文化研究会,出版《边铎月刊》,分期刊载有平越、镇宁、施秉、黄平、威宁、荔波、望谟等县各少数民族的概况。其次,高水平学者带领下对贵州少数民族进行了有组织的社会学、民族学、人类学、民俗学、语言学等研究活动。以大夏大学的研究为代表,对贵州少数民族进行了广泛深入的调查研究,这其中就包括民族史的部分,如学者张少微指出进行"苗夷民族的意向"研究内容第一项便是:"甲、历史:一、起源——如苗夷祖先的来源,民族的形成等。二、发展——如苗夷民族的孕育滋长,成年等。三、分布——如苗民夷民的人口密度,人口的地理分布等。"❷此期的研究可谓科学研究贵州少数民族的第一次高潮。再次,贵州民族群体中出现了研究本民族历史与现状的学者。如被苗学界誉为民国时期苗学研究的先驱和奠基者的三人中有两人是贵州人,即梁聚五、杨汉先(另外一个是湖南的石肩贵),还有吴修勤、李祥金等也进行了一定的研究。水族潘一志在长期收集调查资料的基础上,于中华人民共和国成立后撰写有《水族社会历史资料稿》出版。最后,贵州本土汉族学者也进行了一定

---

❶ 李凡. 国立浙江大学史地系系史述论(1936—1949)[D]. 杭州:浙江大学,2015.

❷ 张少微. 研究苗夷族之内容及方法刍议[M]//吴泽霖,陈国钧,等. 贵州苗夷社会研究. 北京:民族出版社,2004:304.

的民族研究。如黄元操《贵州苗夷丛考》、任可澄《贵州土民总说》、行厂《苗胞社会传说中的“灵歌卜算”》、绿微《黔南苗侗妇女生活》、营泽光《滇西上江的摆夷社会》等。关于贵州少数民族书籍也开始整理出版,最典型的是丁文江编辑,大定彝族人罗文笔翻译的彝族文献汇编《爨文丛刻》[1],该丛刻是当时中外出版的彝文经典研究译著中的唯一的一部巨著,也是研究彝族历史、宗教、语言、文学的一部彝文巨著,它包括《帝王世纪》等历史书籍。

一、政府部门组织的民族调查与民族史

民国年间国民党中央政府及贵州各级地方政府为了将少数民族地区纳入有效管辖及促进少数民族地区发展,相继进行了一些民族地区调查活动,这些调查的内容有的直接涉及民族史方面,有的则促进了学者的民族史研究。

首先,从1929年12月开始,国民党政府自上而下对贵州少数民族开展了八次调查。这八次调查可归为如下四类。

(1)关于贵州土司情况的调查。此类调查分别于1929年和1939年由民国政府相关部门执行。

(2)对贵州少数民族基本情况的调查。主要有1934年的“西南苗夷民族调查”和1938年的“西南边区民族调查”。

(3)关于贵州少数民族人口的调查。民国政府于1947年两次对贵州少数民族人口数进行了调查。

(4)关于贵州少数民族生活状况的调查。这类调查有1947年的“边疆民族及内地生活习惯特殊国民状况调查”和1948年“边区各民族生活状况调查”[2]。

这八次调查,都是民国政府自上而下,由官方组织的民族调查。其调查内容涉及了贵州民族的名称、分布地区、人口数目、教育情况、风俗习惯、语言文字、宗教信仰等方面。这些调查促进了贵州民族史的研究。由于调查主要是为了了解少数民族现状而进行的,调查是为制定相应政策服务的,调查内容直接与民族史相关的部分较少。

---

❶ 丁文江. 爨文丛刻[M]. 上海:商务印书馆,1936.

❷ 马玉华. 试论民国政府对贵州少数民族的调查[J]. 贵州民族研究,2005(2).

其次，隶属于贵州省政府的一些单位机构组织了对省内诸多少数民族的调查研究。这样的单位机构主要有三个。

其一，1938年6月，贵州省教育厅设立“民俗研究会”。指派郭一岑为主任委员，傅启学为副主任委员，并聘请吴泽霖、宋怀忠，文彦生、蓝端禄等22人为委员，内设体质、心理、语言、社会4组，开展各项调查。该会的调查偏重民俗状况，属于民族史的组成部分。

其二，贵州省政府组织的“边胞文化研究会”。1945年10月，贵州省政府“为适应环境，促进边胞文化，特于省政府下设立边胞文化研究会，聘派专人负责，研究改进，出版刊物”❶。贵州省政府边胞文化研究会主办有《边铎旬刊》和《边铎月刊》两种刊物，并定期辑印边疆文化丛书。从1945—1948年，贵州边胞文化研究会先后组织了对台江、镇宁、望谟、荔波、平越、威宁、施秉等县少数民族的调查，出版了《台江边胞生活概述》《镇宁县边胞概况》《望谟县边胞概况》《平越县边胞概况》《威宁县边胞概况》《施秉县边胞概况》等调查报告，均发表在《边铎月刊》上。这些调查报告如《施秉县边胞概况》《平越县边胞概况》《黄平县边胞概况》《荔波县边胞概况》等均包含有民族历史、传说的部分，也有对历史文化的记载，且这些调查一般采用的方法都比较科学。

《边铎旬刊》1945年10月10日在贵阳创刊，刊期为旬刊。设有新闻、民族风情、边胞通讯等栏目。《边铎月刊》1946年10月创刊。它除了刊载边胞文化研究会进行的调查报告外，还面向全国，以中国边疆问题为发表的主要内容，其中包括很多民族史的内容。可以认为是当时以边疆为研究中心的时代办刊潮流中，贵州办的一份有代表性的边疆杂志。其中的民族史研究包括李德芳的《蛊的存在意义及其族属的商榷》、郑励俭的《新蒙边界之史的考证》等文章。

其三，贵州省民政厅于1935年派人对贵州西路苗民集中地区进行调查。根据调查资料，1937年4月出版《贵州省苗民概况》，该书包括生活、语文、乐歌、婚丧、习俗、生产及交易——赶场共七章。该书尽管是对当时现实生活调查，有些内容也属于民族史的内容，在“导言”部分指出：“夫苗民、苗蛮、苗夷、土著，种种字样，虽称谓不同，实无所轩轾，要皆同居中华领域，同属中华国民，自应视同一

❶ 陈玉平，龚德全. 贵州民族研究六十年[M]. 成都：电子科技大学出版社，2011：3.

体,然此一部编氓,历代既受政治之高压,复遭社会之歧视,因之文化日趋落后”,反映了当时对少数民族的认识,因此“俾海内贤达,明其概况,进而研讨改进方针”[1],实际更是为了推行保甲制度及新生活的可能而进行调查。

其四,吴修勤作为地方官员进行了民族史研究。从一些零星的记载来看,吴修勤1909年出生,广西融县人,僮族。1937担任设在青岩的贵州方言讲习所教务主任。20世纪40年代初期,任贵州省立台江师资训练所所长,主持创造了台江地方苗文,并以其文进行教学和创办学校刊物。聘请有关教师,讲授苗语及其他“边胞”语言,首次编印的《红苗语课本》由吴修勤主编,龙绍华译。师训所迁离台江后,苗文遂告终止。1944年夏,国民教育师资训练所迁往炉山县属的凯里镇,改为炉山师范学校,从1944年元月到1945年11月吴修勤担任校长。1946年,吴修勤担任雷山县设治局局长,布置各乡镇抓烤烟种植,并令在老丹江建烤烟农场,配有职工20人。1947年任施秉县县长,并兼任施秉县税捐稽征处处长。在其担任县长期间,县警察局长孙上慈,因伙同警察局官员贪污查缴的鸦片180两,放走烟毒贩2名,被贵州省政府明令羁押查办,而吴修勤却以“查无佐证”为由,仅将孙上慈呈报撤职,并将其从监所放出“办理移交”使其逃遁。1948年12月,因警治有过,省政府予以记大过一次。目前能看到的文章有《贵州边民教育的检讨与改进》《汉英语同源的证据之一》《怎样训练苗夷的干部》《西南土著民族的来历》等。另有主编的《硐语课本》一册。《汉苗语同源的证据之一》一文列举了中国部分古音字保存于现今苗语中,说明汉、苗语同源,并由此指出:“那么,我们可以知道,苗夷语不但存古意遗音,而且潜藏着自爱自重自尊的意识,岂是甘自暴弃的蛮民吗?”[2]显示其作为少数民族一员的自尊自爱与拳拳深情。《贵州边民教育的检讨与改进》一文中“检讨”主要是针对边民教育的历史,他指出自1935年春蒋介石指示每年贵州教育经费中至少要拿出10万元用于边民教育之后,贵州省先后于1935年组织特种教育委员会,1938年设置贵州省民俗研究会,1939年贵州省地方方言讲习所成立,民俗研究会撤销,1941年设置贵州省边地教育委员会,这些机构是专门研究苗夷教育的设施方法与计划,试图解决苗夷教育的师资问题,设立各级各类学校等。他指出了实行苗夷教育七年以来的成就与失

[1] 贵州省政府民政厅.贵州省苗民概况[M].贵阳:贵州省政府民政厅,1937:3.

[2] 贵阳市档案馆.黔境民风[M].贵阳:贵州人民出版社,2009:302.

败之处,接着从政府已定的改进方针和事实应该改进的问题两个方面对苗夷教育改进的问题进行了详细探讨。

二、大夏大学在贵州的民族调查与民族史研究

1937年后,许多高等学校和科研机构迁入西南地区,从而使西南边疆成为中国民族学研究的重要阵地。贵州也受惠于这一时代潮流。其中大夏大学对贵州的民族调查研究最突出。

大夏大学顺应时代和政府的需要,在社会调查方面做了大量卓有成效的工作。为做好这项工作,大夏大学成立了专门的调研机构。该校由上海迁至贵阳后,社会学系仍由吴泽霖教授主持,于1938年春建立社会经济调查室,附属于文学院,亦由吴泽霖主持。一年后,为促进工作效能、充实研究内容和设备,将该室改名为社会研究部。

综合大夏大学在贵州的社会调查,大致可以分为三个阶段。

第一阶段:1938年2月至1939年7月。该阶段的主要工作是奉当时教育部的指令,对定番县(今惠水县)的地理、历史、人口、社会、教育、名胜等进行调查,编成了《定番县乡土教材调查报告》十四卷。与此同时,对贵阳劳动人口结构进行调查,编撰了3万多字的报告。另外,大夏大学在该阶段还组织贵州籍学生对贵州各县迷信风俗情况进行了专项调查。其中《定番县乡土教材调查报告》是乡土教材,属于史学的组成部分。

第二阶段:1939年8月至1942年11月。本阶段主要是对贵州境内少数民族的生活进行实地调查工作。与第一阶段相比,第二阶段工作的地域范围有了相当大的拓展,除了黔东北、黔西北地区未进行调查外,其余地区都是社会研究部人员调查的对象;调查的方针也有了显著改进,工作的主要方向非常明确,即着重对贵州少数民族社会文化的调查研究。就内容而言,该阶段正式开启了贵州民族学的研究工作。该阶段还有一个显著特点,即更多地接受有关部门的委托调查,如受贵州省教育厅民俗研究会委托,对贵州少数民族民俗资料进行历时半年的广泛搜集;受当时民政厅委托,于1940年春对贵州东西边区少数民族社会状况进行调查,编写了《贵州省西北部各县苗夷社会

调查报告》。

除此之外，社会研究部于1940年春开始，历时十三个月之久，对贵州东南地区的都匀、荔波、下江、永从、八寨、都江、三合、榕江、黎平，以及广西的三江、融县、罗城等十余县少数民族生活展开调查。紧接着的1942年春，社会研究部又对北盘江流域各县的苗族等少数民族展开了调查，编纂了《北盘江流域各县苗夷社会调查报告》。另外，社会研究部还开展了一些专项调查，如自1940年开始对各种少数民族语言包括威宁大花苗语、贞丰仲家语、八寨黑苗语等进行调查。

第三阶段：1943年至抗战胜利。这一阶段的工作重心与前两个阶段又有所不同，即集中力量从事贵州民族文物制度的调查及边疆问题、边疆政策、边疆建设方案的研究。本阶段工作中心之所以如此设置，主要是因为大夏大学社会研究部以往在贵州少数民族调查研究方面取得了卓著的成绩，引起了教育部的高度重视，故而教育部特别拨专款辅助，并要求大夏大学下阶段的工作要以研究贵州民族文物制度为中心。由于该阶段的工作重心是对贵州少数民族文化以及边疆工作的研究，故其研究成果也主要集中在民族文化与边疆工作两个方面。

通过上述一系列持续的学术活动，大夏大学在贵州的民族研究成果丰硕，社会研究部师生撰写了大量的调查报告、专著与论文。其中著作如《民族与宗教》《民族学在边疆研究上之应用》《边疆宗教学》《贵州土司考》《历代贵州苗族与中原之关系》《贵州的民族教育》《西南边疆问题概论》等，其中有一些便直接是民族史著作。出版了一些丛书，如包括《民族学论文集》第一辑，《炉山黑苗的生活》《贞丰仲家语字汇》《威宁大花苗语字汇》《安顺苗夷的生活》在内的乙种丛刊；包括《贵州苗夷歌谣》《贵州苗夷社会研究》《贵州苗夷影荟》等在内的《贵州苗夷研究丛刊》等。

在这些民族史著作中，《贵州苗夷社会研究》是非常突出的一部，1942年8月该著作作为"贵州苗夷研究丛刊"之一种由贵阳文通书局印行。由吴泽霖和陈国钧主编，他们将大夏大学来贵州后自1938年到1942年间刊登在《社会周刊》《贵州日报》《东方杂志》等各种刊物上的论文和调查报告选出51篇结集出版。《贵州苗夷社会研究》一书,至今仍具有很高的学术价值,是了解贵州民族历史文化的经典之作,是大夏大学在黔期间学术研究和学术成果的代表。内容涵盖了贵州少数民族社会经济、文化教育、地理分布、风俗习惯、语言梗概和习惯法等。该书收集的论文绝大部分是作者亲自在贵州少数民族地区进行民族学田野调查的成果。也有一些结合实际调查总结研究方法的作品,其中的作者大都是民族学、社会学、语言学等方面的专家,正如学者所评价的那样:其所做的文章在理论和方法论上都是前人所无法相比的❶。

大夏大学也编辑了《贵州晨报·社会旬刊》《历史社会季刊》《贵州日报·社会研究》《新大夏月刊》等刊物。其中《历史社会季刊》是大夏大学自贵州迁回上海后,于1947年3月1日创办的历史学刊物,由大夏大学历史社会季刊编委会编辑。主要刊载该校文学院教师研究探讨中国历史问题、社会学的理论与方法问题的学术论文,也报道介绍该校的教学、科研等情况。栏目有论著、书评、社会调查、研究资料等。在该刊中发表了一些关于贵州民族研究的文章,例如在其创刊号中刊登的有赤子的《摇马郎》,金薇的《北盘江苗夷分布情形及其生活》,为纲的《侗家中之演戏》,陈友伟的《从黔省苗胞婚姻习俗看中国史前婚姻形态》,陈国钧的《苗胞情歌》,张少微,吴泽霖,陈国钧的《贵州惠水县乡土教材调查报告》,希今的《放蛊》等,第二期有愈兄的《大花苗名称来源》等。这些成果应该也是在贵州时的积累。

大夏大学历年参与民族研究工作的教师则有吴泽霖、谢六逸、张少微、陈国钧、苏希轼、李振麟、李植人、杨汉先、邝荣埙、覃恩泽、冯枏❷等,其中吴泽霖、陈国钧、岑家梧等是大夏大学里诸多学者对贵州少数民族的广泛调查、深入研究的代表,他们的许多著作既是社会学、民族学的成果,从某种程度上说也是民族史的研究成果。

1. 吴泽霖在贵州的民族史研究

吴泽霖(1898—1990),著名的社会学家、人类学家、民族学家、博物馆学家和教育家。江苏常熟人。1922年,吴泽霖毕业于北京清华学堂,后留学美国主修

❶王建民,罗春寒.贵州苗夷社会研究·导读[M]//吴国霖,陈国钧.贵州苗夷社会研究.北京:民族出版社,2004:5-6.

❷ 吴泽霖,陈国钧,等.贵州苗夷社会研究[M].北京:民族出版社,2004:275.

社会学,先后获得美国威斯康星大学学士、密苏里大学硕士、俄亥俄州立大学博士学位。1927年,赴欧洲考察英国、法国、德国、意大利等国的社会情况。1928年,回国后先后担任上海大夏大学社会学教授、社会历史系主任、文学院院长、教务长,兼任上海暨南大学海外文化事业部主任和教务长。

抗日战争全面爆发后,吴泽霖跟随部分大夏大学师生内迁贵州。从1937年到1941年在贵阳主持大夏大学社会研究部的4年间,他的足迹遍及凯里、黄平、台江、雷山、丹寨、三都、麻江等县(市),先后发表了《苗族中祖先来源的传说》《贵州短裙黑苗的概况》《贵州苗夷婚姻的概况》《水家的妇女生活》《炉山黑苗的生活》《贵州苗夷婚姻的概述》《清水江苗夷的分布》《海肥苗中的斗牛》等报告和论文。这些调查报告和论文是我们了解20世纪初贵州苗族社会历史发展状况的重要的历史文献。

吴泽霖《贵州短裙黑苗的概况》[1]一文,第一次对分布在炉山(今凯里)、麻江、八寨(今丹寨)、丹江(今雷山)等县交界地区的短裙苗的服饰、婚姻、丧葬、宗教信仰和一般生活状况进行了科学的记录和描述。《炉山黑苗的生活》[2]一文,是至今为止研究凯里周边苗族最详细的调查报告。调查报告采取严格的社会学调查方式,分为序言、族系分布、苗民生活的背景、家庭生活、经济生活、日常生活、社会生活、宗教信仰、婚丧等章节,对苗族的历史来源、社会风俗、语言文学、音乐舞蹈、服饰图案、房屋建筑、乡规民俗、学校教育、山川地图、村落人口等进行详细的记述,其中也有详细的"历史背景"的叙述。讲到自唐代始炉山的行政管辖,苗族的来源以及与汉族的关系等历史变迁问题,另外有很多问题也会涉及其历史的发展过程。

在贵州时的很多文章中,吴泽霖也会谈到自己的研究方法,例如《定播县乡土教材调查报告·自序》[3]对民族地区进行调查的方法作了详细论述。而有的方法与民族史的研究直接相关。如《水家的妇女生活》一文指出:"到非本民族地区进行与民族有关的调查,哪怕是一个小小的学术性问题,似乎必须预先掌握该民

---

[1] 吴泽霖. 贵州短裙黑苗的概况[J]. 东方杂志,1939(16).

[2] 吴泽霖,陈国钧. 炉山黑苗的生活[M]. 贵阳:大夏大学社会研究部,1940.

[3] 贵州省文史研究馆. 民国贵州文献大系:第二辑(上)[M]. 贵阳:贵州人民出版社,2011.

族、该地区的一些历史和概况知识。”[1]也就是进行科学的民族学调查时必须先研究相关的历史知识。《苗族中祖先来历的传说》一文中指出“在文化人类学的范围内,语言的比较,当然是非常重要的方法,但是风俗、传说及神话的比较,也是非常有价值的”;比较民族间的神话传说及故事,“并不顾及到部落内的神话所表现的历史价值,不述及神话在部落中的作用,也不去讲求神话的文学价值。这种方法仅是把神话的各种事节作一种客观的比较,藉可明白民族的隶属及部落流动的途径”[2]。

进行民族研究,很大程度上是为了了解少数民族,从而促其进步,在相关的研究中,可以探知吴泽霖的民族史观。他认为“我们必须要做到各民族完全平等。在法律上,经济上,社会上决不允许有差别歧视的态度”。正是基于这种民族平等观念,他不赞同政府的同化政策:“政府中也有主张同化政策的,不过我们觉得强制一个民族去改变他们的语言,信仰,风俗习惯是最不明智的政策。”[3]他多次指出了其中的原因:“每一民族的风俗习惯,由于适应环境的结果,都有他们历史的背景,他们的习俗往往不易变更。主张同化政策的人们,往往力求文化的划一,日以移风易俗为急务,殊不知风俗习惯的迅速破坏,可使人民顿失行为准则的凭借,在重行适应的过程中,心理上会感到彷徨无依,表现于社会行为时,就会产生种种失调现象。”[4]正确的做法应该是“凡是民众应享的权利,不分内地与边陲,都应使之实现,得到公正平允的待遇”,“我们需要的是民族意识上的团结,不是形式上的划一的汉化”[5]。除了这些原则观点外,他更提出了很多具体的措施,今天看来,他这些观点也并不过时,这是因为他的结论建立在客观公允的调查基础之上,因此比较切合实际并经得住时间的考验。

---

❶ 吴泽霖.水家的妇女生活[M]//吴泽霖.民族研究文集.北京:民族出版社,1991:28.

❷ 吴泽霖,陈国钧,等.贵州苗夷社会研究[M].北京:民族出版社,2004:94-95.

❸ 吴泽霖.边疆问题的一种看法[M]//赵培中.吴泽霖执教六十周年暨90寿辰纪念文集.武汉:湖北科学技术出版社,1988:200.

❹ 吴泽霖.从么些人的研究谈到推进边政的几条原则[M]//赵培中.吴泽霖执教六十周年暨90寿辰纪念文集.武汉:湖北科学技术出版社,1988:194.

❺ 吴泽霖.从么些人的研究谈到推进边政的几条原则[M]//赵培中.吴泽霖执教六十周年暨90寿辰纪念文集.武汉:湖北科学技术出版社,1988:193.

2. 陈国钧在贵州的民族史研究

陈国钧，1915年出生于浙江。大夏大学法学系毕业，后留学荷兰社会研究院。回国后，先在上海大夏大学任教，抗战爆发随学校内迁贵阳，担任大夏大学社会研究部副主任，积极协助吴泽霖主任开展日常工作。同时，多次率领学生或只身深入贵州苗族、水族、布依族村寨进行实地调查。1949年去了台湾。

在贵州期间，陈国钧发表了比较多的文章，如大夏大学出版的《贵州苗夷社会研究》为例，该书收录51篇文章，陈国钧的文章就有31篇，占比约61%，包括《贵州苗夷社会概况》《生苗的人祖神话》《水家的地理分布》《安顺苗夷的婚姻生活》等民族研究方面著名论文。这些论文具有很高的学术价值。

在民族观点上，他秉持了学者应有的客观平等观念，指出："苗夷两族源流，与中国关系深切，都系我们族类，同属炎黄子孙，则至今日大中华民族争生存之民族抗战中，苗夷族也应和其他各族一般地位，当无轩轾之分，与全国各民族，同调同步，共策共励，齐站在一条阵线上抗敌御侮。"❶对少数民族抱以尊重与同情："余望同情苗夷民的人士，不断到苗夷区去，对他们务以挚热的真情感召，尽量加以扶持，使苗夷民与全国国民，跻于同一水平线上。"❷他对少数民族的教育问题尤为关注，认为应："逐年增设苗夷小学，普及全省各苗夷区，原则上以达到与汉族同化。即本省边教之完成时期。"❸

陈国钧在民族调查过程中十分注重搜集各民族民间文学资料，尤其是歌谣。他认为歌谣是研究社会学民俗学的宝贵资料，"因它多自民族群众的口中唱出，也就是民族个性的真实表现，而且反映民族的过去或现在社会的一切人情道德、生活形态、风俗习惯、制度文化等"，歌谣更是研究苗夷族历史的最好资料，因为"苗夷族没有文字可记述先人的历史，关于古往现今各项事迹，抑或个人生平的一切遭遇，只有暗暗隐寓在歌谣之中，举凡个人的喜怒哀乐爱恶欲的情绪，亦无

---

❶ 陈国钧．贵州苗夷社会概况[M]//吴泽霖，陈国钧，等．贵州苗夷社会研究．北京：民族出版社，2004：2.

❷ 陈国钧．贵州苗夷社会概况[M]//吴泽霖，陈国钧，等．贵州苗夷社会研究．北京：民族出版社，2004：5.

❸ 陈国钧．边民教育之借鉴[M]//吴泽霖，陈国钧，等．贵州苗夷社会研究．北京：民族出版社，2004：291.

不以歌谣表达而出;就苗夷族全体说,歌谣而直代替了他们的文献历史”[1]。他将布依族、苗族、侗族、水族等民族的近千首土风歌谣编成《贵州苗夷歌谣》一书。谢六逸在为其《贵州苗夷歌谣》写的序言中称赞道:“此集出版以后,贵州苗夷族的歌谣始有定本。我们翻开来一看,其中无一首不是天籁。我们很庆幸,中国的民间文艺从此又增加了一种宝贵的资料。”[2]

3. 岑家梧及其在贵州的民族史研究

岑家梧(1912—1966),出生于广东海南岛永发镇岑后村的一个普通农民家庭。少年时家境贫寒,父母早亡,14岁时不得不辍学。后随乡人赴广州工作,得到一位族伯帮助才进入广东省立第一中学初中部学习。1929年,岑家梧初中毕业时,得到著名金石学家容庚教授的支持到北平辅仁中学高中部学习。半年后因交不起学费而停学,开始了在北平图书馆的自学生涯。1931年考入广州中山大学社会学系。中山大学社会学系何思敬、许地山、胡体楷等名师如云,岑家悟更加勤奋研读,打下了深厚的专业基础。1934年初夏,刚读完大三的岑家梧得到在南洋经商的族伯岑廷树资助东渡日本留学。先入东京立教大学攻读史前考古学,后入帝国大学研究体质人类学。1936年因写成了《图腾艺术史》《史前艺术史》《史前史概论》三本论著而享誉学术界。1937年回国后,先后在岭南大学、云南大学、南开大学等校研究所(室)当研究员。全面抗战时期,他先在广州主持编辑《救亡呼声报》,撰文宣传抗日救国。

1942年,岑家梧到贵阳大夏大学社会系任教,并由其接替离职的吴泽霖担任主任,主持大夏大学社会研究部,同时还在贵州大学兼课,至1944年冬离开贵州去四川。在贵州期间,是岑家梧的田野调查在深度和广度方面得到很大提高的时期。他和陈国钧等学者继续对贵州省境内的各少数民族进行田野调查。其间,岑家梧主要是深入黔南、黔东南荔波等地的苗族、水族、瑶族、布依族聚居地作田野调查,收集了大量的文物资料。

在贵州期间,岑家梧有专题性的研究成果,包括《水书与水家来源》《水家仲家风俗志》《论苗瑶的几何纹》《仲家作桥的道场与经典》《黔南仲家的祭礼》等。这些论文学术影响很大。如《黔南仲家的祭礼》一文被认为是中国宗教人类学的

[1] 陈国钧. 贵州苗夷歌谣·自序[M]//陈国钧,编译. 贵州苗夷歌谣. 贵阳:文通书局,1942:6-7.

[2] 谢六逸. 贵州苗夷歌谣·谢序[M]//陈国钧,编译. 贵州苗夷歌谣. 贵阳:文通书局,1942:3.

经典之作。在这篇论文中，岑家梧以大手笔把仲家“作桥”这样本土的东西提升为宗教人类学的一部分[1]。《水书与水家来源》[2]一文中有史以来第一次向世人介绍了水书，而且通过水家起源于古代殷人之一支，把水书及水家来源这样本土的东西上升成了语言人类学的一部分[3]。成为中国语言人类学的扛鼎之作。

也有综合性研究成果，例如《贵州边族研究之回顾与前瞻》《西南民俗与中国古代社会制度互证》《西南民族的舞乐》《贵州宗族研究述略》等文章。这其中有历史人类学的研究，如《从几种遗俗观察中国古代社会制度》《婚姻制度演化》《中国的图腾制及其研究史略》《西南民俗与中国古代社会制度之互证》等。《西南民俗与中国古代社会制度之互证》[4]成为中国历史人类学的代表之作。在这篇论文中，他运用民族志的资料，对中国古代文献中所称的“近亲姻亲合一称呼与交错表婚”“佯战婚俗与抢婚制”“产翁与母权”等作了论述，把中国古代社会制度这样本土的东西提升成了历史人类学的一部分。

《关于宗族的融化》《论民族与宗族》《贵州宗族研究述略》等文则是将个人的民族史研究与当前的民族政策和民族的解放融合起来的研究。其中《关于宗族的融化》[5]一文以个人田野调查的实例为依据，指出黔南桂北的傜人绝对保守孤立，不与其他宗族融化，而贵州的仲家则雍容大度的吸收他族文化，而易与他族发生融化。他进而认为：“国父‘民族主义’中说国族就是民族，革命成功后，须联合各族建立自由的统一的中国。因之，在中国便是一个民族，一个国家。要达到这个目的，只有加紧宗族间的融化。而如何融化境内宗族，便成为我们三民主义民族政策之最高原则了。”只是民族的融合是一个长期的过程，要“加快”的话或许较难。《论民族与宗族》[6]则是运用历史知识和田野调查参与当时“中华民族是一个”以及“宗族与民族”问题讨论的长文。岑家梧认为，“要充分地发展过去伟人‘中国一人’的民族思想与传统的兼容并包的民族政策，打破宗族间的界限，实

[1] 彭英明. 学步文集：民族理论与民族历史若干问题探研[M]. 北京：民族出版社，2003：277.

[2] 本文1943年冬写成，1948年发表于《社会科学论丛》新1卷，1949年修改收入《西南民族文化论丛》。

[3] 彭英明. 学步文集：民族理论与民族历史若干问题探研[M]. 北京：民族出版社，2003：277.

[4] 1944年6月在贵阳发表于《东方杂志》42卷12号，1949年修改。

[5] 岑家梧. 关于宗族的融化[J]. 边疆通讯，1945(1).

[6] 岑家梧. 论民族与宗族[J]. 边政公论，1944(4).

行宗族间的通婚,使宗族间的文化互相交流,使整个中华民族的内容更加充实与壮大。这样我们深信在不久的将来,必能融合宗族于民族,而在中国境内,只有一个崇高博大的中华民族,宗族不过成为历史上的名词吧!”可以看出,这些观点与当时的民族政策及相关讨论保持了一致性。就国内来说,当时学术界内顾颉刚发表了《中华民族是一个》一文,张廷休于《西南边疆》发表《汉夷同源论》,指出如何认识中国各民族关系问题事关国内团结。同时,自暹罗改国号为泰以来,鼓吹大泰族主义,对我国境内之泰语系民族,极尽挑拨离间之能事,当时在西南的学者对民族关系问题做了深入研究,阐明其为中华民族不可分割之一部分。以增强民族意识,揭露大泰族主义者之阴谋,岑家梧是其中之一。

大夏大学史地系社会研究部不仅在运用现代科学方法进行贵州民族研究取得卓越成绩,也注意为贵州培养民族研究人才,最突出的是协助中英庚款董事会,指导该会研究生贵州人杨汉先等进行苗夷研究与调查工作;同时协助贵州省教育厅,供给贵州省推行苗夷教育资料,参加组织边地教育委员会,代拟贵州省推行苗夷教育的具体方案等,为培养更多的民族工作者和研究者做出了贡献。

三、贵州本地学者的民族史研究

蒋介石国民政府掌权贵州后的全面抗战时期,贵州本地学者也进行了民族史的研究,成为此期贵州民族史研究的组成部分,代表人物有黄元操、梁聚五、杨汉先等。此外,比较突出的还有民国《贵州通志》的《土司志》《土民志》也备受推崇,两分志收录贵州自元末明初设立土司制度以来的历史资料和贵州原住及外来民族的全部情况,对贵州土司政治制度以及少数民族情况的研究提供详细的参考。

1. 黄元操的民族史研究

黄元操(1875—1951),字尧承,别号拙归园主,贵州安顺人。幼时即以文章、诗词、书法见长,考取拔贡。清末任安顺劝学所董事,主持新式教育工作,先后开办初等小学堂、两等小学堂、蚕桑小学堂、广智小学堂及12所简易识字学塾。1912年任贵州禁烟兼选举委员会委员,后被选为参议会议员,参与制定《中华民国临时约法》,1913年因袁世凯解散国会回贵州,曾参加护国运动。1916年,赴京参加国会复会活动。1923年拒绝曹锟贿选，发表维护国家统一的讲话。1925年被推荐参加“北洋义赈会”救灾活动。1931年回安顺，被推任为续修安顺府志局局长，主持《续修安顺府志》的编修，完成初稿工作。1944年，当选贵州第二届临时参议会副议长，1951年特邀出席安顺县各族各界人民代表大会。同年11月病逝。著述有《贵州苗夷丛考》《黑水三危考》等，《黑水三危考》今已难寻踪迹。

《贵州苗夷丛考》完成于1936年7月，有手抄本传世，今被收入中国西南文献丛书中，为《西南民俗文献第15卷》。另外《中国少数民族古籍集成汉文版第88册汉以后西南各民族》也收入。共两编20章，第一编12章偏重贵州苗夷自然历史方面，如苗夷名称、来历、语言、文字、宗教、音乐、舞蹈、风俗等，第二编8章偏重人文活动方面，如苗夷与政治、军事、教育、经济、实业、人口、文化、交通。书前有周恭寿序和自序、凡例，正文前列有参考书79部，包括传统典籍，贵州志书及政书外，还有几本比较近世的参考书，如张亮采《中国风俗史》、米利勒尔《社会进化史》、黄菩生《社会进化史》、未署名《社会学大纲》《杜威五次讲演》等。

黄元操指出“贵州苗夷”之“夷”是指仲家（布依族）、猓猡（彝族）、仡佬族，加上苗族是该书关注重点。通过引经据典，苗夷内部的对比及苗夷和汉族的对比等研究方法，也提倡并实践了调查研究的方法。展现了苗夷的历史发展及现状。除了让人了解苗夷，提供民族研究的资料外，作者拥有一定的民族间“平等之义”、达到“大同之旨”的观念贯穿其中，促进苗夷的治理是其重要旨趣，他指出：“治苗夷之道贵使其同化，尤贵使其先进化。苗夷性诈，感之以诚；苗夷性疑，孚之以信；苗夷性贪，示之以廉；苗夷性顽，御之以简。行之既久，未有不收奇效者。至慑之以威，则又夫人而知者不待吾人哓哓也。”[1]在书中，他提出了许多具体的“治苗夷”策略，诸如使交通通畅为当务之急，让苗夷接受教育也是一个重大的问题。在文化方面，他指出了推行新文化的四个步骤：其一，确定调查范围，搜其记述固有文化之各种资料；其二，移其大批优秀分子于都市，使之濡染新文化，再遣之归为自然之传播；其三，划定区域使之厉行新文化，不率教者强迫之；其四，改进苗夷文化不计日，计年，如今年行之于甲地明年再推之于乙地，必使整个村落整齐划一同时并进，庶免一传众咻，新文化为旧文化消除[2]。可以看出，他接受历

❶ 骆小所．西南民俗文献（第十五卷）[M]．兰州：兰州大学出版社，2003：193.

❷ 骆小所．西南民俗文献（第十五卷）[M]．兰州：兰州大学出版社，2003：253.

史鉴戒,提出的一些策略还是很有见地的,但也并没有处处平等地看待苗夷,特别是强迫文化同化更为不可取。

2. 梁聚五的苗族历史研究

梁聚五(1892—1977),苗族,贵州省雷山县西江人,有“苗学先驱”之称。1913—1916年,在兄长及其他友人的资助下,先后到贵阳模范中学、贵州法政研究所、长沙商业学校,湖南大学、贵州陆军测量学校等单位学习深造,1917—1924年,曾投笔从戎,辗转川、黔、陕、鄂数省,寻求报效国家的机会。但当时是军阀混战时期,事业毫无进展。1925年,随军驻扎四川省壁山县。这年3月12日,孙中山先生在北平逝世。他在壁山参加孙中山追悼大会,初步结识了一些进步人士,思想受到很大启发。1926—1927年曾在广州参加革命,任国民军营政治指导员和二十军部少校参谋。后又参加“八·一”南昌起义。1932年在上海闲居期间,参加了“一·二八”抗战和华北张家口等处的抗日战争。1937年“七七”事变,中日战争全面爆发后,梁聚五在社会活动中,积极开展抗日救国的宣传教育工作。1939年加入了国民党,并担任了“黔南地区各族青年训练班”副主任。此间,梁聚五开始利用业余时间,对苗族、侗族等少数民族进行调查研究,最后完成了《黔南各族生活剪影》一文。1940年随军出征缅甸,写有《缅甸征尘》一书。1944年任贵州省参议员,并任驻会委员兼省参议会机关刊物《贵州民意》社副社长(任期直至1949年冬),利用合法地位,抨击当局的民族歧视政策,民族同化政策,维护少数民族的利益。1946年加入民盟,成为民盟在贵州的领导人之一。此期间还是梁聚五研究工作的一个丰收期。他在《黔灵月刊》上先后发表了《贵州政治应以苗夷为中心》《西南边地概况》《贵州苗夷选举问题》;在《贵州民意》上先后发表了《苗夷民族的由来》《苗夷民族在国史上活跃的展望》等论文,以及著作《苗夷民族发展史》,这些研究引起国内学者的关注。1949年11月15日,人民解放军二野五兵团挺进贵州,解放贵阳,梁聚五以“苗彝人民自救会”代表名义,组织民众欢迎解放军入城,并参加“贵州省人民政府”的成立大会。

《苗夷民族发展史》一书被视为苗族学者研究苗学的重要著作之一,有“第一个苗族学者写的第一本苗族史”[1]的评价。写作于20世纪40年代后期,1950年

[1] 梁聚五.苗族发展史[M].贵阳:贵州大学出版社,2009:11.

铅印问世,20世纪80年代,贵州省民族研究所曾作为内部资料再次编印,2009年由贵州大学首次公开出版时更名为《苗族发展史》。《苗族发展史》由四篇十一章组成。第一篇绪论共三章,总说苗族的由来、称呼及发展区域、在国史上所占地位。后面三篇将苗族由远古到中华人民共和国成立时的历史发展分为三个阶段,每个阶段为一篇,分别为:夏禹前(公元前2797年至2205年)是第一个阶段,苗夷民族由黄河流域发展到长江流域;殷周迄唐宋(公元前1766年至公元1126年)为第二个阶段,苗夷民族由长江流域发展到澧水、沅水、乌江、柳江、澜沧江、金沙江等流域;元、明、清迄民国(公元1280年至1949年)为第三个发展阶段,苗夷民族由澧水、沅水、乌江、柳江、澜沧江、金沙江等流域,发展到伊洛瓦底江、萨尔温江、湄公河等流域。书中"苗夷民族"泛指包括苗族在内的南方民族。

梁聚五的苗族史研究具有开阔的视野,同时也怀有深厚的民族情感与民族责任心,一方面,他很谦虚和低调:"我不揣浅陋,鼓着自己勇气,翻翻中国历史,在许多歪曲的、片面的、含有歧视和侮辱性的苗夷民族历史当中,找出一些接近真理的史料,把它记录下来,结合实际,加以整理,写成这本小册子——《苗夷民族发展史》。"❶另一方面,他郑重地指出:"我们研究苗夷民族,要把眼光放射到东南、西南各省区;同时,还要放射到越南、缅甸、暹罗一带去。如其固执狭隘民族主义的偏见,认为苗夷民族是衰退的民族,而忽略他们古代的文化,甚至当前的进步;对他们尽量的侮蔑,说他们的祖先是狗,是蛇,是禽兽,是虫豸……这不但违反'国内各民族一律平等'的原则,抑且有悖于世界人类进化的大道理!"❷因此,在书中,他多次批评民族歧视民族同化及消灭民族的观点与做法,认为各个民族之间的关系应该为:"得失荣辱,息息相关,不容有一点轻视和歧视!而且要更进一步紧密团结,以优势的民族,领导弱势的民族;以先进的民族,领导后进的民族。提携扶持,齐头并进,共谋国家的独立与发展。"❸强调:"苗夷民族,是中国中坚民族之一员。"❹这些观点表现其作为少数民族成员不卑不亢的思想观念。

《苗族发展史》在苗夷民族起源问题上,梁聚五批判了槃瓠、蛇种、猫头、竹儿

❶ 梁聚五.苗族发展史[M].贵阳:贵州大学出版社,2009:12.

❷ 梁聚五.苗族发展史[M].贵阳:贵州大学出版社,2009:5.

❸ 梁聚五.苗族发展史[M].贵阳:贵州大学出版社,2009:39.

❹ 梁聚五.苗族发展史[M].贵阳:贵州大学出版社,2009:48.

说等图腾崇拜说、交趾支那说及南太平洋系说，而肯定了“苗族神州土著说”；苗族发展的起点，他从蚩尤的九黎说起，继之以三苗、荆蛮等在战争、压迫之中由最初的可能西至宝鸡，东至嵩山，北至怀来，南至信阳的“九黎区域”，一次次向南方迁徙，论证了苗夷民族向南迁徙的过程，也是最早开发所经之地的过程，也是为中国开疆拓土做出贡献的过程，第一次理清了苗族历史发展的基本脉络。后来出版的《苗族简史》《中国苗族通史》《苗族通史》等，从严格意义上讲，都没有超出《苗族发展史》的基本发展脉络。正如20世纪80年代贵州民族研究所在翻印《苗夷民族发展史》时所评价：“这本书写成于解放战争时期，出版于1950年。本书史料丰富，编述也有见地，对研究苗族和西南各民族的历史有一定的参考价值。”❶

3. 杨汉先的苗族历史研究

杨汉先(1913—1998)，苗族，贵州威宁人。1926—1929年在云南昭通宣道中学读初中，参加过反日、英帝国主义迫害中国人民的运动。1929—1933年在成都华西读高中时，创办进步杂志《朝阳社》，宣传光明和进步。1936年考入成都华西协合大学，攻读社会学，参加过苗族学生反对贵州军阀的抗议活动，在校期间，发表《苗族述略》一文。1938年杨汉先在川南作实地调研后，写成毕业论文《川南八十户苗族人口调查》，并以优良成绩毕业。1939年毕业后在贵州方言讲习所任教。1940年2月下旬，杨汉先在大夏大学社会研究部从事“苗夷社会研究”工作。他重点研究自己所熟悉的威宁苗族，特别是“大花苗”。在该部主编的《贵州日报》副刊“社会研究”上发表了一些苗族民间文学方面的文章，如《威宁花苗歌乐杂谈》《大花苗歌谣种类》《大花苗名称来源》等，后来被收入吴泽霖、陈国钧两先生主编、文通书局出版的《贵州苗夷社会研究》一书中。

1941年4月下旬，杨汉先到母校华西协合大学中国文化研究所工作。其间，他撰写的论文主要有《大花苗移入乌撒传说考》和《大花苗的氏族》，分别发表在《中国文化研究汇刊》1942年第2卷、1943年第3卷上。1942年8月，被调到四川省博物馆，从事川黔滇地区苗夷民族历史文物的搜集和研究工作。1943年秋，被博物馆派往滇黔作民族考察，在云南昭通为博物馆搜集了一些民族文物。随后因父病而辞职回家奉养，并在离家不远的云南昭通明诚中学和省立女子师范

❶ 许士仁．爱国民主人士梁聚五先生[M]//政协雷山县文史资料委员会．雷山县文史资料选辑：第1辑．雷山：政协雷山县文史资料委员会，1989.

担任历史与英文教师，直到1945年春料理好父亲的后事。

1946—1949年，杨汉先在贵州大学任教。积极参加“爱国家、爱民族”的进步活动，被推为贵州“为民族而斗争”联系人。同时，积极参加社会学调查研究，1946年与贵州大学德籍学者鲍克兰女士（Inez de Beauclair）到黔西南对苗族历史现状进行社会调查；1947年独自去大方、赫章调查；1948年又与鲍克兰到黔西进行田野研究，写出《黔西苗族调查报告》；1949年与美国学者去龙里调查海巴苗。

与梁聚五广义的“苗夷民族”历史研究不同，杨汉先主要从社会学的角度进行研究，但其中也不可避免地涉及苗族历史，在这些研究中，他对花苗族群表露了极大的兴趣。他的第一篇苗族研究文章《苗族述略》考述了苗族的族源、支系、服饰、语言、音乐和文学等问题。该文至今对苗学研究者具有一定的参考作用。

杨汉先是第一个钻研花苗族群民族文化和历史的社会学者。关于花苗的研究文章中，《威宁花苗歌乐杂谈》《大花苗歌谣种类》等第一次系统而翔实地介绍和剖析了威宁大花苗的诗歌、音乐、舞蹈和民间歌谣。《大花苗名称来源》一文探讨了有关花苗的族源和名称。《大花苗移入乌撒传说考》主要探讨苗族迁徙的历史。认为大花苗移入乌撒最迟当在宋代以前，移徙的大方向是由东向西，迁徙路线则以沿乌江北源移入乌蒙山区为主，另有沿乌江北源马过河入云南镇雄或自乌江南源迁至贵州水城者。《大花苗的氏族》一文是专门探讨贵州大花苗氏族组织的学术论文。首先，杨汉先指出过往史籍、方志认为大花苗“有名无姓”说的不确切性。他认为大花苗除了汉式姓氏外，还有自己的本族语固有姓氏。但由于长期战争和迁徙而造成族群聚落分散的状态，使原来大花苗中的“十二姓”或“十二氏族”的社会结构特点，只保留下八个氏族（姓氏）。同时，他又阐述大花苗氏族组织的功能和运作原则，并通过对亲属称谓的分析，指出大花苗的氏族外婚制和盛行交表婚的情况。根据口述材料，他认为大花苗的氏族组织原来是有政治军事功能的，但在以后的演化过程中，氏族组织只建立在宗教意识上，政治意识被外围环境完全剥蚀。这些研究很多具有开拓性，除运用文献资料外，充分运用了社会调查与口碑史料。

1948年杨汉先与鲍克兰一起到黔西，考察当地苗族的社会、文化、历史情况，回去后撰成极具参考价值的论文《黔西苗族调查报告》。该文由绪论、调查资料、比较研究和结论提要四大部分组成,是一个难得的早期的系统的对西部方言苗族的实地调研报告[1]。该文调查并研究了黔西13个苗族支系的自称和他称、地理分布、在历史文献记载中相关的族群称谓、口头传统中的历史和传说、宗教习俗和信仰、丧葬习俗、氏族和宗族等各个方面的不同情形,并进一步对比分析这些苗族支系入黔西的时间、路线及传说等问题,认为黔西苗族移到黔西,最早当在唐朝以前,及至元明遂为苗族大量移入黔西的时代。而苗族入黔西也多自川南黔北来,并"以历史源流为经,语言为纬,再辅以经济生活,并沿旧有红、花、白、青、黑等名"[2]为依据,将这些苗族重新归类为五大集团。该调查报告旁征博引,参考了众多汉文历史文献和西方社会科学文献,被认为是杨汉先"最成熟和最具雄心的著作"[3]。

第四节　地方史研究发展

贵州建省较晚,诸多本省发展的历史模糊不清,特别是远古,本地人的记载处在无书可稽的状态,中原的记载也在若隐若现之间。清朝时期就有学人整齐贵州历史的努力,如田雯、靖道谟、蔡宗建、犹法贤、莫与俦、莫友芝等,民国贵州学人加强了地域发展历史的研究,这应该与近代以来民族国家观念的深入人心有关,更多贵州人具有了追踪溯源的需求。此期学人围绕贵州的早期历史、地域,发展历程等问题展开了贵州古代史与近代史的研究。这些研究除了地方志的编纂以外,并没有关于贵州古代通史的研究,更多的是一些专题史研究,偏重针对历史文献关于贵州的记载,基于记载者对贵州地理掌故的隔膜及流传中出现的众多问题,利用身处贵州的优势,主要运用了考证方法试图还原历史真相。这一现象的出现,就学术本身内在发展动力来说,也与贵州地方以民国《贵州通志》的编纂带动有密切关系,此外,贵州地方文献的收集出版及专门的史学刊物

---

[1] 杨军昌,蔺继志.人口·社会·法制研究:2012年卷[M].北京:知识产权出版社,2013:358.

[2] 杨汉先.黔西苗族调查报告[M]//杨万选,杨汉先,凌纯声,等.贵州苗族考.贵阳:贵州大学出版社,2009:165.

[3] 张兆和.杨汉先关于黔西苗族身份认同的书写[M]//赵心愚.西南民族研究:第1辑.北京:民族出版社,2010:32.

出版既是这一潮流出现的原因也是其成果。

《贵州通志》的编纂问题我们在后面关注。地方文献的搜集出版以《黔南丛书》的创刻为代表。该丛书编辑始于1922年，初拟编20集，凡是历史上贵州人的著作以及他省人有关贵州省的记载，皆属搜集的对象。但因种种原因，至1940年，前后只出版了6集174卷，另编印别集与别集之一共2集30卷，共计收录著述文献61种77册❶，包括经学名著、小学、诗类、词类、文类，舆地纪行、风土考证以及杂记见闻的书。《黔南丛书》是贵州整理出版古籍文献方面的巨大成就，其中有的部分直接是史学著作，有的则可作为不可多得的史料。

专门的史学刊物以《贵州文献季刊》的创办为代表。1936年，贵州省民政厅厅长曹经沅等提议设立贵州省文献征辑馆，当年8月1日成立，任可澄任馆长、王蔬农任副馆长（后王病逝，由杨覃生继任）。经文献征辑馆常务会议决，创办了《贵州文献季刊》，因战乱纷扰等原因，该季刊后改为“汇刊”——不定期刊行，即《贵州文献汇刊》，是一份撰稿人以贵州籍为主体的刊物。从1938年5月创刊至1949年1月止，共出版5期，4册。第2、3期合刊，于1939年5月出版，第4期于1940年12月出版，而第5期直到1949年1月才出版。《贵州文献汇刊》是一份文史刊物。刊物起始部分是插图栏目，主要影印贵州名人遗字遗画，明清时人为主。主体部分首先是撰著，以发表文献征辑馆人员的著述为主，而史学又是其主要内容。另外有遗作栏，以未刊登过的先贤文章为主。文录栏以序文、碑文、行状及表文为主。其后是诗词栏，撰稿人比较广泛。《贵州文献汇刊》是了解当时贵州文化动态，展现地缘文化特色的重要刊物之一，该刊收录了大量当时的史料，也发表了比较有影响力的史著。

《贵州文献汇刊》办刊的宗旨在创刊号上有所论述。首先，贵州人也当承担起保存贵州文献的责任，“盖文献者一国家民族精神所共寄，有之则虽亡而若存，无之则虽存而如毁也，惟吾中国自羲农皇帝开物成务，绳绳继继以迄于今，独立大地之上，其文献之伟大而绵长，当为世界首屈……目论膚说，尠有翔实之记载。若夫明清二代。世有达人，文物声名骎骎有并驱中原之势，徒以交通为梗之大，兵燹为祸之烈，文献之可考于今者，千百不得什一，此吾辈黔人所当认为盛耻发

❶ 顾久．黔南丛书（点校本）：第1辑［M］．贵阳：贵州人民出版社，2009：3．

愤以求雪也”[1]。其次,让文献发挥更大的作用,以及征求到更多的文献,“夫征辑焉,而囿于同人咫尺之闻见,其量数当至微;又征辑矣,徒等于古物之庋阁,不公于乡人,无以得海内通人之諟正,其为益犹仅也。本刊之行,冀以戋戋者为椎轮,为滥觞,庶几引而益出,孳乳浸多,蔚为黔乘之光,抑进而得为浚发民族文化之一源泉焉。人靡桧下之讥,士有信美之爱,是固同人豚蹄篝车之祝乎”[2]。

在这一阶段贵州地方史的研究中,对贵州古代史和近代史都有关注,自觉的地方史意识明显,也体现了贵州史家群体关注的方向。

一、贵州古代史的研究

此期对贵州古代史的研究,更多的是以专题史的研究方式呈现。这些专题往往集中在时代比较早的历史领域,如先秦两汉时期,体现出学人追根溯源的时代精神。同时,明清时期以及历史地理的研究也受到青睐,在表现形态上普遍偏重历史考证,这一特点与研究的初期阶段也是相适应的,历史的真相首先必须还原。

1. 对先秦两汉时期的研究

对先秦两汉时期贵州历史的研究,学者们主要围绕着“鬼方”“庄蹻”“夜郎”“牂牁”“且兰”“尹珍”等专题展开。例如民国时期的地方志大都将其历史追溯到了“鬼方”,任可澄的《鬼方考》[3]则坚持了“贵州为古鬼方”的观点;李独清的《夜郎考》[4]则考察了夜郎在历史上的变迁;作为贵州文化教育的拓荒人尹珍研究有《尹道珍先生暨配祀诸先贤事略》等。“牂牁”在早期贵州历史中是一个十分重要的词语,不仅自身是贵州史上一个重要的存在,也牵涉到对其他历史事件的理解。如《史记·西南夷列传》就提到“夜郎者,临牂牁江”,这里我们以“牂牁”研究为例,介绍一下此期研究的具体情况。除了地方志关于牂牁资料的收集外,学人论著主要有胡翯《牂牁丛考》等,学术论文有李承栋的《读王序东先生牂牁江辨书后》、

❶ 任可澄. 发刊词一[J]. 贵州文献季刊,1938(1).

❷ 任可澄. 发刊词一[J]. 贵州文献季刊,1938(1):10.

❸ 任可澄. 鬼方考[J]. 贵州文献季刊,1938(1).

❹ 该文被称为李独清遗作,没有发表,但从行文语句来看,判定为1949年前。(参见李独清. 李独清文史论文选[M]. 贵阳:贵州大学出版社,2014.)

钱瑗的《牂牁》、任可澄的《牂牁江考正》《牂牁从考序》、万大章的《汉讫唐牂牁郡治今地考》等。

此期《牂牁丛考》[1]一书对牂牁问题研究最全面，除序与结论外，包括七篇主体内容，分别论述了牂牁二字的形体音义、牂牁国、牂牁郡、牂柯江、牂牁人、牂牁古迹及牂牁方物。认为牂牁两字没有特别的含义，只是译音。牂牁为南夷之古国，出现在齐桓公称霸之前，“其距庄蹻略地在先四百余年，洎至夜郎代兴在嬴秦失鹿之后相去又百数十年”[2]，指出“牂牁郡之得名，武帝取唐蒙首先发现牂牁江可以用兵，故以江名名郡”[3]，指出汉武帝设牂牁郡实际是贵州开化之初，并进一步论述牂牁郡县的范围及沿革变迁。关于古牂柯江今之所指问题，他对已有的五种说法包括沅江、盘江、都江、濛江、乌江说，进行详细论列，自认为古牂柯江为都江柳江浔江流域。牂牁特出人物包括夜郎竹王、夜郎侯三郎，夜郎侯多同、夜郎庄王、夜郎王兴、盛览、尹珍等16人。认为尹珍诞生地在独山或三合县。牂牁古迹有红岩碑、铜鼓。谈到牂牁方物有枸树、桄榔木两种。这些研究在今天看来或许有的结论有可商榷之处，如牂柯江所指等问题。在结论处，作者指出了自己使用的研究方法：“以今古相衡，以物地相印，以子集相参，以经史相证，用图表而加以说明。”[4]这一表白是符合实际的。

其余各文则考证关于牂牁的某一个方面，《汉讫唐牂牁郡治今地考》[5]考证牂牁郡治所问题，认为且兰县为汉朝牂牁郡治所，在今平越县左近。“惟牂牁郡治，晋自且兰徙万寿，宋志仍之；南齐志则首且兰，次万寿，是齐回复旧治矣”，万寿县就是今瓮安县东三十里之猴场。“隋、唐二代之牂牁建安县治”，建安也是今瓮安

---

[1] 徐丽华．中国少数民族古籍集成（汉文版）第81册：汉以后中、东、南各民族 汉以后西南各民族［M］．成都：四川民族出版社，2002.

[2] 徐丽华．中国少数民族古籍集成（汉文版）第81册：汉以后中、东、南各民族汉以后西南各民族［M］．成都：四川民族出版社，2002：579.

[3] 徐丽华．中国少数民族古籍集成（汉文版）第81册：汉以后中、东、南各民族汉以后西南各民族［M］．成都：四川民族出版社，2002：584.

[4] 徐丽华．中国少数民族古籍集成（汉文版）第81册：汉以后中、东、南各民族汉以后西南各民族［M］．成都：四川民族出版社，2002：635.

[5] 万大章．汉讫唐牂牁郡治今地考［J］．贵州文献季刊，1938（1）.

县东三十里之猴场。钱瑗《牂牁》[1]一文同样偏重考证牂牁郡及其郡治所问题。《读王序东先生牂牁江辨书后》[2]《牂牁江考序》[3]《牂牁江考正》[4]等文均是考证古牂柯江与今天哪条河流对应的问题,其中任可澄《牂牁江考正》在辨证乌江、濛江、都江、西洋江均不是古之牂牁江后,得出了自己的结论:"牂牁江者,南、北盘江之总称,其流域盖为古代牂牁国。国以江名,抑江以国名,不可知矣。秦以后牂牁国灭,夜郎代兴,而江名当仍旧称。故曰:夜郎者,临牂牁江。其水有南北二源:北源盖名豚水,故《汉志》称夜郎豚水,而不称牂牁。《常志》之遁水,《水经》之存水,皆即此水。遁由豚变,而存豚同韵,缘地僻蛮中,大抵随音异书,无定字也。南源则名温水,《汉志》《水经》及《注》皆同。而其在毋单以上,则首受桥水,今云南曲江、泸江,盖即桥水,南盘上源之别源也。"[5]对方方面面的不同意见做出了自己的解读,被认为是比较雄辩有力的论证。

这些论述均引经据典,提出了自己的观点或疑惑,反映了时人对贵州历史的思考,其中,胡翯的《牂牁丛考》一文很有学术价值,曾被列为"夜郎国都考"的五大学派之一[6]。任可澄《牂牁江考正》一文影响也比较大,不仅被当时学者援引,当世学者也给予了积极评价:"任氏定牂牁江为南、北盘江的总称,虽未能尽全貌,也欠分别轻重,而本身则有理。尤其是阐明两水道在今云、贵境内的名实,准确无疑。对于江名国名后先,不下断语,取慎重态度,莫可非议。惟有说秦以后牂牁国灭,夜郎代兴,却是疏漏,不考虑史乘有楚庄娇(蹻)伐夜郎,又有秦略南越置桂林、南海、象郡的记载,牂牁国的消失应在春秋末期。"[7]

2. 对贵州历史地理研究

对贵州历史地理的研究也是认识贵州历史与现状的构成部分,包括对贵州全貌的研究,如文宗潞的《贵州省山脉概说》[8]一文看似为自然地理,事实上,该文

---

[1] 钱瑗.牂牁[J].贵州教育,1930(4).

[2] 成绍令等修,李承栋纂.民国黄平县志,民国十年油印稿本,贵州省图书馆复制本,1965。

[3] 任可澄.牂牁江考正[J].贵州文献汇刊,1940(4).

[4] 任可澄.牂牁江考正[J].贵州文献汇刊,1938(1).

[5] 贵州省文史研究馆校勘.贵州通志·前事志(第1册)[M].贵阳:贵州人民出版社,1985:76.

[6] 马骏骐.贵州文化六百年[M].贵阳:贵州人民出版社,2014:408.

[7] 王燕玉.紫巢文存:2[M].贵阳:贵州人民出版社,2017:222.

[8] 文宗潞.贵州省山脉概说[J].贵州文献季刊,1938(1)、1939(2、3).

运用大量历史文献，例如《清一统志》《乾隆通志》《方舆纪要》《徐霞客游记》《黔南识略》等，用来论证"贵州全省山脉，撮其主要者，可分三大支，以苗岭山脉为正干，其自苗岭北出，迤于乌江之左者，为娄山山脉，迤于右者，为武陵山脉"❶的观点。柴晓莲著《贵州名胜考略》❷则保存了众多诗文，全面详备。另1938年贵州文献征辑馆编纂出版《贵州名胜古迹概况》一书。内容分为：(一)贵州省鸟瞰；(二)建省沿革；(三)各县略；(四)古迹与名胜。所选名胜古迹共150多条。虽多依旧说，未能亲往勘察，但仍然很准确❸。有局部研究，如陈恒安《贵阳市指南》❹一书同样有历史地理的论述，从结构上看包括沿革、设市经过、名胜古迹等部分。前面牂牁等专题的研究部分也可以归类于此，因为除了论证牂牁国与郡以外，也研究了牂牁郡治所及牂柯江等问题。此期历史地理研究最被称道的则是万大章论著《贵州史地丛考》。

万大章（1887—1979）字仿韩，号明尹楼主，贵州独山人。著名学者，藏书家。出身于世代书香之家。早年接受传统教育，13岁即能诗能文，16岁开始，到丹寨县龙泉书院、都匀南皋书院、都匀中学专习文算之外，同时学习程朱理学，1907年考入贵阳省立师范学堂简师班，一年毕业。1908年后到独山县高等小学、省城第四初等小学、兴义府西乡五台山公武小学、麻哈州（麻江县）高等小学当教师。辛亥革命后，放弃教职开始从军从政，先后三十余年，担任过遵义县税赋科长，贵州省财政厅秘书，科长，袁祖铭的国民革命军左翼总指挥部秘书，贵州省教育厅科长，江口县征收局长，贵州省府总金库科长，贵州省府及绥靖公署视察员，视察组长。后于1944年任麻江县县长八个月，卸任后，被地方士绅留任麻江县中学文史教员。1947年辞归故里，任独山省立中学文史教员直到新中国成立后的1953年。

在任教任职之余，他以主要精力从事文史研究撰著工作，其中历史研究方面主要有自编课外读物《史讴》，与人共修《都匀县志》，参加编辑《贵州通志》，重印《独山县志》《独山州志》，参与编辑《贵州文献季刊》，参与考证《咸同军事史》（凌

---

❶ 文宗潞．贵州省山脉概说[J]．贵州文献季刊，1938(1)：22

❷ 柴晓莲．贵州名胜考略[J]．贵州文献季刊，1938(1)、1939(2、3)．

❸ 李独涛．续修《贵州通志》和征集文献经过[J]．贵州文史丛刊，1981(3)．

❹ 陈恒安．贵阳市指南[M]．贵阳：交通书局，1942．

惕安著),撰著《段甲楼先生年谱》《汉晋毋敛县及谢尹二氏略述》《莫友芝年谱》等。

《贵州史地丛考》分别于《贵州文献季刊》1938年创刊号,1939年第2、3合期,1940年第4期,1949年第5期连载,由一篇篇考证文章组成,包括《汉讫唐牂牁郡治今地考》《南齐东牂牁郡考》《汉镡成县治潭水及康谷水考》《山海经南次三经山水考》《汉尹珍学历考》《唐费思二州治所因革考》《唐应州诸县考》《汉讫清牂牁谢氏源流考》《唐牂庄二州领地考》《梁陈南阳郡及寿州充州沿革考》《唐琰州领地考》《秦汉对今贵州治道及移民考》《抚水蒙氏源流考》《贵筑县沿革考》共14篇。另有《唐炬州及宋元贵州异名考》一篇,并未找到发表于何处,但属于同一类著述。《贵州史地丛考》涵盖面广,就时间范围来说,始于中央王朝对贵州实施管辖的标志性事件牂牁郡的设置,直到明清贵州的众多史地问题,偏重于元代以上贵州郡县建置沿革的研究,采用文献考证与实地调查相结合的方法,是民国年间贵州本地最系统全面的历史地理著作。

这些文章中很多篇试图补正文献记载缺失之处,言人所未言,如《汉讫唐牂牁郡治今地考》一文指出,且兰县为汉朝牂牁郡治是很明确的。但是"晋至唐之郡治,未有考定之者,亦未有言唐郡即晋郡者",他仔细考证出"牂牁郡治,晋自且兰徙万寿,宋志仍之;南齐志则首且兰,次万寿,是齐回复旧治矣"❶。《南齐东牂牁郡考》一文指出南齐有两牂牁郡,南牂牁是汉晋沿袭下来,东牂牁有可能是永明三年新设,研究地理的人很多忽略东牂牁问题,他考察了东牂牁郡所在地及治所。同样,唐代设置了牂州庄州,但是现有史书并没有明言两州的治所何在?有哪些领县?《唐牂庄二州领地考》认为庄州州治所在石牛县,即今独山麻万,应为原毋敛县。并进一步考定其领县有石牛、南阳、轻水、多乐、乐安、石城、新安等七县,两州所领县,厘清一些文献记载错讹模糊之处。有的文章就悬而未决的问题提出自己的见解,例如《尹珍学历考》一文提出"道真之学于应氏,盖公余濡染,殆非入校肄业也;还乡教授,盖提倡学校,殆非专力讲授也;其刺荆州,盖得于武功,而非稽古之荣也"❷,对众说纷纭的尹珍求学经历问题给出了自己的观点。而《汉讫清牂牁谢氏源流考》等文则爬梳史书记载的毋敛县及其地两名人尹珍、谢恕籍

❶ 万大章.汉讫唐牂牁郡治今地考[J].贵州文献季刊,1938(1).

❷ 正安县人民政府《尹珍文化》编委会.尹珍文化[M].北京:中国文史出版社,2004:66.

贯等问题,其间更参考本地石牛坡等遗留地名及秦通五尺道等遗迹。另外有些文章纠正了一些文献模糊、张冠李戴及穿凿附会的历史记载,努力使贵州历史恢复到丰满的状态,体现其务实而不拘泥的研究风格。

3. 对明清贵州的研究

对明清时期贵州情况的研究也是贵州古代史研究的重要组成部分。比较而言,随着贵州于明代建省,文化也逐渐昌盛起来,因为遗存文献也比较多,对明清的史学研究偏重于史料整理与人物研究。前者可以此期贵州文献整理的代表作《黔南丛书》为例。该丛书所收61种书籍主要是明清两代黔人和宦黔官吏、旅黔人士所著,其中明代作者8位,著述10种;清代作者39位,著述46种;民国作者3位,著述5种。明清两代作者著述达92%,这其中很多均是史学著述或者可作史料使用的著述。

贵州省自建省以来,对历代明贤的梳理总结,开始于民国之时。人物研究包括了各种体裁,如传记、传略、行状、墓志、碑记、事略、年谱等,以人物传记为主,比较而言,明代人物更受重视,清代人物中最受重视的是周起渭。有个案研究,也有合传,其中合传往往兼有为现实服务的明确目的。比较集中的有杨恩元《明代黔贤述略》,该文是由贵州文献征集馆馆员杨恩元、邹质夫、柴晓莲三人奉命编撰的总结性著述《历代黔贤传略》的组成部分,但该书当时并未出版,本文发表于《贵州文献汇刊》,传略共十人附二人。杨恩元直接指出其撰述宗旨:"念前哲之可式,惧来者之无徵,述德阐幽,在昔所励。"[1]因此,他选取了学术人物孙应鳌与李渭;而田秋与詹英是有政绩的代表;申祐、何腾蛟则属于忠贞尽职的人;谢三秀、杨文骢以文词胜;武功则石邦宪、许成名;王训、吴中蕃高风亮节。这些人均是黔地人才,该文指出"国运之兴衰,系乎治道;治道之隆污,觇乎人才"[2],前贤事迹为新的人才产出提供了良好社会风尚。另有凌惕安编著《清代贵州名贤像传》[3]。

为当下的抗日事业服务,突出的代表著述是《明代贵州抗战先烈事略特辑》一文,该文辑录了明代贵州籍人士的英勇事迹。李独清在前言中指出"天祸中

[1] 杨恩元. 明代黔贤述略[J]. 贵州文献季刊,1940(4).

[2] 杨恩元. 明代黔贤述略[J]. 贵州文献季刊,1940(4).

[3] 凌惕安. 清代贵州名贤像传[M]. 上海:商务印书馆,1946.

国,暴日肆虐,焚掠我城池,荼毒我人民,民族血债,九世必偿。然而胜利可期,历程艰苦,年余抗战,虽陷敌益深,而我方创痛亦日增钜,所赖上下一心,共起创敌,秉节钺者有勇知方,守疆圉者临难不屈。出若力,输若财,庶乎有济。顾以年来经过,一察究竟,可歌可泣之伟迹,固属不少,而缺点尚多,无(毋)庸讳言,媚敌者有之,怯敌者有之,图私利者有之,逞义气者有之,处后方残民者有之。似此则坚甲利兵,终恐无克敌之望。故有识之士,皆谓奖忠义,励气节,为当前不可缓之要图,我辈今日,但于吾族抗战有利,无论何方,能尽一分力,即尽一分力,殊途同归,固自有在,是则辑此事略之微意也。吾黔建省稍迟,有明一代,抗战捐生者,颇不乏人,孤忠亮节,多可师法,丛而录之,或足激励”❶。全文辑录了申祐、徐资、杨瑄、李藻、安民志、王硕辅、李忠诚、胡缜等正传112人,附张令、李应期、朱运泰、蒋邦俊等70多人。

个案研究比较多,如周世辅《龙场驿与王阳明》,龙汝钧有文章《周桐野评传》,著述《周桐野汇志》,徐庆平《何腾蛟传》等。其中,姚大荣1934年3月出版的《马阁老洗冤录》被称为“奇书”。众所周知,马士英是一个已成定论的明朝“奸臣”,这本书专为其翻案,“那全是这位乡谊情重的姚老先生的一面之辞(词)”❷。后来朱希祖在其《明季史料题跋》中也认为“不可以不辩”❸。李独清的《明史何腾蛟考异》《孙文恭公年谱初稿》两文都是材料充实,考证精审,该领域较早的具有学术价值的著作。

李独清(1909—1985),原名忠信,字笃卿,后改名源,字独清,别号洁园,贵阳人,出身于书香门第。祖籍陕西临潼。其父李天锡于清咸丰年间移居贵阳,光绪三年连捷中进士,官至霸昌道(河北)。丁忧回籍后,淡于官场,以吟诗作赋自遣。1923年12月,李独清毕业于贵阳达德小学。1926年于达德中学毕业后考入省立贵州大学经济专科。1930年4月毕业,次年到贵州省续修通志局任校勘,后为编辑。1932年到省政府任二等秘书;次年又到省保卫团任秘书。1934年,贵州省文献征辑馆成立,受聘为名誉采访,后改任编审兼采访及文献委员会委员。先后参加编辑《黔南丛书》,主编《贵州文献季刊》,征集文献、诗词、书画等。1936年

❶ 李独清. 明代贵州抗战先烈事略特辑[J]. 贵州文献季刊,1939(2,3合刊):207.

❷ 黄裳. 秦淮拾梦[M]. 南京:江苏文艺出版社,2018:238.

❸ 朱希祖. 明季史料题跋[M]. 北京:中华书局,1961:43.

后曾任教于贵阳女子师范学校，1938年京滇周览团于四月由南京起程，将遍历苏、皖、赣、湘、黔、川、桂等省，考察地方情形，计程短期内可抵黔境。京滇公路周览筹备会贵州分会函请文献馆编纂《贵州名胜古迹概况》，以作导游之助。李独清主持其事，调集多人，于一个月内，选择重要名胜古迹纂辑成册。编成后由文通书局印刷出版。

1940年浙江图书馆将馆藏文澜阁四库全书内迁贵阳，藏于近郊地母洞。文献馆经呈报省政府转教育部同意，委托李独清到地母洞翻阅文澜阁图书，抄录有关贵州史料。他与两名助手于是年5月至次年8月入地母洞抄录，历时年余，只要是有关贵州资料，片语只字，全部抄出，使志稿各门得以补充、改正。事后，他将这些材料，编排为八册，定名《贵州史料第一集》尚未付印，可惜在黔南事变中全部损失。

1942年，经尹公石介绍到贵阳师范学院任教。同年，通志局重新安排志稿各门的纂修，李独清专任金石志、艺文志、秩祀三专志的编纂，编纂三专志约近百万字。他在《艺文志·序》中指出“地方志乘，粗具史体”[1]，故当奉《汉书·艺文志》为“圭臬”，在“辨章学术，考镜源流”上下功夫。全志按经、史、子、集四部分类，每部又有若干子目，子目下统书目，每部书名下载时代、作者、出处，每个书目后均有按语，除介绍作者籍贯、行历外，还有版本情况及摘自他书的评价。特别是很多书目后，详载该书的序、跋、题记及其他典籍对该书资料的征引情况，如莫友芝《唐写本说文木部笺异》即录有《自序》及当时著名学者张文虎、方宗诚的《跋》、李慈铭《受礼庐日记》摘引、曾国藩《题辞》等；明吴中蕃《敝帚集》，除《自序》外，还有清代著名文学家孔尚任、顾彩《序》的全文。凡此种种，使读者对本书创作缘起、学术源流、内容梗概、艺术特色有一个大致的了解。这种体例事实上已经是对《汉书·艺文志》每部书目前有总叙总论的发展，是《艺文志》体例的创新。从现存有《艺文志》的贵州地方志来看，无一不是“仅登篇什”，只有作者朝代、姓名、连作品集名都很少提及，更不必说内容提要了[2]，而他编纂的《艺文志》因为内容网罗的丰富在客观上保存了不少珍贵的历史文献资料。

1943年李独清兼任国立贵州大学（贵州大学前身）教授，1948年辞去贵阳师

---

[1] 李独清．李独清文史论文选［M］．贵阳：贵州大学出版社，2014：3．

[2] 黄永堂点校．贵州通志·艺文志［M］．贵阳：贵州人民出版社，1989：909．

范学院教职，专任贵州大学教授。除完成三专志外，对地方文献的研究，还有不少考据及其他方面的成果，如《明代贵州抗战先烈事略特辑序》《五曹州乡土志序》《卢丰碑辨》《明史何腾蛟考异》《孙文恭公年谱初稿》等著述。

《明史何腾蛟考异》发表于《贵州文献季刊》1938年创刊号。《孙文恭公年谱初稿》最初发表于《贵州文献季刊》1939年第二、三期合刊和1940年第四期，但并没有刊完，中华人民共和国成立后经补充以《孙应鳌年谱》的书名出版。李独清指出孙文恭被时人推为名臣大儒，“惜传业无人，身没之后，著作湮晦，行迹百不存一二，清廷纂修《明史》遂不为立传，《明儒学案》亦漏载之，黎莼斋先生所谓三百年来，通人学士，几至不能举其姓字者”[1]。与孙文恭的完全被忽视不同，官府是有何腾蛟传，但是，“《明史》开局，以讫事竣，适当清初猜忌最深之时，疏谬少信，在所难免”，因此，他“于乡先辈何公列传，先为考其同异，条其是非，以期昭整”[2]。两文均有的放矢，有着共同的学术方面的追求。

《明史何腾蛟考异》包括三个部分，第一部分“《明史》纠纷及缺失”指出了《明史》出现的十八个缺失。第二部分“何腾蛟传考异”是文章的主体部分，对《明史》何腾蛟传进行了全方位纠错，遵循的原则为“凡所见明代稗史，有关何公事迹者，与《明史》同，省而不书；有异《明史》，条列其下”[3]。共纠谬三十八条，包括很多非常具体的客观问题，例如籍贯“公生卒皆在明季，当作贵州黎平府人，或者为贵州黎平人，作贵州黎平卫人则非一，如卷二百九十朱万年传，即作黎平人，无卫字，同为一书，不检照如此”[4]，及谥号、官职、时间等，也有众多的事件厘清，旁征博引，条分缕析。第三部分是结论，在这里，除了对何腾蛟的评价外，还能看到该文对现实的关切。他指出当下抗日形势与何腾蛟所处时代的改善，但也不忌讳当前面临的问题，并指出：“是则如何公者，虽赍志以终，而丹心碧血，蔚为国光，民族赖以不坠。此类彪炳之气节，牺牲之精神，正民族复兴之过程中所不可或缺者也。前哲可式，国难方殷，凡有血气，共起图之。”[5]拳拳爱国之心跃然纸上。

---

❶ 李独清. 洁园集[M]. 昆明：云南人民出版社，2013：428.

❷ 李独清. 洁园集[M]. 昆明：云南人民出版社，2013：178-179.

❸ 李独清. 洁园集[M]. 昆明：云南人民出版社，2013：214.

❹ 李独清. 洁园集[M]. 昆明：云南人民出版社，2013：194.

❺ 李独清. 洁园集[M]. 昆明：云南人民出版社，2013：214.

二、对贵州近代史研究

贵州学人对近代贵州的历史也非常关注，研究的方向主要体现在两个方面。其一，对贵州文化史上的奇迹沙滩文化的研究，偏重对其文化名人的探讨，特别是其中的莫友芝、郑珍及黎庶昌。有综合研究，如赵恺的《郑莫黎三先生事实征辑》、凌惕安的《遵义夷牢溪谒墓记》，分论有凌惕安的《黎莼斋先生年谱》(稿本)及《郑子尹先生年谱》六卷，吴安道的《郑子尹年谱》，万大章的《莫贞定先生年谱》等。其二，关于贵州咸同起义的研究。一些事件参与人或同时代人的记载被发掘刊登，如写于光绪早年的王介臣手抄本《思旧草》，该文以诗的方式对清咸丰年间发生的杨龙喜起义经过作了记述。李独清写有《〈思旧草〉跋》，一些人作了新的研究，如任可澄的《林自清传略》《赵公德昌传略》是参加镇压咸同起义的两个将领，而最为完整详备的是凌惕安专著《咸同贵州军事史》。

凌惕安(1890—1950)，名钟枢，字惕安，号笋香室主。贵州贵阳人。民国著名学者、藏书家，出身书香门第，早年接受传统教育，后就读达德学校。民国初，凌惕安参与达德学校的工作。1917年2月，随黄齐生、王若飞等人东渡日本留学。五四运动后，国内反日情绪高涨，他们相继回国。其后的民国年间，除任达德中学国文教师和省参议员外，作为贵州文献编辑馆编辑，1947年担任贵州文献征辑馆委员会副主任。工作之余致力于贵州地方文献、历史文化的研究工作，尤其对“沙滩文化”名人、被学界誉为“西南巨儒”的郑珍、莫友芝、黎庶昌等人的生平事迹、著作成就作了全面的著录研究，其著有《遵义夷牢溪谒墓记》《郑子尹年谱》《黎纯斋先生年谱》，还有《清代贵州名贤像传》《柴翁书画集锦》《笋香室牂牁故事》等地方史研究。另外，他对贵州咸同时期的历史更是格外关注达十年之久，辛勤笔耕四年，成就《咸同贵州军事史》这一巨著。

咸丰同治贵州各族人民起义发生于1854—1872年，是贵州苗、侗、布依、水、汉、彝、瑶、回、仡佬等族人民先后爆发的系列反抗斗争。正如学者所说，“咸同军兴，动乱几二十年……实有省以来第一大事”[1]，因此发生的当时就为人所关注，许多参与者、经历者及清政府都对这一事件做了记载，如刘书年的《黔乱纪实》、钦定的《平定苗匪纪略》《平定苗匪方略》、岑毓英的《岑襄勤公奏稿》、唐炯的《援

[1] 任可澄．牂牁从考序[J]．贵州文献汇刊，1940(4)．

黔录》、兰廷玉的《邓家队平黔战事记》等，其中罗文彬的《平黔纪略》最为人称道，凌惕安的《咸同贵州军事史》与《平黔纪略》有着密切关系。

《咸同贵州军事史》于1933年由贵阳慈惠图书馆上海中华书局印行出版。前有毛光翔、王家烈、任可澄写的序，凌惕安自己作的凡例及参考书目，图像60余幅。共五编九十二章。后有杨恩元跋。另有一册《咸同贵州军事舆图》同时发行。从凡例等部分，我们可以看出《咸同贵州军事史》与《平黔纪略》各自不同的特征。

首先，凌惕安论述了撰著《咸同贵州军事史》的学术旨趣，他认为《平黔纪略》一书存在缺憾："以头绪纷繁，不易寻求原委，且疏漏舛讹，时所恒有，因不梼撰昧，就原书纲领，仿记事本末之义，益以现代体例之长，斟酌今昔，较量得失而成是书。"❶他指出了两者在体裁上的不同：《平黔纪略》是编年纪月，以事系日的编年体；该书则是纪事本末体，即书的主体部分五编五个专题，分别为第一编总论26章，第二编汉族之运动46章，第三编苗族之运动6章，第四编回教民族之运动2章，第五编善后12章，同时每编可谓现代章节体。另外，他指出，"亭林有言：'天下兴亡，匹夫有责'。当今外侮日亟，匪患日炽，端赖地方人士各知捍卫。故本书于当时团练较为侧重，其有功桑梓者，采辑尤多"。也就是撰著该书试图服务于战乱频仍的现实。

其次，凌惕安指出"本书于《平黔纪略》，但依据其纲领取材，不过十之五六。馀皆从搜讨得来，较原书事实增补不少"。❷这里表明两者在史料方面的关系，《咸同贵州军事史》参考取材最多的应该是《平黔纪略》，但前者约60万字，后者约20万字。在《平黔纪略》一书的基础上，他又参考各种文集、遗稿、年谱、地方志等资料达126种，且采用了口碑史料，有对起义参与者、相关人士及对起义者后代的访问。正如杨恩元所说："遍考诸家著作，详征故老遗闻，凡与此次军事有关者，不惮数千里驰简追求，期于必得。"❸还搜集了照片文物资料达60多种，这

❶ 凌惕安．咸同贵州军事史·凡例[M]//贵州省文史研究馆．续黔南丛书：第2辑(下)．贵阳：贵州人民出版社，2012(后面凡引用凡例的不再作注)。

❷ 贵州省文史研究馆．续黔南丛书：第2辑(下)[M]．贵阳：贵州人民出版社，2012：40.

❸ 杨恩元．咸同贵州军事史·跋[M]//贵州省文史研究馆．续黔南丛书：第2辑(下)[M]．贵阳：贵州人民出版社，2012：1238.

样，增加了大量《平黔纪略》没有记录的内容，使得该著史料丰富，论述更翔实。

再次，凌惕安指出："《平黔纪略》既为清代设局专修之书，立场不同，取舍自异。兹一本历史之眼光，公明之态度以逆之。纯处于超然地位，无从前人我偏私之见。"两者一个是官修，一个是私人著述，表明自己采取了更客观公正的态度修史。在其著作中，他的确能抛弃陈旧的观点，站在比较中立的立场，摒弃封建统治者称起义军为"贼"、为"匪"、为"逆"，"平叛""靖"等的立场，采取比较平实的语言，把起义军看成是与统治者对等的交战双方，也不使用对少数民族歧视的字眼，品评人物和事件也尽量做到"有善必彰，有不善亦无庸诲饰"，以此对贵州咸同起义作了比较正面客观的评价。

另外，研究方法方面也有自己的特色。就材料取舍来说，注意趣味："其忠烈节义之士之传、状、碑、铭，及有关系之诗文、函牍、轶事、遗闻之类，则各为附录件系条缀，以资观感而增兴趣。"再则，注意对传统体例的吸收，如"司马迁创《十二诸侯年表》，简当明了，至今奉为极则。近世事物繁颐，统计分类深资利赖，本书于此尤三致意。"又如"昔人垂教往往取古人之事迹，可为法者，图其形状，使人观省，盖鉴其气貌，较诸空言记载者，为尤警切动人也"。与此同时，他还采取了现代性的表格，柱状图等多种研究方法。

最后，凌惕安有比较自觉的历史理论总结意识，他反复强调要"穷其原委"，寻找"前因后果"。任可澄也指出："抑惕安之惓惓，尤在著当时致乱之原，若所以拔乱之涂术，觊借镜于现代意至微而隰也。"❶他自己也直接论述了史学的功能："夫历史之记述，在明澈因果，辨别是非利病，以为当前之龟鉴。事实虽属已往，以视一时之言论与主张为尤重要。然则将足资借镜之事实，爬乱置遐，以贡献于国人。俾了然其因果，而思所以避免之，亦今世之要图也。"❷例如，在正文开端，他就总结了政权变迁规律："吾国数千年历史，汗牛充栋，已甚繁夥，故其递嬗之际，要不外一种现象所形成，即统治者自身之崩坏，被压迫者之起而反抗，桀黠者之乘时借势，攫取政权也。"❸又如他谈到评价人的标准："缘事实最富威权，人心自存公道，时无间于今昔，人无分于中外，只须（需）精诚毅力，光明正大，能为人

❶ 贵州省文史研究馆．续黔南丛书：第2辑（下）[M]．贵阳：贵州人民出版社，2012：37.

❷ 贵州省文史研究馆．续黔南丛书：第2辑（下）[M]．贵阳：贵州人民出版社，2012：460.

❸ 贵州省文史研究馆．续黔南丛书：第2辑（下）[M]．贵阳：贵州人民出版社，2012：457.

群求真正之福利者,无论何时何地,皆足动人观感,资人景仰,而不为时代所拘束也。"[1]这个评价标准在今天也还有其价值。

《平黔纪略》和凌惕安的《贵州咸同军事史》均是近代研究咸同起义的代表作,正如有学者所指出:明、清、民国发生在贵阳的大小战事散见于各种史册中,而专著仅见罗文彬的《平黔纪略》和凌惕安的《贵州咸同军事史》,要想写成一部有思想性、知识性、可读性的历史读物,绝非易事[2]。

---

❶ 贵州省文史研究馆.续黔南丛书:第2辑(下)[M].贵阳:贵州人民出版社,2012:467.

❷ 庞思纯.筑地烽烟[M].贵阳:贵州人民出版社,2016:124.

第四章　解放战争时期贵州史学(1946—1949)

抗战胜利后,内战浓云笼罩,蒋介石国民政府在大陆的统治进入最后一个阶段,这种时局氛围也影响到贵州的地方统治,随着国民党政府迁回南京,大批抗战期间来黔人员回到原籍,使得贵州失去了在抗战时的发展机遇,在这些因素影响下,贵州一方面处于更加黑暗的政治暴力之下,另一方面发展处于停滞状态。在史学领域,也出现了一些新的情况。

第一节　国民党高压统治下的贵州社会

抗战最后一年开始,先后掌舵贵州的是杨森、谷正伦,他们在风雨飘摇中穷尽所能,力图挽狂澜于既倒。

杨森于1945年1月接替吴鼎昌任贵州省主席,积极推行蒋介石的"新生活运动",进行"市政建设",修筑公路,重视文教体育事业。除在贵阳市筑体育场外,还在全省各县或建公共体育场,或建学校体育场。各行政督察区所在地,每年春、秋季都开区运动会。与此同时,全省各县基本上办起了中学。在贵阳市设立了图书馆、科学馆和省艺术馆。取消穿长衫,振兴农田水利建设,进行了一些促进社会进步的工作。

在政治思想与行动上,杨森紧紧追随蒋介石具有同样的反共本性。在民族政策上,他提倡"同化政策",施行民族压迫,组织了"贵州边胞文化研究会",目的在于使少数民族同化于汉族,消灭各少数民族语言、文字,服装及一切风俗习惯。杨森自己通过各种方式聚敛钱财,而他的军队军官、军佐和亲信爪牙,一旦"荣任"专员、县长,也就大肆搜刮,苛捐杂税,层出不穷。贩卖毒品,成为他们公开的副业,因而民怨沸腾。于是省参议会以杨森排斥异己,任用亲信,大肆搜刮、贪污成风等治理贵州劣迹28条向国民党政府控告。国民党当局迫于舆论,不得不将杨森调任重庆市当市长,结束了他在贵州的三年统治。

1948年5月接任贵州省主席的是谷正伦,贵州安顺人。上任伊始,谷正伦在人事安排上围绕个人权力利益为中心,综合权衡。1948年6月,谷正伦在省府委员会上提出"崇法务实、保境安民"的施政方针。为此,他通令全省各区、县实行"二五减租"[1]的政策,以增强农民对政府的向心力。与此同时,为消弭贵州的派系之争,在调整各县县长人选时,分别从各派系中挑选一两名较有才能的人士出任县长,以赢得各派系对他的拥戴。

之后,国民党在解放战争战场上节节败退,形势越来越紧张。1948年年底,谷正伦奉蒋介石电召去南京开会商讨加强战备措施。回黔后,一面积极扩充地方武装,在各专区组建独立团,要求按照"反共救国实施纲领"进行游击训练;一面加紧筹措军费,在全省开征百货自卫特捐,增收百货营销税和食盐附加税[2]。1949年,谷正伦筹集"反共应变"经费,大力扩充反共武装,决定再开烟禁,又在全省鼓励公开种植鸦片。

在人民解放军渡江南进、全中国即将解放之际,谷正伦仍然妄图负隅顽抗,制订了"贵州省戡乱救国应变计划",内容分为临战时期和接战时期两部分。规定临战时期各县县长应在省、专区和师以上部队长的领导下负责组织训练民众,扩充地方武装力量,建立和健全县自卫总队的组织机构,要求做到区有大队,乡有中队。

谷正伦在逃离贵阳前夕,开始陆续杀害了许多共产党、团员及爱国民主人士。11月11日,更是将长期监禁的刘家祥、乐恭彦、杨光文、金芳云、杜蓉、戴绍民、高言善、刘端模、陈默、金春祺、毛克诚、柏辉文等二十多位中共党员和革命者秘密屠杀。这就是当时震惊贵州省的"双十一"惨案。

11月14日,时任八十九军军长的刘伯龙到贵阳,将参加过护国、护法之役,担任过黔军总司令与省长,在贵州享有盛誉受谷正伦委托维持贵阳社会秩序的卢焘杀害,谷正伦知道后愤恨交加。于11月18日派人将刘伯龙枪杀于晴隆县政

---

[1] 所谓"二五减租",是指出租土地的地主与佃农之间秋收后粮食的分成比率,就是将秋收的粮食产量先提出25%给佃农,剩下的75%由地主与佃农平均分配即地主只能得总产量的37.5%,佃农应得62.5%。

[2] 即按每百斤食盐增收银币一元。

府大礼堂。这是国民党统治贵州的最后一幕。见大势已去,谷正伦即由安龙逃到昆明,最后逃往台湾。

在经济方面,抗日战争结束后,随着四大家族资本重心的东移,贵州的官僚资本企业有些缩减。1948年,官僚资本的工厂由1943年的27家降为19家,属于四大家族投资的“国营”工厂17家,“省营”的两家,但是仍然控制着贵州的国民经济命脉[1]。

解放战争时期,美帝国主义通过四大家族垄断国内市场,通货恶性膨胀,苛捐杂税一增再增,物价飞涨,市场购买力不断缩小,社会经济濒于崩溃,贵州的民族工商业日益衰败。1945年9月,全省民营工厂有174家,至1946年1月,有16家外迁,60家歇业。按《工厂法》核准的民营工厂,1948年降为66家,1949年再降为26家。随着民族工商业的凋敝,到1949年前夕,全省工人不超过3万人,其中产业工人只有3000人左右[2]。

随着贵州时局的变化,贵州史学的发展也受到严重地影响,浙江大学与大夏大学搬离贵州,抗战时期一些刊载史学的刊物搬离了贵州,贵州本地高校史学在形成之中,总之,此期贵州史学延续了抗战时期史学发展的一些特征。本章特别考察了新中国成立前贵州最大的文化企业文通书局对史学的贡献。

第二节 解放战争时期的贵州史学

贵州在抗战时期建立了三所大学,即国立贵州大学、贵阳医学院、国立贵阳师范学院,其中国立贵州大学与国立贵阳师范学院有史地系的设置。在抗战时期,这些本地学校由于刚刚建立,就学术研究来说,到解放战争时期有了更多关注的可能,这里以这两个学校为主,考察解放战争时期贵州史学发展情况。

一、国立贵州大学历史研究

国立贵州大学于1942年5月国民政府行政院决议成立,当时学校设有文理、

❶ 杨开宇,廖惟一.贵州资本主义的产生与发展[M].贵阳:贵州人民出版社,1982:150.

❷ 周春元,等.贵州近代史[M].贵阳:贵州人民出版社,1987:330.

法商、农工3个学院,13学系。文理学院于1942年5月奉教育部令设立,初期设有5学系,即中国文学系、外国语文学系、历史社会学系、数理学系和化学系。解放战争时期,国立贵州大学进行历史研究的情况可以从校级的研究机构及历史社会学系等不同层级进行考察。

1. 国立贵州大学研究机构与史学研究

解放战争时期,贵州大学进行历史方面研究的校级机构有国立贵州大学文科研究所,该所奉教育部令成立于1945年秋,分为中国文学部及西南文物研究部。因经费困难,于是先成立中国文学部。经教育部令聘请任可澄为研究所所长。不久任可澄去世,由任泰[1]继任。

当时研究所侧重西南文物的研究。有研究员德籍教授鲍克兰与助理研究员杨汉先,两人曾分别到省内各县考查,对边疆民族的语言、风俗习惯、历史状况均有专题研究报告,并搜集了部分文物资料。所存文物资料因1953年院系调整而星散无存。在前文杨汉先已被介绍过,这里对鲍克兰在贵州的民族史研究作一介绍。

鲍克兰,德国巴伐利亚人,在德国学习社会学,留学伦敦大学专攻民俗学。1934年随丈夫来我国上海行医。次年丈夫罹患阿米巴痢疾去世,她将丈夫遗体送回法国,将一子一女留在德国后,又返回上海,从事东南亚地区及中国少数民族的习俗考察。1937年我国爆发全面抗日战争,她跟随复旦大学内迁到四川宜宾,不久接受贵州大学聘任,来到花溪,教授德语和法语。其业余时间则从事贵州的少数民族考察研究,苗族与仡佬族是她考察重点。1947年秋在她的倡议下成立了"西南文物研究所",所址设在花溪的小寨(现荣军疗养院附近),杨汉先、杨在先等参与其中。由于各种原因,该所于1948年秋不宣而停。1949年后,她将所收集的图书及实物资料都交给了当时的接管部门,1951年离开贵州。

在贵州期间鲍克兰发表了一些研究成果。首先是调查报告。在贵州期间,鲍克兰作了很多调查,其中有的写成了调查报告,如在1940—1941年曾进行田野调查。1946年撰写出《贵州仡佬族的历史与现状》[2]报告和文章,该报告前半

---

[1] 任泰,字东伯,任可澄长子,美国欧柏林大学学士,哈佛大学奖学研究员,时任贵州大学外文系教授兼教务长。

[2] 鲍克兰.贵州仡佬族的历史与现状[J].中国文化研究所集刊,1946(5).

部分是对仡佬族历史记载的回溯，后半部分为仡佬族现状的分析。后与杨汉先等人对贵州苗、仡佬等少数民族开展田野调查工作。所写报告囊括了历史时期仡佬族的发展历程及其与亚洲相似族群的文化关联等内容，具有十分重要的学术意义。并据此发表了《中国西南的部落文化》一文，被认为“对贵州仡佬族的调查与研究，是目前所能见到，为数不多的几份民国时外国人研究仡佬族的成果”[1]。鲍克兰在展开对仡佬族田野调查的同时，还追述了族群的发展历史，并做了详细的归纳和梳理，其中包括唐代獠族与仡佬之间的渊源关系。另外，在华西协合大学所办的《中国文化研究所集刊》上，她发表了一些文章。《贵州安顺坝苗之服装及刺绣图案》介绍了当时安顺地区所见到的坝苗男女的服饰及刺绣图案特点。此外还有《贵州安顺普定诸县之仡佬及其历史》《贵州的铜鼓》等文章发表。

离开贵州后，鲍克兰仍然发表了一些在贵州调查研究基础上的成果，例如《贵州大花苗》(1954)、《云南大花苗的一个村庄》(1954)、《中国西南部贵州省的中国九个部族的文化特点》(1956年)、《黔东南苗族文化结构》(1960年)、《贵州东南部的苗族及其文化结构》(1960年)等多篇论文或著作。

2.《贵大学报》及其史学研究

根据《第二次中国教育年鉴》[2]记载，国立贵州大学的学术研究工作从学校成立以来未间断过，除文科研究所集体研究和各学系学会组织外，有文社、诗社、三民主义研究会、会计学会、南洋问题研究会、中国边疆问题研究会等，所编刊物有《法律科学季刊》《法律顾问》《农业经济季刊》《银行月刊》及各系系刊等数十种，文科研究所研究报告和《贵大学报》各1种。发表史学文章的有《贵大学报》。

《贵大学报》创刊于1946年9月，由贵州大学学报编撰委员会编辑，教务处出版组出版。《贵大学报》应为文理综合性学术期刊，而每期又为专业性学术期刊，首期为文史号，之后应该是法学、理工和商学专号、但目前仅见第1期文史号，其后是否按计划出版不得而知[3]。

《贵大学报》栏目设置分论著、诗录、文录、遗著等，论著9篇，其中有史学论著3篇，包括：姚公书的《三五时代之代表人物及其地理环境》、钱堃新的《中国哲

---

[1] 荀爽．德国学者鲍克兰的仡佬族研究[J]．民族史研究，2015(1)．

[2] 教育部教育年鉴编纂委员会．第二次中国教育年鉴(二)[M]．上海：商务印书馆，1948．

[3] 马宇红．中国大学学报发展简史[M]．兰州：甘肃科学技术出版社，2013：161．

学史论丛》、李独清的《刘向别录考释》。文录7篇中有史料3篇，包括王焕镳辑录的《南岳国军第七十四军殉难将士公墓碑》《国立浙江大学教授吴君墓志铭》，钱堃新辑录的《冬饮先生行述》。另有遗著5篇，全为任可澄撰述，为《贵州土民总说》《鬼方考》《红岩访碑记》《赵公德昌传略》《林自清传略》。《贵大学报》这11篇比较狭义意义上的历史研究文章并不具有完全一致的主题，5篇遗著可谓贵州地方史研究，3篇文录可以认为均与抗战有关，另外3篇可谓一般性研究。就体裁来说，人物研究为多。李独清与任可澄为贵州本地已有成就的史家，另外几人是随抗战内迁人员。

《三五时代之代表人物及其地理环境》一文，在列举各种三皇五帝的说法基础之上，姚公书不局限于三五数字之限，认为伏羲、神农、黄帝三帝为古帝东迁最有关系，而尧、舜是洪水以来，与东迁古帝关系最显著的苗裔。主张中华民族西来说，但是不是西方所谓中华民族西迁自巴比伦、埃及、中亚细亚，我国先民发祥之地为黄河流域上游，东迁至黄河流域下游，这样有5个地区为先民生殖繁衍的文化孕育之区。伏羲、神农、黄帝皆出于华岷地区而分别东迁至泰峄区、荆峒区、嵩崤区，洪水之中，霍恒地区成为尧、舜、禹诸部避难之所，也逐渐演变为政治中心，他详细论述了相关地区的地理面貌及古帝倡导的物产、文物制度。最后他指出："我国今日文化与西方截然不同者，正以我国文化孕育甚早，不假外力，故能有此特殊之优点而成立一单独文化系，西儒自尊，囿于管见，既倡华族西来说，又主文化同源论，吾国学者不考其源，穷其本，而惑西儒之说，从而附会之，不仅甘受其欺，亦且自污其祖矣！"[1]一方面其观点可谓当时古史研究的组成部分，针对近代以来中国民族文化西来说，结合历史、地理知识提出了自己的观点；另一方面结论或许可商，但其爱国的情怀已溢于言表。

《中国哲学史论丛》是由几篇哲学史论组成。第一篇为《哲学史世篇》，作者钱堃新指出"儒学者，我国哲学之主也，诸子与西方之学，儒学之辅也，其诋排攻难，寖盛寖衰，皆所以陶铸砥砺，使日益光大者也，此之谓哲学之宗与元"，依据这个观点，他将中国哲学史分三个时期：自伏羲时至东汉之亡，3000余年为上世，是儒学创成世；自魏文篡汉至明神宗初元，1352年，为中世，是儒学印化世；自明

[1] 姚公书. 三五时代之代表人物及其地理环境[J]. 贵州大学学报，1946(1).

神宗之初至近今，371年为近世，为儒学欧化期。他批评说："又以为吾国无近世哲学，又虚辞无实据。夫列国之今世英法长而日苏短，其哲学时期，亦必不齐，彼二国之人，曷偿以是自贬也，吾国近世学术，始萌而中晦，哲学时期，又短于日苏云尔，安得遽谓之无？且中西哲理，本自殊异，百年中儒先所已言，旨趣纵不似欧人，宁非近世所宜言耶？若必同声一味，然后为近世哲学，则前世哲学已不能同，得谓吾国本无哲学乎？"可以看出，钱堃新哲学史与胡适截断众流的哲学史是不一样的。此外，还有《经学世变论》《孟荀言性论》《荀子守天守道解》等篇。

李独清的《刘向别录考释》属于考据文章，该文首先梳理了自唐朝以来，学界将刘向的《别录》和刘歆的《七略》混为一谈的历史发展脉络，指出"别录者，刘向等校定群书，论其指归，辨其讹误之叙录，别集而成者也。七略者，刘歆取别录所载，并加增补，总括群篇，撮其旨要，种别而成者也。别录为提要之祖，七略编目之宗。别录之非七略，灼然可别，不能以自昔称者相乱，遂不加别白"[1]。不仅强调了是两种不同的书，而且指出《别录》与《七略》的关系。其次是他根据严可均、马国翰、姚振宗三人关于《别录》和《七略》研究，或"爬梳"，或"发挥旧说"，或"自断新义"，对《别录》留存的全文和佚文进行了重新考订。

《南岳国军第七十四军殉难将士公墓碑》《国立浙江大学教授吴君墓志铭》《冬饮先生行述》三篇文章可以视为均与抗战有关联。《南岳国军第七十四军殉难将士公墓碑》是为被视为"抗日铁军"的七十四军殉难将士写的墓志铭，历述该军七年之间辗转各地浴血抗日的战绩。《国立浙江大学教授吴君墓志铭》的主人不愿谋职于伪政府，觉得在敌伪统治下"不可以一日居"，毅然卖尽家当，加上学生资助，带领家人，赴贵州遵义浙江大学应教职，受尽三个月旅途艰辛，竟卒于旅舍，距浙大仅有一天路程。《冬饮先生行述》中冬饮先生则是王伯沆，著名的国学大师，作者老师，去世于日本控制下的南京。

任可澄的《贵州土民总说》《鬼方考》《红岩访碑记》《赵公德昌传略》《林自清传略》中两篇传略均是研究参与镇压贵州咸同大起义的人物。《贵州土民总说》是为《贵州通志·土民志》而作，考辨贵州少数民族的渊源演变。《鬼方考》一文，不同意王国维等人关于鬼方所在地的判定，坚持鬼方在今西南的主张。《红岩访碑

[1] 李独清．刘向别录考释[J]．贵大学报，1946(1)．

记》是任可澄记录其偕同诸友,亲至贵州省内著名古迹红岩碑进行实地调查的情况,他认为红岩碑上的图符是爨文,“兹地自汉以来,久为卢鹿族属地,或竟出于此族”。

总的来说,《贵大学报》延续了抗战时期期刊特色,从前面的论述可以看出,此时史学一方面体现出抗战史学余绪的特征,仍然关注民族的兴亡问题,另一方面考据史学有其地位。

3. 国立贵州大学历史学系及其历史研究

国立贵州大学历史社会学系,分历史和社会两组,分别按组开设专业课程。1945年历史社会学系奉教育部令改为历史学系。设置的课程有中国通史、中国近世史、西洋通史、西洋近世史,西洋断代史、西洋国别史、亚洲诸国史、专史,此外尚开有史学专门课,即史学概论、中国史学史、史学方法、史学名著选读等。

其中,西洋断代史课程分设上古史、中古史、文艺复兴至法国革命史。西洋国别史课程分设英国史、美国史、德国史、法国史、希腊史、罗马史,在西洋断代史和国别史中由学生选修2~3门课程。专史课程分设中国文化史、中国近代外交史、中国法制史、中国政治思想史、西洋文化史、西洋外交史,由学生选修1门。

历史学系设置系主任1人,1949年以前先后由姚公书、黎东方担任,先后聘请的历史学教师有李独清、姚薇元、张振珮、范介萍、刘方岳、邝炯燊等人。

另外文史专家张廷休在1942—1949年任职贵大校长期间,曾聘请历史学家柳诒徵、任可澄为特约讲座。

总的来说,当时的历史学系虽然聘请了一些知名教授,但历史学系的研究还处在一个逐渐积累的阶段。因为在一个动荡的年代,人事变化比较频繁,很多学者为生活奔波无力从事创作研究;另外,贵大文理学院历史社会学系自1942年5月奉教育部令设立成长起来,时间短暂,很多教师必须专注于教学或者还处在学术研究的起步阶段。下面就一些教师的历史研究作介绍,其中李独清已经在前面论及,这里不再赘述。

(1)姚公书及其历史研究。

姚公书(1898—1981),字仲勋,号琴友,江苏兴化人。出身世医家庭。16岁时父母先后去世,寄居其伯父家。1918年在江苏兴化县立高小毕业,考入扬州省立八中。1922年进入南京金陵大学。1925年转入东南大学深造，毕业后留校作历史助教，助理系务，讲授秦汉史。1938年受聘为湖南国立蓝田师范学院史地系讲师。先授中国通史，不久兼开中国沿革地理课程，1940年升为副教授。1942年著《中国沿革地理详图》出版，同时升聘为教授。

1945年被贵阳师范学院聘为史地系教授兼系主任。半年后，便到贵州大学历史社会学系任教授兼系主任。除讲授中国古代史和中国沿革地理外，还开设宋史、明史课目。1948年，编《中国沿革地理详图补编》一册，在贵州大学出版组选印一部分。1953年院系调整，贵州大学历史系合并到贵阳师范学院历史系，他到贵阳师范学院作历史系专任教授。1956年，他出任师院历史系主任，并于该年由周春元、曾昭毅二人介绍，加入中国民主同盟。1957年，加入中国共产党。1959年，贵州大学恢复，再到贵州大学任历史系主任职务，努力培养青年教师，带领他们从事贵州省社科研究重点项目《战国策订正》工作。1981年8月，在贵阳病逝。

(2)黎东方及其历史研究。

黎东方(1907—1998)，著名历史学家，河南正阳人，出生在江苏省东台河垛场，谱名智廉，后来曾用过黎洁、时偕两个笔名。东方是他留学法国护照上用的名字，以后一直未改。1911年进入戴氏学塾读书，学习四书五经。9岁学习英文。稍长，负笈远游。1922年夏天，考进南洋大学附属中学一年级。1924年冬，在上海见到了孙中山，因此成为三民主义的忠实信仰者。1927年考入清华大学。1929年，清华的学业还未结束，便到法国留学，成为著名史学家塞诺波的学生。后来在系主任金纳拜儿的鼓励下选修法国近代史，师从法国大革命史专家马第埃先生。1931年通过了博士论文答辩，被授予巴黎大学博士学位，附以“最荣誉记名”，成为20世纪以来第一位获得此项荣誉的人。8月回国，在北京大学、清华大学主讲历史哲学、法国大革命史和西洋通史。“九·一八”事起，黎东方因为支援东北义勇军，不容于国民党北方当局，南下转任广州中山大学教授。1937年，到开封任东北大学教授，进入全面抗战时期后，随校迁移到西安，再迁三台。1939年，应成都中央军校邀请，对少校以上军官讲演战史。又应教育部长陈立夫之聘，至重庆主持史地教育委员会工作，兼为大学用书编辑委员会常委，迄于抗日胜利。在此期间，又在中央大学、朝阳大学、复旦大学兼课。1947年9月，任纽约布鲁克林学院客座教授，兼任私立亚洲研究指导教授。

1948年，归国后任国立贵州大学历史学系主任、教授。1949年，再次赴美。他在1949年以前出版了《先秦史》《中国战史研究》《中国历史通论远古篇》《中国历史通论春秋战国篇》《民族伟人孔子》等史著。

黎东方是现代讲史第一人。1944年9月，在“陪都”重庆闹市区一家剧院门口，接连十天，人头攒动，盛况不衰。这是黎东方在这儿开讲“三国”。那时没有电视转播，听众只有买票一场一场地去听，尽管一张门票要法币40元(当时相当于2美元)，价格不菲，但照样听众踊跃，欲罢不能。

黎东方借用“说三分”的民间口头文学形式讲三国故事，但他说的是历史，既不虚构任何一个人物，也不虚构任何一个故事，而是广泛地从各种史书史料中搜集素材，按需而取，巧妙地贯串起来，以生动活泼、引人入胜的语言铺展开去，竟然吸引了无数听众。黎先生的讲史从重庆中心扩展到近郊，其后又在泸州、成都、贵阳、昆明等地掀起高潮，讲史的内容，从三国到清朝，由清朝到唐朝，成了一时热点。黎东方的讲史盛举，使史学著作增添了一种新的体裁——黎东方讲史，又称细说体，但是这种讲说体成为文字记录的方式存在，据说最初是与贵州有关。

黎东方“讲史”的轰动效应，还有个广为流传的“包飞机”的段子：在他卸任贵州大学历史学系主任时，要从贵阳去香港。当时机票相当紧张，航空公司的职员对他说，飞机票是肯定没有了，除非你包一架飞机。一架最小的飞机也有24个座位，包机就要付来回48个座位的费用。那人只是随口说说而已，没想到黎东方却当了真。他回去后连续讲了三晚三国，又讲了一晚武则天与慈禧，终于用960张门票的钱，付清了一架从贵阳到香港包机的费用。为了报答出钱帮他包机的贵阳听众，黎东方特别破例写了简要的三国故事大纲，连续六天，每天印一张报纸，折成六本十六开的分册，题为《新三国》，每分册卖银圆五分。《新三国》面世后被一抢而空，这就是日后“细说体”的雏形，也可谓黎东方日后系列“细说体”首次刊印之作。

(3)范介萍及其历史研究。

范介萍(1906—1962)，字子微，贵州安顺人。生于一个世代虔信天主教的家庭,洗名斯德望。父范义顺,字瑞清,洗名方济各;母秦素贞,洗名安纳。全家生活主要靠制作粉条、荸荠粉等维持。13岁入贵州天主教办的教会学校。1919—1929年,先后完成了小修院、中修院、大修院三个阶段的学业。1930年,由贵阳天主教会选送,随法籍教士谭尚德至巴黎圣苏尔比斯大学攻读神学。学习期间,加入了国际反法西斯组织,对世界和平事业做出过一定贡献。1934年毕业,晋升为神父,被圣苏尔比斯神父会吸收为会士。1935年9月,由圣苏尔比斯会遣送罗马圣额我略大学神学系继续深造。1936年6月,取得神学博士学位,为贵州天主教该领域第一人。1936年8月,范介萍由法归国,到昆明大修院任教。1938年与院长意见不合,回到贵州。1943—1944年,到贵州惠水天主教会传教。1944—1945年,在贵阳天主教会大修院主讲神学。1945—1946年,在程万中学做国文、地理教员。1946年,任贵阳真福堂坐堂神父。1947年,应贵州大学聘,讲授古罗马史和法国近代史,是贵州天主教教士在国立大学任教的第一人。1949年11月,他根据党的方针政策,积极和教育界人士共商继续办好程万中学。

范介萍多年从事神学和西洋史的研究,学术上有一定成就,除写一些宗教神学论文外,也有关于宗教方面历史的研究,例如《贵州开教以来大事年表》《贵州天主教百年大事记》《贵州传教历史鸟瞰》等。也有翻译的历史著述,如贵阳教区主教兰述与范介萍合译《贵州代牧区成立百周年纪念》等。

《贵州开教以来大事年表》❶一文指出贵州早有敬礼十字架,但不知何时传入。然后梳理了自1575年,也就是明万历年间贵阳属于澳门主教区开始,至1946年3月27日贵阳成立教区百年纪念之间天主教在贵州传播的大事。而《贵州传教历史鸟瞰》❷则是在前文的基础上进一步的总结研究。该文认为贵州传教史可以分为三个时代,自开教至1846年是萌芽时代,1846—1900年是建设时代,1900年始是第三时代,社会进入现代历史范围,此期贵州教务进入"平静",是"缓缓地建设,工作偏重于保守"。对每个时代传教事业发展的特点和情况进行了具体梳理。这些研究是对贵州天主教较早较系统的研究。

1941年为适应战时需要,教友刘益在贵阳教区主教、神长、教友支持下,在贵阳创办《世光杂志》,由刘益、朱稼陆、钟鸣谷、邓汲谦、陈道南、戴溯希等组成编

---

❶ 范介萍. 贵州开教以来大事年表[J]. 世光杂志,1946,5(5-6).

❷ 范介萍. 贵州传教历史鸟瞰[J]. 世光杂志,1946,5(5-6).

辑委员会,刘益负责主编。两三年后,刘益离开,范介萍继任主编,之后《世光杂志》又发表了多篇有关宗教建设的言论。这些言论多出自范介萍。《世光杂志》浸渍了他不少心血。杂志经费来源于教会、神长、教友赞助,时感拮据。《世光杂志》带有宗教学术性质。先为双月刊,后改月刊,贵阳天主堂世光杂志社编印,1941年7月创刊,至1949年2月停刊,出版了卷1至卷8第2期。开始简单分栏目,包括传教问题讨论,教务报告等栏目,后来就不分栏目,多不能按期出版。提倡仁爱和平,反对侵略压迫。围绕抗战,发表过不少激励同胞打击日本侵略者的文章和揭露日寇暴行的通信报道,如于斌主教的《告全国教胞书》等。有关于科学,文化方面的文章,信息,如张永立博士的《地球的生老病死》、江道源神父的《祝科学明星伽利略三百周年纪念》、韩文瑞神父译的《宇宙的新闻》等,有助于读者科学知识的增长和研习科学的兴趣。而关于教会历史的研究也是其组成部分,除了前述范介萍的著述外,还有无名氏的《贵州教区首任主教》、德望的《百年前贵州开教史》、子微的《印度思想与初期佛教思想概观》《印度思想与佛教起源》、戴参化的《湄潭县传教小史》等文章。

(4)张振珮及其历史研究。

张振珮(1911—1988),字玄默,人称文正公,晚号守拙斋主人。安徽滁州人。5岁启蒙,1928年肄业于县立中学,旋即在滁州小学执教。1930年考入安徽大学文学院中文系,师从姚仲实、罗根泽、周予同等著名学者。在校期间,曾应柳诒徵之邀,参与安徽先贤教科书的编纂,负责管仲、朱熹等十余人的传记,以专题论文形式相继刊发于颇享盛名的《学风》杂志。1934年,获文学学士。之后执教于新疆学院、新疆女子学院、贵阳师范学院、贵州大学等学府,历任讲师、副教授、教授、兼职教授等职。开设过《中国古代史》《中国史学史》《中国中古史》《中国通史》《中国近代史》《史学概论》《中国史学名著选读》《中国历史要籍介绍》《史部目录学》《古典文献学》《社会发展史》等课程。长期从事中国古代史和古代文化的研究工作,抗战期间出版了《成吉思汗评传》,1948年又出版了《左宗棠传》一书,这些著述均为现代学术力作。

《成吉思汗评传》由中华书局出版于1943年。书出版后,销售一空,以后3年之中3次再版。该书除绪言外,由上、下两编共12章组成,博采西方图书及蒙文图籍，详细考辨传主境遇、家族渊源、一生功业事迹，证之以元人典章文物、制度风俗，叙事及评述均称翔实。他将成吉思汗一生的功绩概括为“扩大人类的世界观”“促进中西文化的交流”“创造民族新文化”三个方面。在这三个方面的功绩中，学界谈得最多的是促进中西文化交流问题。对于第一个方面，张振珮认为，在成吉思汗之前，无论是东方还是西方，对于世界的认识都很狭隘，甚至“卑视其周遭以外之远方”，“自汗西征以后……两方人民亦渐知宇宙之大，固不仅限于过去视线所及之狭小范围，尚另有一玮奇瑰丽者滋长于另一方面”[1]。所以他认为，是成吉思汗拓展了人类的世界观。对于第三方面，他指出成吉思汗：“使我大中华民族融冶于一炉，并因混居杂处之结果，使我民族输入一种新的血液，厥功亦至伟大。”[2]有学者高度评价了他对成吉思汗的研究：“学界对于成吉思汗的研究及评价可以说是叹为观止，但对成吉思汗研究和评价最全面、最深刻也最有学术意义的，张振佩先生应是最杰出者之一。”[3]

《成吉思汗评传》出版于抗日战争时期，是有着有意识的现实旨趣的。该书前有曹经沅写的序言，他指出该书“即如述汗之世系，历举元世先祖派衍之迹，上追达二十世，归结于异支同源，不仅补旧史之缺，且亦足为全民团结之助。叙汗之武功，则务从平实，而读者感于声威所暨。在此神圣对外抗战中，更足发扬固有之国光，增进邦人诸友最后胜利之信念。至其论汗之功烈，则一以影响文化进步之程度为衡，剖析其成功原因，则以足资后人借鉴为归”[4]。

《左宗棠传》一书由中华书局出版于1948年。该专著是从1937年第一部左宗棠专著的出现，到1949年为止的20多年时间，左宗棠研究的七部有名专著之一[5]。该书正文6章，研究了左宗棠一生的经历事迹，特别是其收复新疆建设新疆的功绩。而该书最主要的部分却是书后“附录”，即左宗棠年谱，以10卷232页的篇幅远超正文45页的内容[6]，这种布局也是别具一格。

---

[1] 张振佩．成吉思汗评传［M］．上海：中华书局，1946：116．

[2] 张振佩．成吉思汗评传［M］．上海：中华书局，1946：119．

[3] 吴团英．论草原文化创新发展的历程、表征及其路径选择［J］．内蒙古社会科学：汉文版，2016(6)．

[4] 曹经沅．成吉思汗评传·曹序［M］//张振佩．成吉思汗评传．上海：中华书局，1946：1．

[5] 梁小进．左宗棠研究著作述要［M］．长沙：湖南大学出版社，2012：136．

[6] 张振佩．左宗棠传［M］．海口：海南国际新闻出版中心，1993．

(5)张廷休及其历史研究。

张廷休(1898—1961),字梓铭,回族,贵州安顺人,自幼家境比较贫苦。1919年,毕业于安顺县立中学,同年9月考入南京高等师范学校国文史地部,后又入南京东南大学(中央大学前身)文史系,1923年以文学学士毕业,为上海暨南大学聘用。1927年后,先后在国民革命军四十军、南京卫戍司令部政训处任职。1930年,任河南省政府秘书长。1933年,出国留学,先后入英国伦敦大学和德国柏林大学,学历史和经济。回国后当选为国民党第六届中央执行委员,先后任财政部专员、中央土地委员会副主任。1938年6月,任国民政府教育部主任秘书,并成为教育部成立的史地教育委员会当然委员,第一届边疆教育委员会委员。1941年5月,任教育部蒙藏教育司司长。

1942年8月起出任国立贵州大学校长兼史学教授,并任正中书局总经理。1945年1月,任贵州省政府委员。1949年离开贵州大学去香港,后转台湾。张廷休是"民国时期全国大学校长中唯一的回族校长",也是民国时期199位国立大学校长中唯一的贵州籍学者。

与贵州本地绝大多数史家偏重以传统方法研究史学或偏重地方文献研究相比,张廷休属于那些出省学习,而能与全国史学研究同其步调的少数学者之一,并且是近代以来贵州籍较早学者之一,其研究的领域也是贵州本地学者很少涉及的世界史。早在其大学时代就开始发表论文,如1922年在《史地学报》第1期上发表《欧洲大学起源考》,1923年在《史地学报》第2期上发表《英国经济史大纲》,1924年在《史地学报》第8期发表史学译著《近五十年历史的讨源述略》等。1928年编撰出版《近代革命史概要》《近代革命纪念日》,两本书均由民智书局出版。《近代革命史概要》一书共8章,分别介绍了英国革命、美国革命、法国革命、俄国革命、德国革命、土耳其革命和中国革命等,分析了这些革命的背景,经过及结果,并指出,"帝国主义必然是一切革命之最后障碍,在中国格外显示的明白"[1]。《近代革命纪念日》一书则介绍了中外重要纪念日25个,中国的多为民国初年的大事,外国的有巴黎公社起义、美国独立日等。

民智书局于1929年又为其出版了《民生史观》一书,全书分民生史观与唯物

[1] 张廷休.近代革命史概要[M].上海:民智书局,1928:163.

史观、民生史观的科学基础、民生史观与社会进化、民生史观与民族团结4章。

抗日战争爆发后，他将研究主题逐渐转向西南边疆的民族、教育问题，紧紧围绕抗战建国这一时代重任展开。1939年，《中央周刊》刊载他的文章《苗夷汉同源论》指出："苗夷与汉族，同是中华民族的一份(分)子，文化的水准虽不免少有差别，生活的习惯亦有种种不同，但与汉人的关系，宛如一个家族的分房，绝对不能看作两个民族。"[1]1939年5月又发表《再论夷汉同源》，继续阐发汉苗同源论思想。文章开篇即指出部分学人将苗夷视为汉族以外的民族是根本错误的，要加以纠正。他认为夷汉是一家，是同源的民族。并从语言、传说、历史、体质各方面的事实来一一论证西南地区不存在民族问题，夷汉是同源的。

他发表的有关边疆民族与教育问题论文比较多，包括《边疆教育问题》《边疆教育与民族问题》《西南民族问题与边疆教育》等。有些文章也会涉及民族历史及相关问题，如《边疆教育与民族问题》[2]一文回顾西方民族有优劣之说的由来及荒谬，指出中华民族的包容性及开放性，中国没有少数民族问题，强调夷汉同源，引经据典予以论证，最后得出结论说："我们的边区各地，绝对没有什么民族问题，只有教育的问题。边地人民生活穷苦，儿童到应该入学的时候，正是父母需要他的劳力来帮同耕牧的时候，即便建立学校，他是无法进去的，何况学校是那样的少。其次边徼地方，因交通不便，与内地隔绝过久，人民的生活习惯语言信仰等自然有不少的变异，骤然令其受教，困难既多，效果亦微"。这些论说既与历史知识密切相关，也有亲往西北及西南的考察所得，很多观点在今天仍然具有价值。例如他在谈到边疆的文化教育时，认为应该分两种不同的方向，"其一，对于文化水准过低之区，首要发动文化的'启明运动'"，其二，"对于文化体系殊异之区，应作'民族文化的交流运动'"，因为"民族盛衰，与民族文化之健全与否，关系至巨。民族文化须有充实美满统一完整之体系，始合乎理想，臻于至善，吾人于民族文化交流运动之中，撷取各单位文化之精英，取长舍短，调和揉(糅)合，融炼为美满无疵之中华民族文化"[3]，这一观点与当时民族同化的观点是不一样的，有其合理性。当然，他更多的观点与当时国家形势政策保持了高度一致性，表明

---

[1] 张廷休．苗夷汉同源论[J]．中央周刊，1939(1)．

[2] 张廷休．边疆教育与民族问题[J]．学生之友，1941(1)．

[3] 张廷休．边疆与教育[M]//汪洪亮，等．民国时期边疆教育文选．黄山：黄山书社，2010：102．

他对国家、民族前途关注的同时,强调中国历史上没有民族不平等等观念则有些绝对了。

二、国立贵阳师范学院历史研究

国立贵阳师范学院创建于1941年7月,是贵州省最早成立的高等学府之一。1950年更名为贵阳师范学院。1985年经省人民政府批准更名为贵州师范大学沿用至今。

国立贵阳师范学院成立时,设有史地科,学制3年。在史地科学习的学生34人。1944年7月,学院又将史地科改为史地学系,学制4年。到1947年年底,史地学系学生68人。在抗战及其之后的解放战争时期,时局动荡,且学院处于建设时期,偏重于教学经验的积累,因此,就史地系教师的学术研究来说,一方面,当时很多师院的教师也在其他高校任职过,如姚公书、李独清、王驾吾、黎东方等,因在研究别的高校时已经研究过,这里不再多述;另一方面,一些后来很出名的学者,当时才出校门,处于学术积累的阶段,例如周春元1948年才应聘到师院。这里介绍一下不属于这两种情况的文史教师邹国彬。

邹国彬(1880—1960),字质夫,贵州贵阳人,祖籍安徽桐城。出生于一个小商贩家庭。因家境贫寒,知所奋发,勤学好问,读私塾两年后,“四书五经”等古典文献,莫不通读熟记。12岁时即中秀才,18岁时中举,22岁毕业于贵州大学堂。曾先后任教于贵阳南明高中、贵阳中学、贵阳女中、贵阳女师等学校,周西城主持黔政时,曾做周的秘书兼家庭教师,抗战时期及其后,任教于大夏大学及国立贵阳师范学院,担任国文和中外历史课程教学。

邹国彬执教多年,以为国家培育人才为职志,不管在哪个院校,均兢兢业业于教学。知识渊博,在学术上,最重要的贡献是参与民国《贵州通志》的修纂。1936年8月1日,原续修贵州通志局改组,成立贵州文献征辑馆,使其成为“本省文献有系统之恒久机关”,为编审兼采访之一。1947年8月22日,贵州文献征辑馆改组,成立“贵州文献委员会”,为委员之一。邹国彬担任《土司志》《土民志》《职官表》《选举表》《杂志》的修纂。

作为历史的参与者和见证者,邹国彬著作了一些贵州当代史的文章,如《丙辰护国录》《周西成诗文自诩》《袁祖铭写照》《修文县龙冈山重修阳明先生祠堂碑铭》等。另外他进行了民族史研究，发表了长文《贵州土司沿革考》，在《贵州文献季刊》1938年创刊号，1939年第2、3合期，1940年第4期，1949年第5期上连载。该文较系统地考证和论述了贵州土司制度的沿革兴废，是民国时期研究贵州土司制度的重要著作。在文中，他阐述了自己的研究思路："余乃溯源流，稽史志，父老能道，百年之战迹如新，人民已非，一族之门风未远。值此牂牁再造，杞宋有徵，遐寻马迹蛛丝，胪列鳞沓骈坒。嗟夫！守成匪易，缔构尤难，苟有部落之凭，关系之重者，靡不摘要记录，余若小土司之未足枚举者，亦彙一表于后。"[1]表现了极强的学术责任感。该文与《贵州通志·土司志》有密切的关系，其中的很多研究具有重要价值，如其中有水东土司沿革的简要记述，便为水东文化研究的肇始[2]。

此外，国立贵阳师范学院史地系也举办一些史学活动，例如1944年下半年，学院史地学会邀请从桂林疏散路过贵阳的国际问题专家金仲华来院作抗战形势和国际形势的讲演。史地学会还请戏剧家熊佛西到学院介绍抗战时期的戏剧。

1948年年初，学院院刊编辑委员会出版了《国立贵阳师范学院特刊》。编者指出，"本院教授平日研究之心得甚多，故本刊之出版，即在提高学术研究之风气，记述本院之概况，以供社会教育人士之指导"，《特刊》属于综合性刊物，除登载院歌和院史外，有前教育部长朱家骅《大学生与大学生之使命》一文，以及学院教授们写的论文如吴学信《中华民国宪法与教育宗旨及其政策》，汪大铸《论海南岛之地理形势及其建省前途》及其他化学、体育等各方面的论文15余篇。其中有国文学系教授兼系主任王佩芬撰写的《关于杜预春秋长历之研究》可视为史学文章。

第三节　文通书局与史学发展

在贵州近现代企业与文化发展史上，贵阳文通书局具有不可忽视的重要地位。是贵州最早引进和使用机器生产的工厂，也是中华人民共和国成立前贵州

[1] 邹国彬．贵州土司沿革考[J]．贵州文献季刊，1938(1)：165.

[2] 何先龙．土司制度论稿[M]．长春：吉林大学出版社，2015：339.

省最大的编辑、印刷、发行机构,对贵州文化事业做出了巨大的贡献。

据不完全统计,从1909年文通书局创办,至1952年并入贵州人民印刷公司为止,在长达40余年的发展历程中,文通书局共出版各类图书500多种,丛书、丛刊30余种,出版承印报纸和杂志28种[1],编辑出版大型综合性刊物《文讯》月刊9卷,共58期49册。期间,贵阳文通书局由原来单一出版发行贵州地方文献,私家著述、年谱、家谱、族谱,“发前人之幽光,启后生之观感”的地方性出版印刷物为主的单位,逐渐成长为一个面向全国,编辑出版发行文、史、哲、经、教,理、工、农、商、法图书,大、中、小学教科书和参考图书,以及贵州地方乡土文献的出版单位。其编辑出版图书的内容极其广泛,是一个编辑出版专门学术著作与一般群众通俗用书并重,力求学术的社会化、全民化,以增进民众的民族意识、国家观念,阐扬民族固有道德,灌输现代知识为己任的西南地区最大的全国性的编辑出版企业,促进了贵州文化事业向现代化转化,乃至为全国的文化事业做出了巨大贡献。

在贵阳文通书局发展的过程中,作为贵州最大的出版印制图书、报纸、杂志的出版机构,承担了社会主要的出版印刷业务,其出版活动同样对贵州史学的发展起了重要的作用。

一、文通书局与史学图书出版

就文通书局管理方式的不同,可以将其图书出版分前后两个时期,分别考察其史学书籍出版情况。

1　前期史学图书出版情况

从其1909年建立到1941年6月建立起总管理处、成立编辑所这30多年的时间里,贵阳文通书局出版的图书在150种左右[2]。在历史书籍的出版方面,偏重于贵州本土文献图书出版。

首先是贵州地方志书,主要有:《瓮安县志》(李退谷修、朱勋撰)、《黔灵山志》(何素儒辑、陈春翔校)、《兴义府志》(张锳主修,邱汉勋、朱逢甲撰)、《都匀县志》

[1] 李巍,缪坤和.贵州科学技术发展史纲要[M].北京:知识产权出版社,2017:224.

[2] 何长凤.贵阳文通书局(1909—1952)[M].贵阳:贵州教育出版社,2002:60.

(窦全曾修、陈矩撰)、《绥阳县志》(胡仁修、李培枝纂)、《八寨县志稿》(郭辅相修、王世鑫撰)、《平坝县志》(江钟岷修,陈楷、陈廷棻撰)、《三合县志略》(胡翯羽纂)。在这些地方志书中,保存了贵州一些府、厅、州、县的经济文化、人物地理、民族情况、风土人情等方面的历史资料。其中尤以《兴义府志》水平较高,比较有名气。

其次是贵州地方文献的出版。主要有《黔记》(李宗昉著)、《黔书》(田雯著)、《续黔书》(张澍著)、《黔史》(犹法贤著)、《黔志》(王士性著)、《平黔纪略》(罗文彬著)等。尤以贵州文献征辑馆任可澄、杨恩元等主持编撰的大型文献丛书《黔南丛书》第一至六集、《黔南丛书别集》最有名望,影响很大。至今凡要了解研究贵州历史、文化、思想者,无不得益于这套丛书。此外,还先后编辑出版了《贵州文献季刊》和《贵州文献汇刊》共五期,几百万字。在国内深受推崇,来函索购者甚多,国外影响也大,美国纽约中美协会、印度国际大学也来函要求交换或赠送。

此外,著述于这一阶段的由文通书局出版的史学图书详见表4-1。

表4-1　1912—1941年文通书局出版当代人著述统计

类别	序号	史书名称	编著者
史料	1	贵州省财政沿革利弊说明书	佚名
	2	税务辑要	省国税筹备处
	3	贵州国税厅筹备处税务辑要	省财政厅
	4	筹办贵州全省蚕桑总局文件汇编	省蚕桑总局
	5	贵州财务稽核成果汇编	杨德衡
	6	贵阳县商会成立特刊	贵阳县商会
	7	贵州省单行法规汇编	省政府秘书处法制室
传记	1	孔孟弟子辑录	陈矩
	2	人鉴录	蒋伊
	3	贵阳高峰了尘和尚事迹	刘沛昌、罗奎
	4	旅黔湘人追悼黄(兴)、蔡(锷)二公哀挽录	胡曜
	5	艾氏家集	艾盛春等
	6	贵州省立宣讲传习所同学录	陈锜华
	7	周氏房谱	周铣

续表

类别	序号	史书名称	编著者
传记	8	三丰会道缘纪录	高大真、熊继瀛
	9	周公西成荣哀录	王家烈
	10	黔南陈氏族谱	陈文荣、陈耀阶
民族史	1	炉山黑苗的生活	吴泽霖、陈国钧
	2	苗胞影荟	大夏社会研究部
古代史	1	晋乘论再易稿	杨恩元
当代史	1	杨覃生著述	杨覃生
	2	大夏大学概况	大夏大学
	3	黔东战纪	刘其贤
	4	十年来之贵州	次青

注:据何长风编著:《贵阳文通书局:(1909—1952)》第265-280页统计(地方志除外)。

虽然1912—1941年贵州的史学著述并不全由文通书局出版,但是作为贵州最大的出版机构,由这个表格可以大致考察贵州此期史学著述情况,除了没有列入此表的地方志,可以看出,仅有《炉山黑苗的生活》《晋乘论再易稿》《黔东战纪》等少数撰著外,绝大部分史学图书属于史料性质。

2. 后期史学图书出版情况

从1941年6月成立贵阳文通书局编辑所起,到新中国成立为止,共有8年多的时间。这一时期大致可以划分为两个阶段:第一个阶段从1941年6月到1945年12月,此期文通书局编辑所所长为马宗荣,副所长为谢六逸。在抗战时期的五年时间里,由于大敌当前,举国上下一致对外,全国全面抗战。一批大专院校和文化科研机构等单位,纷纷搬迁到西南大后方。贵州云集了一批专家、学者和教授,出现了编辑出版的大好环境,是文通书局最光辉灿烂的一个时期。贵阳文通书局编辑所,围绕着抗战建国这个总目标,出版图书最多,涉及学科门类最齐全,编辑出书成就最大,社会、经济效益最好。这不仅在贵州出版史上是空前的,就是在近代中国出版史上,也占有一席重要的位置,使该局成为全国"七大"出版单位之一。

首先,参与国家教科书的出版。贵阳文通书局争取到了教育部同意,遵照

1941年教育部颁布的最新课程标准，编辑并经教育部核准，先后出版了由顾树森校对的系列小学教科书以及相应的教学法著作，供应全国各地中心小学和国民小学，作为课本用书和参考书。此外，还编辑出版了《中学复习受验丛书》，其中包括历史方面的有冯枬编著的《高中本国史》，陈旭麓编著、姚薇元校对的《初中本国史》，主要是提供给报考大学、高中，以及参加高中、初中会考的学生使用。

1943年，贵阳文通书局加入教育部决定成立的"国定本中、小学教科书七家联合供应处"(简称七联处)，表明贵阳文通书局30多年来发展的实力，取得的巨大成就。贵阳文通书局能取得当时教育部的认可，全国各大书局的认同，享有举足轻重的地位，这标志着贵阳文通书局已从贵州走向全国，成为全国七大书局之一，蜚声国内。抗日战争胜利结束后，"七联处"贵阳文通书局重庆分处迁至上海办公，继续经营中小学教科书业务。

其次，在图书出版方面，范围广泛，不限于贵州地方文献。根据初步的统计，五年共编辑出版各种图书约有188种，计10万册以上[1]。出版图书内容之广泛，质量之上乘，印数之大，销售之好，大大超过以往任何一个时期。其中包括大学丛书，中、小学用书，学术专著，文艺作品，儿童读物，工程建筑，医学书籍和一般用书等。

就历史书籍出版来说，在社会上享有盛誉的，有姚薇元著《鸦片战争史事考》等。有一定社会影响，销路比较好的主要有马宗荣著的《中国古代教育史》，陈安仁著的《中国文化演进史观》，殷炎翻译的《西洋戏剧史》。编辑出版激发鼓舞民众士气，发扬爱国御敌精神，消灭日寇，收复失地，去夺取抗战最后胜利的历史图书主要有王德亮编著的《中华民族御侮自卫文献》一书，分上中下3卷，列有10多种表格，从我国古代到近现代，凡历史上抗御外敌侵略的功臣名人业绩，均悉数纳入其中，详加收集、注释、编纂，爱国热情洋溢，教育感染力特强。于右任在卷首题字，倍加推崇。祝实明编著的《明季哀音录》，收集明朝忠臣遗老、成仁取义之士的诗词文章，以心诚、情挚著称，深受读者喜爱。严问天、段琴子、袁睽九、郑郁郎编著的《南京受降记》，除刊登了日本侵略者投降签字的23幅照片，以及前记和评论外，还分4编，就"我们赢得了战争的胜利""二次大战的最后一幕""芷

[1] 何长凤．贵阳文通书局(1909—1952)[M]．贵阳：贵州教育出版社，2002：102.

江浛降经过”“南京受降经过”四个子目,作了详细的叙述和报道。长了中国人民的志气,保存了极高价值的资料,可谓当代史的记录。此外,还有马宗荣《王阳明及其思想》,蓝文徵《中国通史》(第一册),陈安江《中国农业史》,黎正甫《中暹关系史》等历史研究的书籍。

贵阳文通书局编辑所,继续坚持“辑印有关贵州文化之乡土文献,并编著有关边疆民俗图书,俾地方文化典籍,得因以流通”❶的方针。抗战时期编辑出版的贵州地方图书和文献,共有25种之多。贵州文献出版方面,继续印制《黔南丛书》的部分著作,包括《宦滇存稿》(清·陈灿撰)、《训真书屋遗稿》(清·黄国瑾撰)、《黔游心影》(卢前撰)、《曲海一勺》(姚茫父著)等。出版的贵州地方历史类图书,主要有《贵阳市指南》(贵阳市政府编辑)、《漫画贵阳》亦名《贵州风光》(黄尧著)、《贵定三十一年度县政概况》(贵定县政府秘书室编)、《贵州名贤传》(贵州省教育厅编)等。在这些著作中,有的对贵阳市的沿革情况,社会生活,名胜古迹,实业商务,文化教育,风土人情等方面的情况作了详细介绍。有的收集了贵州自汉朝至清末2000年来30多名忠臣名贤,给予列传著述,作为志士仁人之楷模,供人们学习仿效。

此外,编辑出版了涉及贵州少数民族史方面的专门著作。主要有《贵州苗夷社会研究》(吴泽霖、陈国钧、杨汉先等著)、《贵州苗夷歌谣》(陈国钧编著)、《贵州苗民概况》(贵州省民政厅编)等书。并以《苗夷研究丛刊》形式集中出版发行,开创了贵州社会科学界对少数民族进行专门研究的新篇章。《贵州苗族概况》全面介绍了贵州苗族,也包括一些其他民族的历史、分布、社会、经济、文化、艺术、风俗、习惯、信仰等方面的情况。还有与蒙古史有关的民族研究著作陈国钧《内蒙古八旗概况》和《蒙古风土人物》等。

第二个阶段从1945年12月到中华人民共和国成立,此期文通书局编辑所前正副所长马宗荣、谢六逸均已谢世,文通书局总经理华问渠为使贵阳文通书局编辑所的编辑出版工作不致中辍,遂于1945年12月去重庆,聘请顾颉刚继任文通书局编辑所所长。又聘请白寿彝继任副所长,由他们二人全面负责编辑所的工作。为了工作方便,贵阳文通书局编辑所也从贵阳市中华北路512号,搬迁到重

---

❶ 佚名. 文通书局增设编辑部的动机及其计划[M]//文通书局编辑所. 文通书局及其编辑所. 贵阳:文通书局,1942:5.

庆市神仙洞新街22号，以便于所长顾颉刚教授主持开展工作。后来顾颉刚教授回北平工作，离开重庆。贵阳文通书局编辑所不得不于1946年8月由重庆再次迁往昆明市光华街云瑞西路办公，以便于白寿彝副所长主持开展工作。1946年内战爆发后，顾颉刚从北平回到江苏苏州老家。这时的贵阳文通书局编辑所为了便于开展工作，由昆明搬迁到苏州顾颉刚教授住宅悬桥巷顾家花园内办公。1947年4月初，贵阳文通书局编辑所又随顾颉刚所长、白寿彝副所长，分期分批从苏州搬迁到上海市中州路1号办公。这时的顾颉刚教授、白寿彝教授已分不出时间来主持编审，于是聘请臧克家为所长。贵阳文通书局编辑所在上海编辑出版图书和杂志，直到1949年5月27日，中国人民解放军解放上海。

此时期，贵阳文通书局克服各种困难，仍坚持继续编辑出版图书和杂志。据不完全统计，从1946年1月到1949年12月，共出版各种图书有年月记载的共计141种，平均每年有30种以上[1]。除在贵阳编辑出版印刷外，在重庆编辑出版印刷了一些，较多的是在上海编辑出版印刷。

在历史图书方面，首先，有一般性著述，例如李絜非撰著的《中国近世史》，是作者在浙江大学授课时的讲义。全书有20万字，除自序外，分16章，涉及民族革命思想的源流，帝国主义的侵略，太平天国始末，辛亥革命，民族革命的特点、回顾与前瞻，近百年的政治、经济、社会、学术思想和国际关系，清季的内政与外交等问题，根据大量的资料，进行了详尽的阐述。李鼎芳著《曾国藩及其幕府人物》，就曾国藩造就人才之道，幕僚活动与行事，与幕僚之间的关系及其影响等问题，作了简明扼要的叙述。此外，还有俞亮《中国政治制度概说》，林汀《鸦片战争的故事》《辛亥革命史话》，曾蔓《义和团的故事》，徵庸《詹天佑》，陈冬野翻译《世界史讲话》等研究著作及通俗性历史读物。

其次，编辑出版中国各少数民族著作，是这一时期文通书局图书出版的一个特色。白寿彝《中国伊斯兰教史纲要》和收集整理编辑的《中国伊斯兰教史纲要参考资料》，是他积累十多年教学研究的成果，出版后成为回教经堂的重要图书，大学的教材，连续三版印刷发行，影响极大。《中国伊斯兰教史纲要》共分20个部分，以深入浅出的方法，叙述了伊斯兰教自唐宋到清朝发展的历史，唐宋时代，因

[1] 何长风．贵阳文通书局（1909—1952）［M］．贵阳：贵州教育出版社，2002：297-308.

域外交通的发达,伊斯兰教传入中国;元代因为西域人大量东移,伊斯兰教在中国迅速发展;明清时期,伊斯兰教不断遭到迫害,以及在迫害下继续发展的情况。书中对中国宗教史、中外交通史、中国军事史和政治史等方面,都提供了新的史料和新的见解,具有很高的学术价值,颇受当时回教人士和全国历史学界的欢迎。《天方典礼》一书由白寿彝校点并作序,刘智编著,全书有20卷,10多万字。对回教的基本理论、典章制度、礼仪习俗等各方面作了详细的叙述,成为当时回民诵读之书。此外,还出版了陈志良的《新疆的民族与礼俗》、梁瓯第的《我怎样通过大小凉山》、马无忌的《甘肃夏河藏民调查记》等书。对西北的蒙古族、维吾尔族、哈萨克族、藏族、羌族等各少数民族的情况,特别是回教的情况,都有较翔实的资料和反映。

此期贵州地方文献、志书的编辑出版,首推1948年政府出资组织,由任可澄、王蔬农、杨覃生等编纂出版的171卷105册的线装(民国)《贵州通志》500部的出版发行。

此外,还有一些由文通书局出版而难以确知出版日期的历史图书,如韩超著《韩南溪四种》(独山平匪记、遵义平匪记、苗变纪事、南溪公年谱)及铅印线装本《四川宦运盐岸汇编》[1]等。

二、文通书局与刊物的历史研究

除了出版图书,文通书局还承印出版了大量报纸杂志,且从建立开始就从事这项业务。就报纸来说,包括清末就有的《贵州公报》及民国时期的《商报》《黔铎报》《平民》《贵州民众日报》《贵州晨报》等。而杂志则更多,包括《贵州教育公报》《贵州实业杂志》《南明杂志》《责州政报》《贵州政府公报》《战时经济》《贵州文献季刊》(后改名《贵州文献汇刊》)《贵州建设月刊》《云贵直接税通讯》《边铎月刊》《仁声》等。其中除部分报纸杂志刊载有史学文章之外,《贵州文献汇刊》与《文史杂志》可谓专门的史学刊物。而《文讯》这一综合刊物则不仅由文通书局承印出版,更是其编辑出版的唯一刊物。《贵州文献季刊》在第三章已有介绍,不再赘述,这里分别介绍一下《文史杂志》和《文讯》及其史学文章刊载情况。

[1] 何长凤.贵阳文通书局(1909—1952)[M].贵阳:贵州教育出版社,2002:311.

1.《文史杂志》的历史研究

《文史杂志》1941年1月创办于重庆，原为朱家骅发起创办，隶属于中国国民党中央委员会秘书处，受秘书长吴铁城领导，社长为叶楚伧，但都不过问社内具体事务，卢逮曾担任主编。出到第8期，顾颉刚接受朱家骅邀约，于1941年4月到重庆，开始任副社长兼主编，史念海、魏建猷等都担任过编辑。1945年2月，因顾颉刚在《文化界对时局宣言》上签名，秘书处停发经费，刊物与国民党的关系就此中断，此后由顾颉刚自任社长，艰苦支撑。从1941年创刊到1943年，由独立出版社、重庆商务印书馆出版发行；1944—1945年，由重庆中华书局出版发行。开始是半月刊，后改为月刊，再由月刊而采取合期形式出版的双月刊。到抗战胜利，出满5卷。抗战胜利后，《文史杂志》在上海复刊过两次，第一次是1946年交由中国出版公司发行，仅公开出版6卷1、2期，第3期已有清样，但没有发行。第二次复刊是1948年交由文通书局发行，仍从6卷1期开始，也仅公开出版了3期。到1949年完全停刊。但它仍然是当时寿命最长的刊物之一。

顾颉刚不仅全力负责有关《文史杂志》的各项工作，负责每期社论与编后记的修改，并且为《文史杂志》撰写很多的文章，如《黄河流域与中国古代文明》《齐桓公的霸业》《左丘失明》《周人的崛起及其克商》《黄河流域与中国古代文明》等。从1941—1948年，共计在《文史杂志》上发表文章28篇。这里对他作一简单介绍。

顾颉刚（1893—1980），原名诵坤，字铭坚，江苏苏州人，出身于书香门第。幼时接受过严格的传统教育，1913年考入北大预科，1920年毕业于北京大学本科哲学门，留北大图书馆及北大研究所工作。1923年，他提出“层累地造成的古史”观，认为中国远古传说是西周以后的人一步步造出来的，震动学术界。1926年起，先后任厦门大学、中山大学及燕京大学教授。顾颉刚专心于古史研究外，很早就开始民间歌谣的收集，并进行民间文学及民俗的研究，1926年年初，《吴歌甲集》由北京大学歌谣研究室出版，4月《古史辨》第一册出版，受到各界瞩目，使顾颉刚成为史学界的核心人物。1934年与谭其骧创办《禹贡》半月刊，于1936年组织禹贡学会，培养了一代历史地理学人才，创立了中国的历史地理学科。1937年七七事变后，他先后赴西北、云南、成都等地工作与考察，1941年6月，抵重庆,任文史杂志社副社长,主编《文史杂志》,并先后在中央大学、复旦大学任教。1944年秋短期到成都外,一直在重庆直到1945年11月离开。1945年,任文通书局总编辑,1946年主编《文讯》,完成《晋文公》等著作。是年秋,赴西北,任兰州大学教席。1947年,担任大中国图书局总编辑,创办《民众周刊》,完成《当代中国史学》等重要著作。1948年7月,任兰州大学历史系教授兼主任,兼复旦大学教授。1949年秋,任诚明文学院中国语文系教授兼主任,又兼震旦大学教授。顾颉刚是现代古史辨学派的创始人,也是中国历史地理学和民俗学的开创者。是中国近代学术发展史上有着重要影响的一位学者。

《文史杂志》仅1948年交由文通书局发行,出版了三期,属于第六卷。其中第一期共13篇,均属于文学或者对文学进行研究的文章。第二期共10篇文章,其中有8篇属于史学方面文章,具体如下:史念海《论诸葛亮的攻守策略》、杨志玖《新元史阿剌浅传正误》、李光涛《论毛文龙死后之流毒》、罗尔纲《罗大纲传》、李得贤《曾国藩与王闿运》、顾颉刚《尧典二十又二人说》、方诗铭《天问吴获迄古解》、朱文长《孟森先生》。第三期共9篇文章,其中6篇属于史学方面文章:童书业《春秋末吴都江北越都江南考》、黄永年《"春秋末吴都江北越都江南考"补》、陈槃《谶纬起源旧说平议》、王毓瑚《唐代岭南产银与货币经济发展之关系》、石田干之助作,纪庸译《天宝十载丁籍所见敦煌地方西域系住民》、吕思勉《论晋书:蒿庐史札之一》。

可以看出,《文史杂志》这两期史学论文作者基本上均是当时就已经很有成就或以后很有成就的著名史家。其中一些文章也是很有影响的。史念海《论诸葛亮的攻守策略》一文从地理形势角度,剖析诸葛亮为蜀汉筹划的攻守方略,对诸葛亮名闻千古的《隆中对》一文作了实事求是的评论,否定了益州天府之国的旧说. 又说诸葛亮迂回祁山,实际上是因为军粮的关系。辛德勇指出该文是"一篇十分精彩的历史军事地理论文"❶。当年仅大学一年级的黄永年在《春秋末吴都江北越都江南考补》一文"大背旧说",在对当时已成名的童书业的《春秋末吴都江北越都江南考》一文所持证据作多处补充之余,进而推测吴国迁都江北的年代,并从历史大势分析其必然,从地域观念和史迹观念两方面归纳出"层累造成

❶ 创修良. 中国史学名著评介:第五卷[M]. 2版. 济南:山东教育出版社,2006:173.

的古史"的规律之普遍性,论证了"吴城邗"即吴迁都于江北。勇气可嘉之外,其观点也受到吕思勉的肯定[1]。杨志玖的《新元史阿剌浅传正误》等也是较有影响的论文。

2.《文讯》的历史研究

爱国民族资本企业家华问渠,自1934年接受其父亲经办的贵阳文通书局以后,专心致志办企业,尽量熟悉管理业务,处理好方方面面的关系,继续父辈基业,在本行业站稳脚跟。抗日战争爆发后,他决定抓住抗战时人才汇聚贵州、西南这个千载难逢的机遇,把贵阳文通书局的发展推向全国。办成一个融编辑、出版、营销三位一体的文化出版企业集团。1941年6月,贵阳文通书局总管理处成立,华问渠任总经理兼发行人,总理全书局事务。这时书局业务已发展增加为三个部门,一为编辑部门;二为印刷部门;三为发行部门。新成立的编辑所,最终聘请大夏大学著名教育家、教育部主任秘书、社会教育司司长马宗荣为编辑所所长;著名文学家、新闻学家、商务印书馆著名编辑、大夏大学文学院院长谢六逸为副所长。除马宗荣、谢六逸外,张永立任部主任,蒲定安任秘书主任,组成马、谢、张、蒲的常务编审委员会,专门司职图书、杂志的编辑出版业务工作。并经由常务编审委员会讨论,总经理华问渠发出聘书,聘请了112名编审委员,他们基本上是抗战时期搬迁来西南各省的,或者是贵州本省有学识,有名望,有地位的著名教授,专家,学者,诗人,文学家,著作家和政界名流。他最大限度地网罗了各个方面的人才,聘请到了四面八方的学术泰斗。贵州人最多,有31人,占总人数的1/4以上。其中,历史学方面有姚薇元、萧一山、张其昀。

编辑出版《文讯》杂志,是文通书局编辑所的任务之一。《文讯》是"文化通讯"的意思,其中也包括史学。从1941年贵阳文通书局编辑所创立开始,到中华人民共和国成立前夕为止,有谢六逸、顾颉刚与白寿彝、臧克家担任过《文讯》杂志主编,作为综合性刊物,每个主编任职时期《文讯》也呈现出不同特征,这里以主编任职时限为准,可以分为三个时期,即新闻教育家谢六逸时期,史学家顾颉刚与白寿彝时期,文学家臧克家时期,下文考察不同时期《文讯》发表史学论著的情况。

---

[1] 中华书局编辑部.学林漫录:四集[M].北京:中华书局,1981:74.

第一个时期为马宗荣任编辑部所长，谢六逸副所长除负责编辑所编辑出版文艺、新闻方面图书以外，还承担筹办《文讯》月刊，主编该杂志的工作。《文讯》月刊从1941年10月10日第1卷创刊号出版发行起，到1944年7月16日出版了第5卷第1期“风物志专号”止，共编辑出版了5卷22期，发表了195篇学术论文、文艺作品和其他文章。从分类统计来看，社会科学论文大约有107篇，占发表文章总数量的55%左右；文艺作品有66篇，占发表文章总数量的34%左右；自然科学文章有22篇，占发表文章总数量的11%左右。在社会科学文章中，尤以教育文章较多，达到22篇，占社会科学文章总数量的21%[1]。历史学17篇，占社会科学文章总数量的近16%（参见表4-2）。

表4-2　《文讯》第一至五卷史学论文统计表

卷	期数	论文篇名	作者	发表日期
一	创刊号	回纥人华化考	姚薇元	1941-10-10
二	1	孔子的出处进退观	马宗荣	1942-01-15
	5	近百年来中国之三大革命问题	袁哲	1942-05-30
	6	近百年来中国之三大革命问题(续)	袁哲	1942-06-30
		左传言礼制本于周官经考	王凌云	1942-06-30
三	1	英苏关系的演变	郑镛	1942-07-30
	2	胡林翼如何整顿湖北	何基	1942-08-30
	3	中国之日食记录	陈遵妫	1942-09-30
		铜鼓考	南风	1942-09-30
	6	三国时之交州	黎正甫	1942-12-30
四	4、5合刊	魏晋南北朝文人与政治	欧百衡	1943-05-30
	8、9合刊	天文学与中国上古史	刘朝阳	1943-09-30
		四史题解	姚薇元	1943-09-30
	10、11、12合	唐代妓女	侯信	1943(待查)
		孔子对“生死”“贫富”“穷通”的看法	罗学硅	1943(待查)
五	1	隋代之民风	姚薇元	1944-07-16
		中国的图腾制及其研究史略	岑家梧	1944-07-16

[1] 何长风. 贵阳文通书局(1909—1952)[M]. 贵阳：贵州教育出版社，2002：111.

可以看出这17篇文章的研究领域很广泛，古今中外都有，包括政治、外交、思想、制度、风俗等各方面，大多作者的专业并不在历史领域。其中岑家梧《中国的图腾制及其研究史略》，袁哲《近百年来中国之三大革命问题》，姚薇元《四史题解》等均是很有影响的论文。

第二个时期顾颉刚任所长，白寿彝任副所长。在顾颉刚、白寿彝先后主编下，自1946年1月15日，《文讯》月刊在山城重庆恢复出版发行，是为第6卷第1期，也叫作新一号，经昆明、苏州，于1947年4月搬到上海为止，历时1年零3个月时间共出版1卷10期。每期保持10万字的篇幅，千册以上的印数。先后发表社会科学论文、文艺作品和自然科学文章约在120篇左右。其中社会科学方面的论文约有50篇，文学艺术作品约有40篇，自然科学文章约有20篇，其他方面的文章约有10篇[1]。在发表的社会科学论文中，包括有历史学、中国文学、哲学、教育学、政治学、经济学、法律学、民族学、民俗学、语言文字学等各门学科的内容。其中历史学论文最多，有22篇，占论文总数44%（参见表4-3）。

表4-3 《文讯》第六卷史学论文统计表

期数	论文篇名	作者	时间
1	豆瓣酱与牂柯江	史念海	1946-01-16
2	汉代文学远景（国学史话）	谭丕谟	1946-02-15
3	封建时代的君臣礼和君臣关系	吴乾就	1946-03-15
	明初流窜云南之日本僧	方国瑜	
4	苏莫遮考	方诗铭	1946-04-15
	罗叔言补唐书张义潮传补正	向达	
5	“成同滇变见闻录”评正（上）	吴乾就	1946-05-15
5	记湘军名将罗泽南	李得贤	1946-05-15
	记清季考试制度	唐柯三	
6	诸宫调说唱考	方诗铭	1946-09-15
	“成同滇变见闻录”评正（下）	吴乾就	

[1] 何长风. 贵阳文通书局（1909—1952）[M]. 贵阳：贵州教育出版社，2002：133.

续表

期数	论文篇名	作者	时间
7	读诸蕃志札记	方国瑜	1946-10-15
	左宝贵早年事迹考	李得贤	
8	汉代的兵役与国运	朱子方	1946-11-15
9	古代素封社会与初期资本主义	傅筑夫	1946-12-15
	吕氏春秋非杂家乃黄老学派之首要作品辨	施天祥	
	汉代的军制和赋税	劳贞一	
	先秦卫有驰道考	陈梦家	
	吉安史话	王泗原	
10	中国历史体裁的演变	白寿彝	1946-12-31
	庄子天下篇关于老子评论之研究	王维诚	
	汉代的军制和赋税(续)	劳贞一	

同表4-2相比,《文讯》刊行的前五年所发表的史学论文没有表4-3所显示的第六年一年发表的多,而且更多的专业历史学家参与了发表活动。其中,白寿彝《中国历史体裁的演变》,傅筑夫《古代素封社会与初期资本主义》,方国瑜《读诸蕃志札记》,吴乾就《封建时代的君臣礼和君臣关系》,史念海《豆瓣酱与牂牁江》等文章均有重要影响。

在《文讯》发展的三个时期,本阶段史学论文发表最多,是与此期《文讯》两个主编的历史学家身份密切相关,顾颉刚前面已经介绍过,这一时期,顾颉刚编辑了两期《文讯》,之后便由白寿彝负责编译所的具体事务。这里对白寿彝作一简要介绍。

白寿彝(1909—2000),回族,河南开封人,著名的历史学家,在中国交通史、中国伊斯兰教史、回族史、中国民族关系史、中国思想史、中国史学史、中国通史和史学理论方面都有杰出的建树。出身于一个商人家庭,7岁入私塾,12岁入开封教会学校圣安德烈中学,1925年考入上海文治大学,不久转学到河南中州大学文科二年级就读,受到著名哲学家冯友兰的直接教诲。1928年在上海《民国日报》4月23日《觉悟》版上公开发表第一篇论文《整理国故介绍欧化的必要和应取的方向》。1929年考入北平燕京大学攻读中国哲学史专业，顾颉刚是其老师之一，在校期间研究两宋哲学，发表关于朱熹的论文多篇，后又编《朱熹辨伪书语》一书出版。1930年年初，赴云南调查，写了《滇南丛话》，记载了一批重要回族民间传说故事和民俗资料。1932年硕士学习毕业后，即被聘为北平研究院历史研究所及禹贡学会编辑。1935年白寿彝创办《伊斯兰》半月刊，《大河杂志》和《新儿童》半月刊。1937年为《禹贡》半月刊办了两个回教专号，《回教的文化运动》《中国交通史》出版。《中国交通史》是白寿彝发表的第一部专著，也是中国交通史方面的第一部著作。7月，参加西北考察团赴绥远、宁夏、甘肃、青海，考察民族、宗教、水利。1938年他在担任桂林成达师范学校讲师仅一年后就被国内一些著名大学竞相聘用。1939年，接受英庚款董事会资助，在云南大学研究云南伊斯兰史，主持《云南清真铎报》和《益世报》的《边疆》半月刊。1940年被聘为昆明云南大学历史系教授；其间，曾主编《月华》《云南清真铎报》等杂志。1942年，白寿彝在重庆中央大学历史系讲学，开设春秋战国史和伊斯兰文化等课程。出版了《中国回教小史》和《咸同滇变见闻录》。《中国回教小史》是白寿彝所写公开发表的回教史的第一种本子，该书反映了中国回教发展的整个过程，是一本开拓性的著作。1944年2月，云南大学再来邀请，白寿彝又一次回到昆明。那时，他主讲史学名著选，并逐渐深入史学史的研究课题，在云南大学任教直到1947年初，1948年又被续聘为南京中央大学历史系教授。1949年7月，白寿彝同郭沫若、范文澜等创办了新中国史学会，并于同年受聘于北京师范大学，任历史系教授。

白寿彝在1946—1949年，一直在文通书局编译所担任常务副所长的工作，这对于白寿彝来讲，是“占有比较重要的位置”。他主持的《文讯》杂志，同样是“占有比较重要的位置”[1]。在此期间，他在《文讯》上发表了《中国历史体裁的演变》《中国史学史（书评）》《评〈中国通史简编〉》三篇文章，《文讯》在重庆复出时他写了《〈文讯〉复刊词》，另外《文讯》发表了吴乾就对他《咸同滇变见闻录》一书进行评正的文章。

其中，《中国历史体裁的演变》是白寿彝第一次公开发表关于史学史方面见

❶ 白至德．白寿彝的史学生涯[M]．北京：群言出版社，2016：52.

解的文章,也是他第一次公开发表的关于史学史方面的重要文章,其是1946年9月在昆明五华书院作的学术演讲讲稿。该文依据中国古代史书体裁本身在演变过程中所表现出的特点,将中国历史体裁发展演变划分为四个时期:即第一个时期为编年、记传二体的确立,从鲁哀公十四年孔子作《春秋》起,到曹魏建安五年《汉纪》成书时止,约相当于公元前481年至公元200年,共计有680年时间;第二个时期为断代史著述普遍发展,从曹魏建安五年《汉纪》成书起,到唐朝贞观十九年《通典》上奏止,约相当于公元200年至公元803年,共计有603年时间;第三个时期为通史时期,从唐朝杜佑上奏《通典》起,到明朝末年止,约相当于公元803年至公元1644年,共计有841年时间;第四个时期为专史时期,从明朝末年起,到当时为止,相当于公元1644年至1946年,共计有302年时间。该文突破了以往简单地以朝代作为划分史学发展依据的格局,试图较系统地揭示中国史学发展规律。

1947年1月,贵阳文通书局编辑所开始从苏州悬桥巷顾家花园搬迁,直到4月底,才断断续续搬完到上海中州路2号办公。这时候,顾颉刚教授和白寿彝没有更多精力再来编辑出版《文讯》月刊。白寿彝便请著名诗人臧克家主编《文讯》月刊。在臧克家的主编下,《文讯》月刊从1947年6月15日出版第7卷第1期起,到1948年12月15日出版的第9卷第5期止,历时一年半时间,共计出版了3卷17期。其中普通综合号11期,每期印数1000册,每册约10万字。文艺专号6期,每期4000多册,每册12万字[1]。发表160多篇[2]社会科学、自然科学、文艺理论、国际述评、文艺作品等各个领域文章。可以看出,本阶段《文讯》偏重于文学艺术作品的发表。但也有大约14篇历史学方面的论著(参见表4-4)。

表4-4 《文讯》第七至九卷史学论文统计表

卷数	期数	论文篇名	作者	发表时间
七	1	从战国到秦帝国	劳贞一	1947-06-15
		中国史学史(书评)	白寿彝	
	2	抗战时期中国小说史的研究	方诗铭	1947-07-15

[1] 何长凤.贵阳文通书局(1909—1952)[M].贵阳:贵州教育出版社,2002:140.

[2] 何长凤.贵阳文通书局(1909—1952)[M].贵阳:贵州教育出版社,2002:142.

续表

卷数	期数	论文篇名	作者	发表时间
七	3	南洋研究的回顾与前瞻	许云樵	1947-08-15
七	3	评〈中国通史简编〉	白寿彝	1947-08-15
七	4	先汉时代文化的概述	劳贞一	1947-09-15
七	6	两汉今古文学之争的意义	杜守素	1947-12-15
八	1	金人建国前后之孛堇制	王统照	1948-01-15
八	4	魏晋南北朝的社会经济及其思想动向	杜守素	1948-04-15
九	2	墨子非攻与氏族战争	陈思苓	1948-08-15
九	4	许行思想批判	纪玄冰	1948-10-15
九	4	关于印度的逻辑——因明	杜守素	1948-10-15
九	4	唐传奇作者身份的估计	冯沅君	1948-10-15
九	4	从汉代社会看汉代文学	谭丕模	1948-10-15

同表4-3相比，表4-4显示此期已经不能保证每期必有史学论文的盛况，虽然史学作者群保持了一定的延续性。因为在上海出版增加了时居上海的作者，如纪玄冰、杜守素等，他们主要偏重哲学思想史研究。冯沅君《唐传奇作者身份的估计》一文以《太平广记》《四库提要》《中国小说史略》为准，对四十余位唐传奇作者的身份进行分析，发现唐传奇的作者大多数都是进士出身，这篇文章属于文学史的范畴。方诗铭《抗战时期中国小说史的研究》则属于对当代文学史的研究。同样，王统照，谭丕模的研究也是更多的属于文学史。历史文章偏少，而文学艺术作品偏多甚至史学也是文学史是这一阶段《文讯》文章编辑的特征，这应该与主编的更迭有密切关系。

可以看出，贵阳文通书局创办以后至中华人民共和国成立之前的这段时间里，通过自己的出版行为，不仅对贵州史学发展起了重要作用，对中国史学的发展也做出了自己的贡献。

第五章　清季民国时期贵州地方志的发展

贵州地方志的编修萌芽于宋代，随着中央王朝逐渐加强对西南的经营，与中原交往较早的贵州北部和东部地区开始方志编修。据考察，在宋代出现了《思州图经》《遵义军图经》《黔州图经》《珍州图经》4部图经类方志，但已经全部亡佚。元代贵州推行土司制度，出现土流并治的复杂建置，与中央王朝的交往也日趋密切。元代曾两修《大元一统志》，贵州各地在中央王朝的督促下，修志有较大发展，现今能推定修于元代地方志书有10部，包括《黄平府志》《乌撒志略》《镇阳风土记》《贵州志》《顺元路安抚司志》《贵州宣慰司志》《金筑志》《遵义郡志》《播州宣慰司志》《永宁州志》[1]。只是，这些志书也全部亡佚。

第一节　方志发展概况

贵州自明朝建省以后，史学方面发展最充分的是地方志与政书类史书，这自然与贵州形成一个独立的区划，被纳入中央政府的统治密切相关。而贵州地方志的编纂与整个国家相关政策保持着基本一致，明朝贵州开始有省志，先后于弘治、嘉靖、万历、崇祯四次修纂，还有私人修纂的省志六部，各府州厅县修志也达到六十多部[2]。清代更是贵州修志的兴盛期，这里首先了解一下清朝贵州地方志编纂情况。

一、清朝贵州方志发展概况

清朝在近三百年的统治中，通过继承汉族社会经济文化传统，建立中央和

---

❶ 贵州省地方志编纂委员会．贵州省志·社会科学志［M］．贵阳：贵州人民出版社，2001：501.

❷ 张新民．略论贵州方志成就［M］//中国历史文献研究会，贵州历史文献研究会．学者笔下的贵州文化贵州文化国际学术研讨会论文集．贵阳：贵州人民出版社，1998：33.

省、府(直隶州、直隶厅)、县的四级政权,在军事重地设置卫、所、镇,在少数民族地区设置旗、厅、司,强化对社会经济、政治、军事、文化的统治。修纂志书基本是各级政府主持的传统文化事务,绝大多数采取官督绅办、官督学办的方式。通志以总督巡抚领衔,知府、绅士、学者执笔;府州县志由知府、知州、知县领衔,绅士、学者执笔。设立了临时志局或志馆作为修志机构,规模庞大。官修的所有府州县志成书后,都由学政审阅,转督抚批示付刻。通志则径直寄往北京礼部审核。如发现志书著录"违碍"词句,则勒令停刊或销毁。

康熙、雍正、乾隆对方志非常重视,并以诏谕的形式阐发方志理论,对当时方志学的发展产生了很大影响。在清王朝的倡导以及国家统一、社会相对安定的形势下,各层级的方志得到极大发展。嘉庆以后清政府开始由强盛转向衰落,清政府日益腐败,国内民族矛盾时有呈现,道光朝的统治治理能力更日趋衰弱。1840年鸦片战争爆发,列强势力侵入中国,同时,封建社会本身的危机也日益加剧,国内阶级矛盾迅速发展到空前尖锐的程度。1851年,最终爆发了太平天国金田起义。随着清王朝内忧外患的加剧,志书的纂修也呈现出缓慢减少的趋势,至咸丰年间跌落到最低点。

同治、光绪、宣统三帝统治中国的半个世纪里,中国半殖民地半封建社会的屈辱命运日益深化,中国遭受帝国主义侵略蹂躏的程度一次比一次惨烈,在这剧烈动荡的岁月里,志书的纂修却出现了一些令人瞩目的现象。首先,志书纂修数量多,且普及到全国各地。据统计,此间共修省志、府州县志1164种,平均每年23种[1],超过了清代此前任何一个阶段。修志最多的为四川,达121部,其次为江西,有101部。特别是光绪一朝,在今全国各省市中都有数量不等的志书问世。出现这一现象的主要原因有四:其一,自同治中叶太平天国和捻军起义被镇压以后,统治阶级为标榜"中兴",倡导"文治",借修志藻饰"太平盛世";其二,一些封建官绅个人,希望借助修志为其镇压农民起义军的"功勋"树碑立传;其三,1886—1889年清政府编修《会典》,谕令各地修志;其四,清朝末年在某些边疆地区建省建县,因此修了一些新志。其次,出现了一种新的志书体裁——乡土志。乡土志原为志乡、镇、村、里,扩大至县、府乃至全省则始自光绪年间。1894年中日甲午

[1] 邸富生.中国方志学史[M].大连:大连海事大学出版社,1990:125.另刘纬毅著《中国地方志》(新华出版社,1991:129)则认为清代年平均数37种。

战后，列强群起瓜分中国，民族危机加深。因预备立宪，需要观察民俗，因而征求各省府州县编写乡土志。1905年，清政府废科举，兴学堂，推广乡土志作为学堂教材。京师编书局监督黄绍其则撰写《乡土志例目》，并于同年获准颁行全国。主要内容为："《奏定学堂章程》所列初等小学堂学科，于历史则讲乡土之大端故事及本地古先名人之事实；于地理则讲乡土之道里、建置及本地先贤之初庙、遗迹等类；于格致则讲乡土之动物、植物、矿物，凡关于日用必需者，使知其作用及名称。盖以幼稚之知识，理求高深之理想，势必凿枘难入，惟乡土之事，为耳所习闻，目所常见，虽街谈巷论，一山一水，一木一石，平时供儿童之嬉戏者，一经指点，皆成学问，其引人入胜之法，无逾此。"[1]关于乡土志的具体编纂方法，《例目》分门别类，从历史、政绩、兵事、耆旧、事业、学问、人类、户口、氏族、宗教、实业、地理、山、水、道路、物产、商务十七个方面进行指导，极大地方便了各地。自《例目》颁行各地后，全国兴起了编修乡土志的热潮。

在清朝志书发展的各个阶段，贵州志书也得到发展，通过表5-1可以更清楚地看到这一点，但也有一些自己的特点。

表5-1　清朝各代贵州纂修方志情况

朝代	现存方志(种)	亡佚方志(种)	合计(种)
康熙	11	36	47
雍正	1	8	9
乾隆	19	14	33
嘉庆	7	4	11
道光	17	14	31
咸丰	3	1	4
同治	2	2	4
光绪	19	6	25
宣统	2	0	2
合计	81	85	166

此表依据张新民《贵州地方志考稿》(比利时1992年出版)制作(注：该书目录中注明为"清"无法确定具体朝代的没有统计在内，而"附录"则予以统计)

[1] 学务大臣．奏据编书局监督编成(乡土志例目)拟通饬编辑片[J]．东方杂志，1905(9)．

可以看出，康雍乾时期贵州地方志纂修与全国一样保持了强劲的发展态势，嘉庆道光时期基本延续了前一阶段的影响，保持了基本稳定发展，但是咸丰与同治朝的发展便不尽如人意。光绪朝才体现沾惠于“同光中兴”的成就，对贵州来说，便是贵州咸同各族大起义之后的文化“中兴”了，但与每年23部的全国平均标准还是保持了相当的距离。

二、清季贵州方志概况

根据张新民《贵州地方志考稿》，统计出贵州在1894—1911年刊刻付梓的方志，现存有光绪年间刊刻的《兴义府志续编》《平越直隶州志》《永宁州志》等10种（见表5-2）。还有一本亡佚的《遵义乡土志》，是为李焕坤编纂，修于清末，虽被人多次提及但未见著录。这里以流传较广的鄂尔泰修，靖道谟及杜诠编纂的乾隆《贵州通志》为标准，摘录各方志纲目，考察清季方志内容的变化，表5-2中年份为初次刊刻之年或纪事的最后时间，因有的没有刊刻。

表5-2　清季编修贵州现存方志统计

方志名称	修纂者	纲目内容
乾隆《贵州通志》	鄂尔泰修，靖道谟、杜诠纂	8志46卷：**天文**（星野、气候、祥异）；**地理**（舆图；建置；疆域、形胜；山川；关梁、邮传；风俗、苗蛮、古迹、丘墓）；**营建**（城池、公署；学校、贡院、书院、义学；坛庙、寺观）；**食货**（户口；田赋；田赋；课程；经费、蠲恤、积贮、物产）；**秩官**（官制；职官；职官；名宦；名宦；土司）；**武备**（兵制；师旅考；师旅考；苗疆师旅始末）；**人物**（选举；选举；乡贤；忠烈、孝义；宦迹、文学、隐逸；列女；流寓、仙释、方技）；**艺文**（敕、诏、谕；奏疏；奏疏；奏疏；状、颂、赞、箴、铭、书、论、解、考、辩；传；序、纪事；记；碑记；碑记；文、议、教、说；赋、诗；诗；杂记）（1741年）

续表

方志名称	修纂者	纲目内容
永宁州续志	沈毓兰修，杨械林等纂	9志12卷：**天文志**（星野、祥异）；**地理志**（古迹、桥梁、道路、丘墓、插花地亩）；**营建志**（公署、坛庙、寺观）；**食货志**（经费、物产、仓储、公田）；**学校志**（学宫、典礼、学额、义举）；**武备志**（师旅、营制）；**秩官志**（文员、武员、行伍、出仕、宦迹）；**人物志**（选举、乡达、忠义、孝义、文学、武功、殉难、耆寿、方教；孝节、贞烈）；**艺文志**（传记；碑记、序文、墓志；诗、杂记）（1894年）
湄潭县志	吴宗周修，欧阳曙纂	8志8卷：**天文**（星野、气候、祥异）；**地理**（舆图、建置、疆域、形胜、山川、关梁、场市、风俗、古迹、邱墓）；**营建**（城池、公署、学校、书院、义学、公田、坛庙）；**食货**（户口、田赋、蠲恤、积贮、农桑、物产）；**秩官**（官制、职官、名宦）；**武备**（兵制、师旅考、年表、营砦）；**人物**（选举、乡贤、宦迹、孝义、忠烈、列女、流寓、仙释、方技）；**艺文**（谕、诰、议、颂、论、辩、序、记、文、传、碑记、诗、赋、杂记、补遗）。（1899年）
婺川县备志	纂修人待考	11卷：卷一**建置**；卷二**关隘**；卷三**桥梁**；卷四**兵事**；卷五**书院、义学、学堂**；卷六**宦绩**；卷七**节妇**；卷八**金石**；卷九**土司**；卷十**经业**；卷十一**灾异**（纪事至1899年）
平越直隶州志	瞿鸿锡修，贺绪藩纂	11志40卷：**天文**（星野、气候、祥异）；**地理**（舆图、疆域、沿革；山水；水道考、关梁、邮传；风俗、古迹）；**纪事**（播州事实编年上；播州事实编年中；播州事实编年下、平越设府已后事编年）；**建置**（城池；公署、试院、坛庙、寺观）；**典礼**（学校上；学校中；学校下、书院；祠祀上；祠祀下；公礼；家礼上；家礼下）；**食货**（户口、田赋；经费、蠲恤、积贮；农桑；物产）；**秩官**（职官；名宦；土官）；**武备**（兵制、咸丰以来兵事始末）、**人物**（科贡；宦迹、乡贤；忠节、贞烈；孝友行义、文学、武功、耆寿、隐逸；烈女上；烈女下、寓贤、方外）、**艺文**（诏敕、奏疏；疏；疏、记；记；颂、铭、教、文、露布、书、论、考、辩；传、墓志铭、墓表、书后、序、赋；诗）；**摭佚叙录**。（1902年）

续表

方志名称	修纂者	纲目内容
增修仁怀厅志	崇俊修,王椿纂	8卷:卷一(图考、星野、建置、迁改、疆域、幅员、形势、要隘、十景、山川、桥梁、渡口);卷二(古迹、城垣、官署、庙宇、祀典、祭田、乡镇、户口、田赋);卷三(学校、兵制、职官、选举、职衔);卷四(政绩、河工、团规、税课、关口、盐政、木政、鬻政、经费、普济、育婴、仓谷);卷五(人物、贞节、阵亡、殉难、仙佛、人瑞);卷六(边防、风俗、方言、月令、集考、农事、祥异、冢墓):卷七艺文;卷八(艺文、土产)。(1902年)
续修天柱县志	林佩纶、谢锡铭修,杨树琪等纂	9志8卷:**天文志**(星野、占验、气候、祥异);**地理志**(卷上:建置、疆域、形胜、山川、乡里、场集、风俗。卷下:城池、衙署、庙寺、桥梁、邮舍、坊表);**食货志**(户口、田赋、科则、起运、经费、积储、物产、杂货);**学校志**(学宫、庙制、学制、书院、义学);**兵防志**(兵制、奉饷、经费);**秩官志**(官制、职官、名宦、政绩);(上卷:**选举志**:进士、举人、贡生、武举、荐举、捐职、劳绩。下卷:**人物志**:乡贤、耆德、孝行、忠烈、耆寿、贞节、入籍、仙释);**艺文志**(咨文、碑记、歌咏)。(1903年)
余庆县志	汤鉴盘增补	7志不分卷:全志为1册,以事务分类,分别为**区域志**(星野、沿革、八景、名胜等);**建设志**(城池、关隘);**版籍志**(户口、田土、租赋、解支、积贮等);**典秩志**(学校、学政、学田、武统、书籍、土司等);**人物志**(孝义、选举、流寓、乡耆、冢墓、养济院、壇遗);**风土志**(气候、岁时、风俗、方言、苗蛮、灾祥等);**艺文志**。(纪事至1905年)
兴义府志续编	余厚墉纂修	二卷:卷一为祠宇类、庙宇类、亭院类、赋税类、积储类、户口类、义学类、寿考类、池塘类、关隘类。卷二收有《吊明十八先生墓》《吊明十八先生文》《过十八先生废祠》《重修十八先生祠作》《吊十八先生》《谒十八先生墓》《过十八先生祠(二首)》等文。(1909年)

续表

方志名称	修纂者	纲目内容
安南乡土志	易辅上纂修	三编：**第一编：乡土历史**　一总论；二沿革；三政绩；四兵事；五耆旧；六人类；七户口；八氏族；九宗族；十实业；**第二编：乡土地理**　一位置；二境界；三区域；四建筑；五形胜；六气候；七山；八水；九道路；**第三编：乡土格致**　一物产；二商务（1909年）
贵阳府乡土地理志	编者待考	不分卷：一位置；二境界；三区划；四建筑；五山水；六道路；七物产；八商务（没标注时间，应为清季）

通过表5-2我们可以看到，到清季大部分方志是沿袭了清初以来的传统，如光绪《天柱县志》《永宁州续志》《平越直隶州志》《增修仁怀厅志》《湄潭县志》在纲目设置上变化比较小，基本都有乾隆《贵州通志》设置的天文、地理、营建、食货、秩官、武备、人物、艺文八个志目，只是有的在这八志基础上，稍微作了调整。其中光绪《平越直隶州志》设置志目最多，达11个，多出的有纪事志，专记播州事实编年，这应该与平越直隶州最初的来源有关。明洪武八年（1375），改平月长官司为平越安抚司，隶播州宣慰司，"平越"之名即始于此。有典礼志，是于营建志中析出学校、书院、义学，再加上祠祀、公礼、家礼三目，另有摭佚、叙录一卷。该志为贵州编纂较好的方志，被认为"雅赡有法"。光绪《增修仁怀厅志》没有纲只有目，而目的设置也比较混乱，名称没有凸显的同时，各卷之间的归类不严整，体例不协调。例如，第一卷天文、地理混在一块，而地理又没有列完，又归在第二卷，第二卷也不纯粹，在地理之外，又加上户口、田赋等属于食货的内容，显得粗疏，脉络不清晰。除了绝大部分相同的纲目，一些志书也增加了本地特色，如光绪《湄潭县志》的农桑，光绪《平越直隶州志》的方言、土官等目。光绪《永宁州续志》的插花地亩等。光绪《余庆县志》的志目名称变化比较大，如区域志、建设志、版籍志等，应该是时代的新名词在志书上的反映，但从下属各门来看，并没有变化。

光绪《婺川县备志》《余庆县志》《兴义府志续编》《安南乡土志》则比较简略，其中易辅上编光绪《安南乡土志》是此期新的乡土志的代表。该志在第一章已经介绍过，这里不再详述。这些志书仍然具有其价值，如光绪《兴义府志续编》，补充了道光《兴义府志》之后的史实，但写得有些简单，不能借以勾勒地方面貌。其卷二收的《吊明十八先生墓》《吊明十八先生文》等文、凭吊十八先生多首诗及《南笼纪事》等篇，可与《安龙纪事》《永历纪事》《滇云历年传》等书互相参证。同样，《贵阳府乡土地理志》也可以帮助了解清末贵阳物产及经济贸易情况，甚至当时的生态环境方面的史料。特别是乡土志的出现，打破传统志书体裁体例的表现形式，彰显过渡时代变迁对志书的影响。

第二节　省　　志

民国继承了中国修志传统，在国家层面仍然重视修志。进入民国的贵州，积极响应政府的修志政策，在明清以来史学领域比较擅长修志的传统基础上，出现了新的修志成果。

一、民国政府方志政策

民国时期尽管国家灾难重重，战乱不断，但是当时的执政者，依然先后发起了三次修志令。1914年，浙江省率先设立通志局，启动《浙江通志》的编纂工作。同年，教育部咨令各地编修乡土志，用作学校教材，并供清史馆征用。这一时期较普遍的修志活动是从1916年开始的，这年教育部会同内务部咨文各地纂修志书，一些省于是成立通志馆、通志局，编修通志，并要求各县遵守实行。1917年9月，北洋政府内务部又发出令各地应广征文献续修县志的咨文，内称："前经本部会同教育部，通行各地方，饬属续修县志。迭准咨复，多已转饬办理在案。"要求各地"除已设局开办各县仍应积极进行外，其未经开办各县，应即体察情形，先从征求文献入手，延集地方绅耆，暂就各该县自治机关附设处所，预筹进行办法。"[1]一些省份陆续成立了通志局或通志馆。但政府并未制定相应的修志指导文件，学者邓之诚在《地学杂志》第9卷第4–5合期发表《省志今例发凡》一文在当时影响很大，对各省修志具有指导意义。

第二次修志令的发布开始于1928年12月19日，国民政府第十一次国务会

[1] 中国地方志指导小组办公室．中国方志通鉴：上[M]．北京：方志出版社，2010：137.

议决议，行政院发第199号训令文件，指导全国各省县一律修志。为了统一修志体例，国民政府于1929年12月颁发了《修志事例概要》(简称《概要》)，其内容为：要求各省在省会建立编志机构——通志馆，并对通志馆的人员编制、职务、经费、职责等作了规定；提出方志编纂的具体要求、注意事项等。《概要》的颁布，说明了国民政府对编修方志的重视，也体现了当时编纂思想已经达到比较科学和进步的程度。首先，要求采用最新的科学方法，制作图表入志。《概要》规定地图应由专门人员以最新科学方法制绘精印，省志应分别绘制县市行政区域图，山脉、水道、交通、地质、物产分配、雨季分配、雨量变差、气候变差、街市、港湾、名胜，均应绘制专图。《概要》规定志书中应多列统计表、比较表，对在历史上有重要价值的地方名胜、古迹、金石拓片、公私所藏各种古物和各地重要及特殊方物，均应摄制影片编入志书。其次，摒弃封建性内容，不得涉及迷信。对旧志中宸翰、烈女、祥异等内容，《概要》均未涉及。对天时人事、发现异状，确有事实可征者，则强调应调查明确，据实编入，以供科学之研究，但不得稍涉迷信。再次，规定了一些新的体例，特别是确定大事记在志书体例中的地位。从此，大事记成为志书的重要组成部分。最后，提倡因地制宜。"本概要所订办法，各省兴修志书时，得体察地方情形，斟酌损益之"[1]。各县市修志，也不强求一律，也未规定统一类目。《概要》的颁布，使全国各地修志有了统一的标准可资参照，大大推动了各地志书的编修，在政府的督促下，全国各地普遍建立志局、志馆，出现了民国时期修志的高潮，中国的方志编纂与方志理论研究也达到一个新的水平。

第三次修志令为1944年开始发布，国民政府公布《地方志书纂修办法》，规定省志三十年一修，县志十五年一修。1946年又重新公布一次。同时还颁行了《各省市县文献委员会组织规程》，这次实际是民国时期修志制度的进一步完善。

在这一系列的国家政策之下，虽然时局动荡，战乱频仍，影响了方志编修工作的正常开展。然而，一方面，中国古代纂修方志的文化传统底蕴深厚，至此仍然有着绵延的强大惯性；另一方面，方志学者的不懈努力及民国政府的一再提倡，使得民国方志纂修仍然取得了可观成绩。据统计，在短短的38年中，全国修志达1581种。平均每年41种，大大超过了明代年平均11种，也超过了清代年平

[1] 刘纬毅．中国地方志[M]．北京：新华出版社，1991：128.

均37种[1]的成绩。这些志书虽然仍旧是半封建、半殖民地社会的产物,但封建的清王朝毕竟已被推翻,政治结构发生相当大的变动,民主主义思想也有了一定程度的发展,所以,其中的一些方志,呈现了与前代志书极不相同的面貌,有了新的变化。首先引起了修志宗旨的变化,而修志宗旨的变化又使方志性质、方志体例、方志编纂法等各个方面做出了相应的调整,从而形成了具有独特的民主性与进步性等时代特征的方志。

二、省志《贵州通志》与任可澄

民国时期的贵州,前期军阀混战,后期抗日战争及解放战争继起,战火不断,地方政府仍然落实了不同时期政府有关修志政策,设立相关机构以统筹全省修志事业。首先是1919年8月设立续修贵州通志局,接着1936年8月改称贵州省文献征辑馆,而1947年8月又改设贵州文献委员会,使得贵州修志事业与全国也基本处于同一步调。尽管修志工作始终是时断时续进行,但其成绩仍然处于新中国建立前贵州历史上方志事业发展历程中最兴旺时期。

根据张新民《贵州地方志考稿》《民国年间贵州未刊县志资料十二种》及《贵州省志·出版志·贵州省地方志书存佚目录》三类书籍或资料为主要来源进行统计,有民国时期编修贵州地方志计105部,现存93部,亡佚12部。其中贵州省志现存5种,亡佚1种。9个地州市现存志书和亡佚情况分别为:贵阳市方志,现存2种,亡佚0种;安顺地区方志,现存12种,亡佚0种;黔南自治州方志,现存10种,亡佚4种;黔西南自治州志,现存11种,亡佚1种;六盘水市方志,现存8种,亡佚1种;毕节地区方志,现存4种,亡佚2种;黔东南自治州志,现存23种,亡佚3种;铜仁地区方志,现存10种,亡佚0种;遵义地区方志,现存8种,亡佚0种。这些方志虽不可能是民国贵州方志的全部,占比90%以上应该没有问题。民国共38年的时间里,年均约3本,就数量上来说与全国的平均水平仍然保持了相当大的距离。但在质量上,民国贵州方志也有诸多可观之处。如省志《贵州通志》,民国时期尽管全国方志修纂取得了很大成绩,但仅有两个省份修成省志,贵州便是其中之一。同时通过这部省志的纂修,也推动了贵州全省大规模的方志纂修

[1] 刘纬毅.中国地方志[M].北京:新华出版社,1991:129.

活动。

民国时期，贵州具有省级性质的志书一共6部，分别为《贵州通志》《贵州通志稿本》《贵州乡土地理》《贵州乡土历史》《贵州地理志稿》《今日之贵州》。其中，《贵州通志稿本》为“正式修志辑钞备徵的资料，尚不能等同于一般长编性质的志稿”，其资料多为《贵州通志》采入。《贵州乡土地理》材料多摘自《贵州通志》，不分卷仅30页[1]，当为民国学堂教材。《贵州乡土历史》应为民国年间授课讲稿，仅二编10页[2]。《贵州地理志稿》已亡佚，《今日之贵州》共15册，各册可独立成书，具有丛书性质。讲述贵州党务、施政、教育、司法、民俗等各方概况。民国《贵州通志》是此期最为规范的省志，其纂修与任可澄有很大关系。

任可澄（1878—1945），原名文荣，字志清，晚号匏斋、匏叟，出身于贵州普定县一个世代官宦之家。祖父焕奎，中选翰林，官至吴县（今江苏苏州）县令，有著作行世；父亲毓桢，顺天乡试举人，未入仕途。接受祖父的家庭教育，他聪颖好学，打下了传统儒家学养根基，为以后从事文化事业奠定了深厚的基础。1897年考取秀才，成为严修学古书院40名高才生之一。接受近代维新思想的影响，涉猎研读西方的政治、经济、历史、文化等方面的书籍，为其后来成为一位坚定的宪政派人士奠定了思想基础。1903年中举人；次年授内阁中书在北京。1904年回贵州，参与贵州“新政”活动，兴办学堂并受聘为贵州学务所参议。1909年作为贵州宪政党的领导人及教育总会会长，控制利用《黔报》《贵州公报》为宣传工具，与自治学社《西南日报》对抗。贵州光复后，被自治学社领导人张百麟等请出山，任枢密院副院长要职，成为宪政派在枢密院的代表。唐继尧任贵州都督后，他任都督府参赞兼秘书长。还先后担任审计处长、黔中观察使、镇远道尹等职。1914年唐继尧任云南都督时任他为云南巡按使。1915年12月，与唐继尧联名通电全国，宣布云南独立起兵反袁。1916年6月被段祺瑞提名内务总长被国会否决。1920年任贵州临时省长，1923年10月任教育总长。蒋介石国民政府时期当过云贵监察使。1938年贵州文献征辑馆成立，任可澄任馆长。

1919年8月，续修贵州通志局成立。任可澄担任总纂，陈矩、李祖峰、杨覃

---

[1] 贵州地方志提要编辑委员会．贵州地方志提要[M]．贵阳：贵州人民出版社，2014：7.

[2] 贵州地方志提要编辑委员会．贵州地方志提要[M]．贵阳：贵州人民出版社，2014：7.

生、王蔬农、聂尊吾、柳小汀、段甲楼等为分纂。邹质夫、李紫光、文彦生、紫晓莲等应邀相助，通志局以贵阳资善堂为办公地点。开始编修《贵州通志》，通志局为征集资料，颁发《采访条例》，“通饬各县修理志乘，凡已修者，当应继修，未修者当应新修”。由于政局纷扰，修志时断时续，期间历经坎坷，参与纂修者几易其人，任可澄也于1945年病逝，但志书在杨覃生的继续主持下于1948年终至完成。

民国《贵州通志》是贵州自明朝到民国时期所有通志中，卷帙最为浩繁，史料最为丰富的一部。全书共分171卷，分装105册，约750万字，19个分志，叙事始于远古，迄于清宣统三年（1911年）。系统地记述了贵州各个历史时期的政治、经济、军事、文化、教育等方面的情况。该志的纂修经历了诸多人事变动，参加纂修者及其分工的基本情况为：任可澄担任总纂，负责《前事志》纂修与各门定稿，他又以余暇帮助整理了《土民志》和《风土志》；1945年任可澄去世后，杨覃生继任总纂，担任《宦绩志》纂修并分核其他各门；其余各分纂者及担任修纂的门类为：万大章《舆地志》《建置志》，梁维翰《武备志》《食货志》《列女志》，邹质夫《土司志》《土民志》《职官表》《选举表》《杂志》，李紫光《学校志》《风土志》；柴晓莲《人物志》《古迹志》，李独清《艺文志》《金石志》《祠祀志》。其中《前事志》约250万字，占全志三分之一的篇幅，任可澄为此付出了巨大劳动。有人描述他“早岁即擅长史学，文笔尤渊雅。于乡邦文献，尤所系怀。尝感黔事载籍多疏，故每出外，辄以志稿自随，所至搜求旧闻，增辑黔故”[1]，这是对任可澄修志真实状况的刻画。正是这种文化保存的自觉精神，保障了这项工作以较高质量完成。

光绪年间地方志的纂修已经出现了一些新的时代特征，特别是此间出现的乡土志，不仅出现编辑热潮，而且无论在乡土志编纂的宗旨还是内容体例方面都有了很大变革[2]。但是这种变革要反映在省志的编纂上还是需要一定的积累。民国时期，全国各个行政省区都纂修了通志，这些“通志基本上保持了传统的记载形式，虽在类目上注意弃旧更新，……而有相当多的一批通志只是稿本，甚至是未完成之稿本，故民国的通志，总体质量不高。不过相比于各省在此以前的通

[1] 卞孝萱，唐文权．辛亥人物碑传集［M］．苏州：凤凰出版社，2011：405.

[2] 许卫平．中国近代方志学［M］．南京：江苏古籍出版社，2002：45.

志，有不同程度的进步与发展”❶。即此时省志的纂修体现的是传统编纂形式向近现代编纂形式过渡的特点。

这部民国《贵州通志》也不例外，著名方志研究学者张新民评价该通志：“虽体例沿袭旧志，内容仍有新的增损，且编次有秩，征引赅博，叙述详赡，是黔省志书的巨擘。”❷那么，这部被贵州学人甚为重视的省志，同传统省志相比有哪些值得称道的地方，它又被打下了哪些时代烙印呢？

首先，修志宗旨的变化。长时期以来，传统旧志的编修只是强调“资政”与“教化”的社会功用，而所谓的“教化”，主要是侧重训导臣民的“忠君”思想，训化“忠臣良民”。《贵州通志》还不同程度地留存着封建的残迹，但却毫无掩饰地反映了近现代社会所具有的特点和精神面貌。任可澄在其《印行黔南丛书启事》中认为：“立于地球之上，欲求种族保存，必赖有文字，有文字必赖有历史。”❸在另一篇文章中他同样指出：“文献者，一国家民族精神之所共寄，有之则虽亡而若存，无之则虽存而如毁也。”在中国面临危机时代，很多人均抱持此存文化以存国家与民族的观点，任可澄也无例外。地方文化与国家文化的关系是怎样的呢？“蔚为黔乘之光，抑进而得为溶发民族文化之一源泉焉”，由此，他有了作为一个地方文化者的强烈使命感：“若夫明清二代，世有达人，文物声名，骎骎有并驱中原之势，徒以交通为梗之大，兵燹为祸之烈，文献可考于今者，千百不得什一，此吾辈黔人所当认为盛耻发愤以求雪也！”面对此情此景，他认为“吾人聚居于此，若不于文字历史发挥而光大之，何能与中原文献之邦絜短量长？更何能与欧美富强之国并驱争先乎？”❹必须发展文化，才能有立足之地，表现出强烈地爱国爱乡情感。任可澄1942年的一次谈话中也剖白心迹：“这年秋天，回到贵阳，不愿再过问政治，发起续修《贵州通志》，一心整理地方文献。”❺这些看法表明黔中学者近代以来逐渐开阔的视野，救亡图存时代大背景下的爱国情怀与危机意识。

❶ 许卫平. 中国近代方志学[M]. 南京：江苏古籍出版社，2002：106.

❷ 张新民. 略论贵州方志成就[M]//中国历史文献研究会，贵州历史文献研究会. 学者笔下的贵州文化：贵州文化国际学术研讨会论文集. 贵阳：贵州人民出版社，1998.

❸ 陈琳. 任可澄与《黔南丛书》析[J]. 贵州文史丛刊，2006(4).

❹ 任可澄. 发刊词一[J]. 贵州文献季刊，1938(1).

❺ 彦夫整理. 任可澄生平一夕谈[J]. 文史天地，1994(1).

其次，同以往省志相比，任可澄《贵州通志》在志书体例门类上有所变革。具体表现在以下几个方面：其一，具有了一定的科学性，不再设显示“君权神授”标志的“星野”与“祥异”等目，首置“舆地”，并废“八景图说”“文庙祭器”，精绘汉至明沿革图30幅，因为“天文五行不过辗转钞录，兆人间丰歉吉凶之说，类多捕风捉影，并无根据，是以两门概付删除”❶。同时，在地图的使用上，也讲求科学，“西学东渐，测绘尤精”，力图做到“一字必有根据，一事务求源委，其所不知，盖阙如也”❷。其二，对方志的体例门类如何适应社会的发展变化进行了探索实践。将少数民族专列一目，“民族土官土民，旧志亦多混同，土官言统驭之事，土民具种族之别，两志亦分别言之”❸，这是当时现代民族意识增强的体现。因为“淘汰既烈，适者生存，文野递嬗，称谓渐殊”。以达“科学的分类”。在“人物志”中，在乾隆志“始析乡贤、忠烈、孝义、宦迹、文学、隐逸六目”的基础上，“较乾志仅溢‘武功’一目”❹。如此设置，是与近代中国饱受帝国主义侵略蹂躏，近代学人提倡“军国民”“兵魂”以御侮有关。另外还设置了“学堂”“邮局”等类目以反映近代新出现的社会现象。

再次，《贵州通志》记载内容也有了一些变化。编写民国《贵州通志》，贵州历史上有好几部具有统志或通志性质的志书，明《贵州图经新志》、嘉靖《贵州通志》成书较早，康熙、乾隆两通志较晚，乾隆六年以后到清末，近一百七十年没有重修或增补。这部通志比乾隆《贵州通志》晚出两百多年，不仅把记事的下限延伸到辛亥革命，而且补充订正了以前各志的许多漏误，凡“弘、嘉、康、乾诸志有漏载者，亟为补录，或近芜者，徐与梳理。其条出于某志，必载其名，未敢攘美，某事类于臆说，亦正其误，未敢苟同”❺。同时增加了大量近代社会嬗变中的新事物。总

❶ 李独清．续修《贵州通志》和征集文献经过[J]．贵州文史丛刊，1981(1)．

❷ 参见龙尚学选辑．贵州地方志参考丛书：贵州地方志序跋凡例选录4．贵阳：贵州省地方志办公室印，1984：98．

❸ 李独清．续修《贵州通志》和征集文献经过[J]．贵州文史丛刊，1981(1)．

❹ 李独清．民国《贵州通志人物志》小序，戴龙尚学选辑．贵州地方志参考丛书：贵州地方志序跋凡例选录4．贵阳：贵州省地方志办公室印，1984：121．

❺ 李独清．民国《贵州通志》叙例，戴龙尚学选辑．贵州地方志参考丛书：贵州地方志序跋凡例选录4．贵阳：贵州省地方志办公室印，1984：97．

的来看，民国时期方志的记述篇幅要增溢于此前。另外，对于事同而文异的资料，次第罗列，兼收并蓄，存文备览。其中引用的许多资料，今已失传，依赖此书得以保存，弥足珍贵。有关建置沿革、山川河流，土官土民等历史上悬而未决的重大问题，一一详加考订，写成专章，或加具按语，大胜以前诸志。其中如《鬼方考》《牂牁江考证》《土民总说》《贵州考》诸篇，都是任可澄精心考证的论著，常为治史工作者所推重，称它们为“补史之缺，参史之错”的好文章。

最后，在全志的谋篇布局上，同以前省志相比，有诸多不同，“不得不将原志打散，另起炉灶，虽说续修，实是另纂”❶。例如，在一类类目上，由原先一般的八分志变为十九分志，除食货、人物、武备及艺文四分志纲目相同外，其余均作了调整，即使这四目，具体内容也是作了很多的调整。例如，“旧志艺文多列诗文，存玑羽而失鹏鲸，所选录者颇多芜杂，亦非可资效法，因将诗文散归各门，艺文仅列书目，间采序跋，以代提要”❷。这样安排既一目了然，也便于理解与查找。在每一纲目内部，也作了很多规范化的处理，例如占全志三分之一篇幅的“大事志”，任可澄的去取思路为：“乾志乃以大事散见‘师旅’‘建置’诸篇，所不能该，则竟削去，可谓不善继述。顾大事，古称祀戎，语源未核。遵志别为‘年纪’。而黔在殷周之世，若泯若没；六代而还，转成荒废，则‘年纪’亦乖名实。用袭谢蕴山‘桂志’、黄子寿‘畿辅志’，名以‘前事’，视已成师后事意也。诸志一篇之中。或兼众体，既碍制裁，仍难寻捡，惟‘遵志’祖紫阳纲目，得割麟经、附盲左之便；而于事同文异之件，改用骈列，尤为矜慎，兹编悉遵用之。”❸显示了他既尊重历史事实本来面目的原则，又兼顾纲举目张的编排方针，可谓既合理又合科学，所以整个《贵州通志》最为人称道的，便是其“有因有创，务求原委，必列根据，以免臆说，不知者则付阙如，条贯疏理，大异以前诸志”❹。

总之，以任可澄为代表的一代贵州学人，在战乱频频、动荡不安的艰难处境中，以锲而不舍的精神，做了很多开创性的努力，呈交如此巨卷，从而没有辜负时

---

❶ 李独清．续修《贵州通志》和征集文献经过[J]．贵州文史丛刊，1981(1)．

❷ 李独清．续修《贵州通志》和征集文献经过[J]．贵州文史丛刊，1981(1)．

❸ 任可澄贵州通志·前事志：小序，戴龙尚学选辑．贵州地方志参考丛书：贵州地方志序跋凡例选录4．贵阳：贵州省地方志办公室印，1984：125．

❹ 李独清．续修《贵州通志》和征集文献经过[J]．贵州文史丛刊，1981(1)．

代使命。民国《贵州通志》,是贵州省内现存方志中内容最为丰富的一部省志,在贵州地方文化发展史上占有重要地位,无论是研究贵州地方文化历史还是编写地方新志,该通志均是不可或缺的重要参考史籍。

第三节　地区方志概况

除6部省级志书外,地区性质志书99部有各种形态,其中亡佚的包括民国《都匀县旧志稿》《三合县志访稿》《兴仁县志访稿》《水城乡土历史地理》《威宁县志》《毕节新志》《黄平乡土志》《炉山县志访稿》《炉山县志》、朱龙章《贵定县志稿》、杨可文《贵定县志稿》共11部。现存志书在贵州有几次集中整理,如1965—1966年贵州省图书馆集中油印贵州地方志,成为后来印刷的基础。2006年巴蜀书社版《中国地方志集成·贵州府县志辑》影印了明代至民国时期的贵州地方志127种,共50册。2016年,由贵州省地方志编纂委员会办公室主编、四川世纪文采文化传播有限公司承编、中国文史出版社影印出版的《贵州历代方志集成》问世。该书影印整理贵州省内志书合计137部,为当前贵州历代方志收集整理中最完备、最权威的成果。有些则是地方政府或一些单位在整理,前者如六盘水市地方志编纂委员会汇编了《六盘水旧志点校》,后者如《民国年间贵州未刊县志资料十二种》,1990年由贵州民族学院民族研究所编后出版。本部分后面将涉及的88部志书相关信息,基本出自这几次的整理及张新民《贵州地方志考稿》,提到"未刊本"仅指民国时的情况。

一、以"志"命名的地区方志

下面首先解析现存88部志书中以正式的"志"命名的地区方志,这些方志基本是已经完成的正式志书。这里采取列表的方式,按编修或刊印时间排序,将其纲目内容展示出来,纲与纲之间用分号隔开,纲之中的目如果分成几卷用分号隔开,如果放在一卷之内用顿号,以民国《贵州通志》和中华民国十八年十二月内政部奉行政院转奉国民政府令准通行《修志事例概要》为解读依据。

表5-3　民国时期编修;贵州现存正式方志统计表

序号	名称(民国)	修纂者	编修纲目
1	威宁县志18卷(1913)	苗勃然、王祖奕纂修	**地理志**;**建置志**;**前事志**;**职官志**;**宦迹志**;**学校志**;**选举志**;**乡贤志**;**经业志**;**物产志**;**屯垦志**;**忠烈志**;**烈女志**;**风土志**;**金石志**;**古迹志**;**杂事志**;**艺文志**
2	瓮安县志21卷(1915)铅印本	李退谷修,朱勋纂	**舆图**;**疆域**(形胜);**纪年**;**城池**(村市、关梁、邮传);**公署**(坛庙、寺观、名胜、坊表、古迹、丘墓);**山川**(水道考);**气候**;**祥异**;**户口**(风俗、方言、苗蛮);**职官**;**学校**(学产);**科贡**;**典礼**(褒扬条例);**农业**(蚕桑、木棉);**田赋**(徭役、榷估、经费);**积贮**;**土官**;**军制**;**列传**(名宦、儒林、孝友、贤能、武功、忠节、节孝、行义、文苑、隐逸、寓贤、耆寿);**艺文**(赋、诗、启、议、书、序、记、论、辨、墓志铭、跋);**杂记**
3	独山县志28卷(1915)稿本	王华裔修、何干群等续修,艾应芳纂	**舆图**;**建置**;**疆域**(形胜);**山川**;**城池**(街坊、场村);**公署**;**关梁**;**阬冶**;**坛庙**(寺观);**古迹**;**农桑**;**物产**;**风俗**(苗蛮);**祥异**;**户口**;**赋税**(关榷、杂税、经费、积贮);**蠲恤**(养济院、义冢);**学校一**;**学校二**;**兵防**(邮传、师旅);**职官**(土司);**宦绩**;**选举**;**人物一**(列传一、列传二、忠节、孝友、行义);**人物二**(列女、贞烈、守节);**人物三**(列女、贤明);**杂记**;**艺文**
4	安南县志10卷(1916)	周叙彝纂修	**大事志**(沿革、本末);**地理志**(城郭、名山、洞石、泉池、桥梁、水道考);**秩官志**(官制、文职、官营、职官);**学校志**(书院、试费、义学、社学);**赋役志**(田赋、户口、丁赋、课税);**经制志**(驿站铺);**祠祀志**(坛庙、寺观);**人物志**(选举、乡贤、忠义、名宦、孝友、善行、寿考);**古迹志**(古地、古城、古驿、古墓、古碑);**物产志**(谷属、豆属、蔬属、瓜属、货属)

续表

序号	名称(民国)	修纂者	编修纲目
5	施秉县志2卷(1920)年	朱嗣元修，钱光国纂	卷一：图说、山脉、水道、城池、公署、公所、关梁、坛庙、祠宇、寺观、市集、村寨、仓储、职官、宦迹、乡贤、书院学制、学堂、兵事、营汛驿站、保甲、团防、警察、物产、风俗、气候、农桑、林、工业、矿、商、乡贤、宦迹；卷二：列女、土司、古迹、艺文
6	黄平县志25卷(1921)	陈昭令修，李承栋纂	**缘起**（**目录、序跋、凡例、禀牍、图画、职任**）；**方舆志**（疆域、星野、沿革、山川；名胜、古迹、冢墓、里堡、气候、风俗）；**建置志**（城池、官署、坛庙；驿传、坊表、津梁）；**官师志**（秩官、世职、土司；名宦、武备）；**教育志**（诏令、庙祀；典礼；书院、学校）；**选举志**（科第、贡监；保奖、援例、椽吏、耆寿、封荫）；**人物志**（宦迹、乡贤；学行、孝友；勇烈、忠义）；**列女志**（节孝；贞烈、贤淑）；**食货志**（田赋、徭役；经费、积贮、蠲卹；物产、户口）；**艺文志**（序跋；论说；传、记；记、辞赋、诗歌；诗歌）
7	南笼续志30卷(1921)抄本	洪寅修，宋绍锡纂	**舆地志**（地图；山脉；水道；村寨市集）；**建置志**（城池；公署公所；关梁）；**前事志**（兵事）；**秩祀志**（坛庙、祠宇、寺观）；**食货志**（仓储）；**职官志**；**学校志**（试院、书院；学堂）；**选举志**；**武备志**（团防、保甲、警察）；**风土志**（风俗、气候；物产）；**宦迹志**；**乡贤志**；**列女志**；**经业志**（农桑；工业；商业；林业；矿业）；**金石志**；**艺文志**；**古迹志**；**土司志**；**杂志**（杂事）
8	石阡县志20卷(1922)	周国华修，冯翰先纂	**舆地志**（疆域、地图、地图说明、山川、形胜、里甲、户口、乡村）；**建置志**（沿革、城池、官署、关梁、塘铺、邮局、亭馆、坊碑、讲约所、养济院、监狱）；**秩祀志**（坛庙、祠宇）；**典礼志**（教令、旧志典礼、封典）；**食货志**（户口、田赋、课程、经费、蠲恤、

续表

序号	名称(民国)	修纂者	编修纲目
8	石阡县志20卷(1922)	周国华修,冯翰先纂	积贮、关税、协饷);**职官志**(文职、武职);**学校志**(学宫、学额、学田、书院、考棚、学堂);**选举志**(进士、举人、副榜、拔贡、优贡、岁贡、恩贡、武进士、武举、选举论、职官、议员、毕业生);**武备志**(武制、兵防、师旅考、国防、警察);**风土志**(气候、风俗、方言、方物);**经业志**(农业、工业、商业、林业、矿业);**名宦志**(总部、知府、推官、教授、经历);**人物志**(乡贤、孝义、文学、政事、武功、忠烈、隐逸、高年);**列女志**;**金石志**(界石碑、钟炉、石舟、温泉碑);**艺文志**(序、说、解、引、文、传、记、铭、表、诗);**古迹志**;**土司志**;**杂志**(轶事、义举、流寓、仙释、方伎、星野、祥异、古树);**旧志论序**
9	普安县志18卷(1926)石印本	杨学溥修,田昌雯纂	**舆地志**(山脉、水道、新旧县志图、各区分图);**建置志**(沿革表、沿革考、城池、衙署、关梁、邮局、市集、都呰、户口);**前事志**(杂志、兵事志、祺事志);**秩祀志**(坛庙、祠寺、寺观);**食货志**(田赋、课程、税课、经费、积贮);**职官志**(官制、文武职官表);**学校志**(学官、学校、学额、书院、义学、学堂);**选举志**(文选举表、武备选举表、现今各界人员出身表);**武备志**(兵制、团防、保甲、警察、营汛、驿站);**风土志**(气候、风俗、方言、方物);**经业志**(农业、蚕桑、工业、商业、林业、矿业);**宦迹志**;**乡贤志**(德行、政事、文学、武功、忠义、制兵、死事名氏表、民兵死事名氏表、隐逸);**列女志**(节妇、烈妇、贞孝、贤明);**土司志**(苗蛮、苗蛮语言);**古迹志**(废城、废垒、崖磴、古战场、烽火台、碉楼);**艺文志**(文、诗);**杂志**(杂录、流寓、仙释、方伎、前清征谊役记)

续表

序号	名称(民国)	修纂者	编修纲目
10	大定县志22卷(1927)石印本	张鉴、潘慎勤修,李芳纂	**舆地志**(图说、山脉、水道);**建置志**(沿革、城池、公署、公所、废署、市集、村寨、道路、桥梁、关渡、驿传、邮电);**前事志**(纪年一、纪年二;夜郎本末、蜀汉庲降都督治平夷本末、水西安氏本末);**秩祀志**(上祀、中祀、群祀、附祀、寺观、会馆);**食货志**(户口丁银、田赋、关税、经费、积贮、蠲卹、盐法、钱法);**职官志**(职官规条、官制等);**宦绩志**(列传、汉、晋、宋、元、明、清);**学校志**(学宫、学制、学额、贡法、试院、书院、义学、学堂、学庄、祀制);**选举志**(制科、选举、荫恤);**武备志**(元达鲁花赤、明守备、副将、士兵、清镇协塘汛、驻防各营、征调、团防、警察队、保商营、盐务防军、军械);**风土志**(气候、风俗、苗俗、方言、殊语、夷字、苗文、方物);**经业志**(农业、蚕桑、工业、商业、林业、矿业);**乡贤志**(德行、政事、文学;武功、忠义、隐逸);**烈女志**(节烈(附节烈表)、贞孝、贤明、寿妇表、义婢);**古迹志**(羁縻州、部落、营洞、驿铺、险隘、冢墓、坊表、浮屠、遗址、古物);**杂志**(流寓、方技、方外、奇闻轶事);**艺文志**(书目、文;诗上;诗下)
11	绥阳县志9卷(1928)铅印本	胡仁修,李培枝等纂	**地理志**(舆图、建置、疆域、形胜、山川、关梁;古迹、内八景、外八景、丘墓、金石、风俗、祥异、场市);**营建志**(城池、公署、公所、学校、书院、义学;坛庙、寺观、公田);**职官志**(官职、秩官、宦绩);**食货志**(户口、田赋、蠲恤、积储、农业、物产);**选举志**(科贡、议会);**人物志**(列传、孝友、行义、忠节、流寓、方技、耆寿、节孝、贞烈、义婢);**武备志**(兵制、兵事、营砦);**艺文志**(谕、疏、序、记、文、传、铭、墓志、诗、赋);**附大事表**

续表

序号	名称(民国)	修纂者	编修纲目
12	桐梓县志49卷(1929)铅印本	李世祚修,犹海龙纂	**天文志**(星野、晷度、气候、祥异);**舆地志**(舆图;建置、疆域;城垣、衙署、局所;坛庙;山川;关津、井堰;场市、砦硐、古迹);**秩官志**(职官;名宦;土官);**军务志**(兵防;军事上;军事中;军事下、团防);**食货志**(户口、赋税;物产一;物产二;物产三;仓储、蠲恤);**实业志**(农业;蚕业;工业、商业、矿业;林业);**交通志**(路政;河工;电报、电灯、邮政);**文教志**(学校;典礼一;典礼二;风俗);**选举志**(举贡;毕业;荐辟、议会);**人物志**(宦迹;文苑;忠烈;孝友;行义;烈女;耆寿;流寓、方技);**文征志**(诏敕、奏疏;记序;文檄、教谕、难考、辨跋、颂说、铭赋;诗一;诗二;诗三;杂记)
13	平坝县志6册(1932)铅印本	江钟岷修,陈廷棻纂	卷首和志乘志、地理志、民生志、官治志、自治志、教育志、武备志、交通志、祀祷志、经费志、业产志、人物地、艺文志、事变志、杂稽志15个专志,涵盖建置、区划、气候、人口、教育、邮电、行台旅店、地丁田赋、工业商业、艺术纪事、佛系纪事、政事纪事、武功纪事等136个门类
14	兴仁县志22卷(1934)	冉晸修,张俊颖纂	**地理志**(建置编:沿革;城池、词庙、坊表、古物;山水编:山脉大势、山;河流、泉池;名胜、奇迹;关梁、津梁);**民政志**(县府、教育、建设、财政、公安、自治;民团、赋税);**风物志**(风俗;气候);**纪官志**(官制;职官);**人物志**(忠义、德行;儒林、才识;乡官、奇士、宦迹;贞女、烈女、节妇、奇妇);**大事志**(汉迄清;民国);**别录志**(记典;公文);**艺文志**(韵文;散文、考据)

续表

序号	名称(民国)	修纂者	编修纲目
15	续遵义府志35卷(1936)刻本	周恭寿修,赵恺、杨恩元纂	**图说;城池;公署;坛庙;山川;关梁;古迹;户口;赋税;蠲恤;农桑;物产;祥异;学校;兵防;职官;宦绩;选举;列传一;列传二;列传三;列传四;列传五;列传六;列传七;年纪一;年纪二;年纪三;矿产;宗教;法制;艺文一;艺文二;艺文三;杂记**
16	余庆县志4卷(1936)石印本	陈铭典修,李光斗等纂	**舆地志**(山川、河道);**建置志**(沿革、城池、公署、公所、村寨、场市、关津、驿传、邮局、电局);**前事志**;**秩祀志**[上祀、中祀、群祀(附寺观)];**食货志**(户口、田赋、关厘、经费、积贮、蠲恤);**职官志**(官制、文职官表、武职官表);**学校志**(学宫、学制、学额、书院、义学、学堂);**选举志**(制科、文进士表、武进士表、文武举人表、拔贡表、副贡表、恩贡表、岁贡表、孝廉、方正);**武备志**(兵制、团防、保甲、警察);**风土志**(气候、风俗、方言、方物);**经业志**(农业、桑业、工业、商业、林业、矿业);**宦迹志**;**乡贤志**(德行、政举、文学、忠义、制兵、死事名氏表、贞孝、贤明);**艺文志**;**古迹志**;**耆寿志**;**土司考志**;**杂志**
17	麻江县志23卷(1938)铅印本	拓泽忠、周恭寿修,熊继飞纂	**地理志**(舆图;疆域;沿革;山川;风俗);**营建志**(城市;学校;祠庙寺观);**食货志**(赋税;仓储;经费;农利物产);**大事志**[年纪(二卷)];**官师志**(列传);**人物志**(共四卷:列传;列女传;诸表);**艺文志**(共四卷:内篇和外篇)
18	息烽县志38卷(1940)稿本	王佐、樊昌绪修,顾枞纂	**建置志**(疆里;沿革;祠祀;城池;关梁);**学校志**(制科、选举、学校);**官师志**(职官上;职官下);**食货志**(农业;林业;工业;矿业;商业);**方物志**(动物部四卷;植物部八卷;矿务部);**风土志**

续表

序号	名称(民国)	修纂者	编修纲目
18	息烽县志38卷(1940)稿本	王佐、樊昌绪修,顾枞纂	(风俗;气候;方言);**诸夷志**(土司;苗族);**献徵志**(敕、诏、谕、奏疏、摺;公文、饬、书、状、颂、赞、箴、铭、论、说;答问、解、考、传、序;纪事、记、碑记、文;议、教、表、志、跋、启、小引、书后;赋、歌、诗余;诗)
19	德江县志3卷(1942)石印本	张礼纲修,黎民怡、田广心等纂	卷1是地理志、建置志、祠祀志;卷2是田赋志、官师志、人物志;卷3是志乱、杂记。书末附大事记
20	沿河县志18卷(1943)铅印本	杨化育修,覃梦松纂	**舆地志**(疆域;山脉、水道、邮政、电政、路政;兵要、地理);**建置志**;**前事志**;**职官志**(官制、文职官表);**食货志**(户口、田赋;经费;积贮、农政、林政、矿政、合作);**学校志**(书院、学校、社会、教育);**选举志**(制科、文进士表、文举人表、武举人表、恩拔优副岁表);**武备志**(兵志、团防、保安、警察、国民兵组训、民力编配、干部、训练、城守);**风土志**(气候、风俗、方言、方物);**人物志**(忠烈、乡贤、孝友、行义;节孝、贞烈、贤明、耆寿);**艺文志**(序、记、禀、铭、表、诗);**古迹志**(寺庙);**杂记**(祥异、隐逸、豪土、仙释、方伎、佑溪行吟集、佑溪酬唱集)
21	晴隆县志6章(1943)	耿修业修,钱开先纂	(志首设晴隆县图)**第一章:历史沿革**;**第二章:地理**,设位置、疆域、山脉、河流、关隘、土地、城垣、寺观、名胜古迹等10节;**第三章:气象**,设全县气候概述、测候管理机构、温度、降雨量、天灾等5节;**第四章:人文**,设人口、语言及文字、宗教、风俗、生活习惯、民国历任县长、历代乡贤忠义等9节;**第五章:经济**,设县财政、农业、商业、物产、合作社、货币与金融等8节;**第六章:政治**,设仓储、救恤、禁烟、卫生、训练、军法及司法等9节

续表

序号	名称(民国)	修纂者	编修纲目
22	车江乡志8篇(1945)	佚名撰	**地理**(疆域、沿革);**社会**(民族);**政治**;**经济**(农业、林业、水产、渔产、畜牧、工业、商业、交通);**文化**;**人物**;**文艺**;**杂记**
23	剑河县志12卷又首1卷(1945)石印本	阮略纂修	**天文志**(分野、气候、灾祥);**地理志**(舆图、疆域、沿革、面积、境界、山脉、川井、关梁、寺庙、古迹、名胜);**建置志**(县治、官署、乡镇、市场、法制、沿革);**交通志**(水路、交通、邮电);**军事志**(史略、兵制、保安);**党务志**(党史、纪要、组织、训练、宣传);**民政志**(祀典、礼俗、语言、宗教、保甲与户籍、仓储、卫生);**财务志**(田赋、税捐、军粮、地方财政、渔盐、储积);**教育志**(教育行政;初等教育、中等教育、社会教育、教育经费);**实业志**(农业、工业、畜牧、商业、矿业、合作物产);**人物志**(职官、名宦、乡贤、节义)、**文艺志**(文序传记、铭赞、诗词歌赋)
24	岑巩县志15卷(1946)稿本	蔡仁辉纂修	**前事志**(自周迄元;明;自清顺治迄咸丰;自清周治迄宣统;民国);**地理志**(沿革;疆域、插花;山脉、河流、气候、民族、户口),**物产志**(谷类、蔬类、果类、木类;花类、荤类、禽类、兽类、鳞类、介类、虫类、饮食类、制造类);**人物志**(科举、政治、军事;乡贤、忠勇、列女);**艺文志**(谕告、状、议、文、训词、考、记;序、传、铭、书、启、跋;赋、诗、诗余)
25	兴义县志8卷	卢杰修,蒋芷泽 杨可文等纂	该书于民国三十七年(1948)竣稿,未刊。原本分为八卷,但原稿目录与正文不同。1966年贵州省图书馆复制油印时予以更正,后分为十四章(不录)
26	镇宁县志4卷(1947)石印本	胡翯修,饶燮乾纂	**地理志**(沿革、合并、划拨、疆域、山脉、水道、市场、地势);**前事志**;**经制志**(官制、学制、赋税制、户口、积谷、屯田、驿递);**营建志**(州城、卫城、

续表

序号	名称(民国)	修纂者	编修纲目
26	镇宁县志4卷(1947)石印本	胡翯修,饶燮乾纂	县城、官署、楼阁、堡垒、桥梁、坊表、碑塔、丘墓、仓廪、公所、古迹);**职官志**(文职、武职、土司、名宦);**铨选志**(文进士、武举、优贡、拔贡、副贡、岁贡、恩贡、官);**宗教志**(释教、道教、耶教、回教、巫教、灯花教、同善社);**祠祀志**(上祀、中祀、典群、典礼、典庙、诸坛、寺观、专祠、私祠);**人物志**(乡贤、孝友、文学、武功、义烈、慈善、列女、耆年、隐逸、流寓、方外、技术、仕宦);**民生志**(衣食住行、农业、矿业、商业、工业、水利、林政);**民风志**(民族、婚礼、丧礼、岁时、一般习俗、方言、语言);**物产志**(动物、植物、矿物、特产);**庶政志**(党务、司法、田粮、民政、财政、教育、建设、军事、警察、防空、军法、社会、合作、地政、会计、卫生、选举、统计、考试、电讯、邮务、厘税、其他);**艺文志**(文、赋、词、歌、诗、私著一览表);**志余录**(遗闻、佳话、异闻)
27	遵义新志11章(1948)铅印本	张其昀等纂	**第一章:地质;第二章:气候;第三章:地形(上)、第四章:地形(下);第五章:相对地势;第六章:土壤;第七章:土地利用;第八章:产业与资源;第九章:聚落;第十章:区域地理;第十一章:历史地理;附地图22幅**
28	修文县志17卷(1948)铅印本	陈嘉言修,陈矩等纂	**建置志**(沿革、城池、衙署、公所、驿传、关梁、邮务、电报);**舆地志**(疆域图、山脉、水道、岩洞、池沼、水泉、疆里、市集);**前事志;秩祀志;土司志;献徵志;古迹志;人物志**(列传、列女);**贡举志**(制科、文进士表、武进士表、文举人表、武举人表、五贡表、中等以上学校毕业生表);**食货志**

续表

序号	名称(民国)	修纂者	编修纲目
28	修文县志17卷(1948)铅印本	陈嘉言修,陈矩等纂	(户口、田赋、经费、积贮、蠲卹、关税、慈善、捐款);**职官志**(官制、文职官表、武职官表);**风土志**(气候、风俗、方物);**学校志**(学宫、学校、学额、书院、义学、学堂);**武备志**(兵制、团防、保甲、警察);**经业志**(农业、蚕桑业、工业、林业、矿业);**金石志**;**宦绩志**
29	榕江县志12章(1948年)	仰方主持编纂	**第一章:县政**(沿革和地理、环境、行政区划、社会经济、驻县机关);**第二章:府务**(县府组织工作考核);**第三章:民政**(调整乡镇机构、提高官员待遇、普查保甲户口、举办户政讲习、任用受训人员充实乡镇、设备实施、乡镇造产、建立民意机关、禁政、礼俗、文献、警政);**第四章:财政**(整理税收、增辟税源、清理款产、统制食盐、充实财务机构、公债、树立乡政府财源);**第五章:教育**(国民教育、社会教育、国民体育、师资训练、补助旅外学生);**第六章:建设**(垦荒造林、整理苗圃、成立农业推广所、农业水利、给水工程推广、冬耕、电讯设备、修筑乡村道路、市政建设);**第七章:军事**(兵役、警卫、防护);**第八章:会计**(岁计、会计);**第九章:粮政**(粮赋收拨、军粮运输、办理积谷);**第十章:合作**(合作行政、合作业务、合作金融、合作教育);**第十一章:卫生**(医务防疫、妇婴卫生、学校卫生、教育环境卫生、戒烟);**第十二章:社会**(民众组训、社会运动、社会福利)
30	榕江朗洞分县志不分卷(1949)稿本	邱竹君撰年	**山脉;河流;地势;建分县城;政治沿革;地方自治;乡界;保甲及户口;教育;古迹;风景;气候;田粮;物产;市场状况;民俗习性;人物;科名及仕宦;忠烈;文艺**

表5-3中，计有30部志书，相对88本存志约占到1/3，说明非常完整的志书不是非常多，这种现象与当时全国的情况也是一致的。其中也还有尽管是以正式的“志”字命名，体例并非一定很整齐，如民国《施秉县志》原稿所冠书名，除以《施秉县志》称之外，还有《续修贵州施秉县志》《续修贵州通志施秉县征集编纂采访稿》等名称，其金石、书目等皆有目无文，并没最后纂定。民国《普安县志》编纂草率，体例也很混乱。民国《威宁县志》主要是摘录旧志史料，编目凌乱，如《杂事志》里窜入《乡贤志》续一、续二。同样，民国《息烽县志》经实地采访所得资料不到一半，其余部分都是抄录其他旧文献，含有和息烽县关系不大的内容，稿本错讹遗漏很多。民国《德江县志》全志仅1册，内容记载不够详细。《榕江朗洞分县志》只是杂陈搜访资料长编，且当采材料反而语焉不详，缺少必要的见识，油印本仅30页❶等。

从编纂体裁体例上来看，民国贵州方志比之以前方志有了很大变化，其一，出现了章节体的“志”书。表5-3中有民国《晴隆县志》《遵义新志》《榕江县志》三部，《车江乡志》则改卷为编，这些志书在语言上，也是现代白话文。其二，在纲目上的变化也是显著的。上述统计表是根据纂修的时间或出版时间排列，时代变迁在纲目上有所反映，一方面运用大量新词，如交通志、邮局、电局等以反映时代新生事物；另一方面增加了传统志书没有的纲目，如民政志、法治志、民生志、宗教志，党务志、财务志等，各时代出现一些新的子目，如20世纪10年代的养济院，20世纪20~30年代的自治、议会、民谣、民团等，20世纪40年代的合作、国民兵组训、民力编配、干部、社会教育等。有的名称依旧，内容已经发生了变化，如食货志，之前子目有户口、田赋、课程、经费、谥恤、积贮、物产，现在有的直接变为农业、林业、工业、矿业、商业等，或者变食货志三字为经业志、实业志等更具时代特征的语词。武备志由兵制、师旅考等变为保甲、团防与警察等子目。

从编写方式看，编纂大多采用浅显文言，大量应用图、表、照片，形象记录本的社会历史。例如，表包括文进士表、武举人表、恩拔优副岁贡表等对传统生活内容统计的表，又有对新的生活方式进行统计的学校毕业生表、民兵死事名氏表、选举统计表等。这些做法是参照1929年《修志事例概要》对方志附图、表、照

❶ 贵州民族学院民族研究所．民国年间贵州未刊县志资料十二种：第2册[M]．油印稿．贵阳：贵州民族学院民族研究所，1990：129-199.

片等具体规定的贯彻实施，其进步不仅在于表谱内容的扩充、运用的广泛，还因其制作方法采用了科学手段，地图多为实测所得，表中统计数字亦为调查而来，并做出分析比较；照片陈列在一些方志之中，也是民国贵州方志的创举，对于形象地展示各地风土名胜、人物事件及社会生活状况助益极大。当然也有一些方志仍然没有完全遵从《修志事例概要》的规定，例如民国《瓮安县志》尽管编纂非常认真，行文流畅，水平较高，是同一时期贵州县志中之上品。但是，朱勋在《自叙》中论祥异时便称："天文之说，不可思议，和气致祥，乖气致异，休咎吉凶，实关人事。"❶很明显体现了纂者的封建迷信思想。《石阡县志》《桐梓县志》《剑河县志》等也直接保留了仙释、方伎、星野、祥异等大多数方志摒弃了的传统子目，这就不符合《修志事例概要》的相关规定。

另外，通过上述统计表，也能看到有的方志变化不大，具有恪守传统的特征。例如，民国《瓮安县志》《大定府志》《绥阳县志》《麻江县志》的纲目基本上是传统设置，但是它们也并不能完全自外于时代变革之外，基本上会有个别新的纲目或子目，总体来看，修志时间越靠后变化也就更为明显。

二、其他类型贵州民国地区方志

下面考察一些名字比较特殊的方志。

第一类是"志稿"，有民国《水城县志稿》《续修安顺府志稿》《新修开州志稿》《开阳县志稿》《清镇县志稿》《都匀县志稿》《贵定县志稿》《思县志稿》《八寨县志稿》《思南县志稿》《荔波县志资料稿》等。据考察，这类"志稿"有两种情况，其一，的确是有比较粗疏的地方，这类比较多，如民国《水城县志稿》，又称《水城县志》，以陈昌言光绪《水城厅采访册》为底本，增益采访资料汇编，编纂人员尚未定稿即散，体系较乱。《荔波县志资料稿》"纯属草稿性质""其目的亦仅在保存历史资料"，但是其中的"历史事实，足够考据者，亦属不少"❷。《贵定县志稿》是民国时期贵定县采访处纂，系1919年续修《贵州通志》时，贵定县采访处第1－4期呈稿。各期陆续呈报，故编次并不统一而凌乱，不分卷。《思县志稿》艺文志记载相

❶ 贵州省瓮安县地方志编纂委员会. 瓮安县志[M]. 贵阳：贵州人民出版社，1995：753.

❷ 黄家服，等. 中国地方志集成：贵州府县志辑(25)[M]. 成都：巴蜀书社，2006：351.

对较详，其他各志记载比较简略。《思南县志稿》原稿概要记述了思南清末民初的部分史实，为后人编修县志提供了宝贵资料。但原文错字缺字较多。《八寨县志稿》共三十卷，卷首一卷，共20多万字。虽是研究该地区社会经济发展变化的重要史料，却也有很多详略失措，选材及认识不当的问题。其二，是谦虚之词，或者自我要求高，如《开阳县志稿》记载内容丰富详细，目录编排整齐，被认为是民国时期的优秀志书之一，署名“稿”在于“非敢有作，聊备遗亡耳”[1]。《都匀县志稿》40余万字，二十一卷首一卷，全书体例严谨，取材翔实，是民国时期编纂较好的方志，是记述贵州都匀历史的一部重要文献。原题为志稿，各序并未作解释，只是原卷二十《杂志》有目无文，不好揣测为何题“志稿”。《清镇县志稿》约28万字，内容引用的古典文献比较多，史料内容涉及面广，文献参考价值意义大。“稿可一再议也，志则不可易也。事之实与不实，传说之有无谬误，既非一人所得知，尤非采访所能尽。挂一漏万，固（故）所难免。入主出奴，更所难免。惟就采访之所得，尽吾咨访所得闻于地方父老人士者，而一一记载之。实与不实，披露而俟之公论”[2]，也就是有督己甚严的成分在里面。

民国《水城县志草稿》也带有“稿”字，暂且归为此类，该志现存学校、选举二卷，仅10余页，内容不够详细，可谓真“草稿”。

第二类是“志略”，有民国《三合县志略》《江口县志略》两部。民国《江口县志略》全志目录及正文共计18页，后人多诟病内容粗陋，是名副其实的粗疏志书。《三合县志略》则有所不同，修撰者胡翯在《自序》中解释，“盖余鲁莽从事，草率成书，挂一漏万，不过得其涯略耳”。该书的确述说简明，有44卷共140页[3]，但体例严谨，风格一致，还记录了一些比较珍贵的史料，如第44卷“杂俎”录有三合县抗日阵亡以及出征官兵的姓名和住址等信息，第42卷“民族略”文后附200余水族文字等。

第三类是“概况”类，包括民国《桐梓县概况》《从江县志概况》《榕江县概况》《剑河县地方概况》《遵义县概况》等。这几本命名“概况”的志书均为油印本，均

---

❶ 钟全林．开阳县志稿·序［M］//黄家服，等．中国地方志集成：贵州府县志辑（38）．成都：巴蜀书社，2006：316.

❷ 刘闾．刍言四［M］//清镇市史志办公室．清镇县志稿：点校本．清镇市：史志办公室，2002：15.

❸ 黄家服，等．中国地方志集成：贵州府县志辑（20）［M］．成都：巴蜀书社，2006.

无序跋，有的没有目录或目录不全。篇幅最长的有182页，最少的只有29页[1]。现代白话文撰成，以章节体为主，另有以甲乙丙丁方式标示，也有仅以纲目另起一行区隔。内部各章内容有的很不平衡，有的章几乎是全书一半的篇幅，有的章则仅有一页，中有众多统计表。总的来看，可谓与“概况”名称相符。

第四类是“访册”“采访录”“访稿”，包括《关领县志访册》《兴仁县志采访录》《郎岱县访稿》《羊场分县访册》《思南县采访录》等。民国《关岭县志访册》是应1919年成立贵州通志局《采访条例》的要求而作。资料来源除录自永宁旧志外，其余都是民国初年事件的采访记录，为尚未纂定的资料汇编。《兴仁县志采访录》也称《兴仁县志草》，错讹字较多，无序跋，有拟目未修，也有亡佚，为修《兴仁县志》而作。《郎岱县访稿》系1936年葛咏谷等人的采访稿，未编纂。《羊场分县访册》是续修《安顺府志》时访稿中的一部分，内容简略，大部分系收录黄华清的作品，形同私人文集。民国《思南县采访录》有19册，为续修《思南县志稿》而搜集汇录资料。这几本方志均为修志而采辑或采访的资料，有的目标志没有修成，访稿反成了该县唯一存留的志书，如《郎岱县访稿》《关领县志访册》，更加凸显其价值。

第五类是带有“增”“补”字样的志书，包括《开州志补辑》《兴仁县志补志》《增纂玉屏县志》《增补榕江县志》等。这一类志书名称的命定也有两种情况，其一，原稿就有“增”“补”字样。其中《开州志补辑》是朱启钤以乾隆《开州志》为底本，采集道光《贵阳府志》《黔诗纪略》等书加以补辑。所补为《职官表》《选举表》《名宦》《耆旧集》《列女表》等[2]。《增纂玉屏县志》是乾隆朝赵沁子孙后代所修《玉屏县志》的重刊本，1948年郑一平任玉屏县长，发现该志仅有孤本，为广流传，重新翻印，又因民国史事“不能不稍加纪，以备遗缺，增补附录一卷”，由夏如宾等增纂。其二，为后来人所加。如《兴仁县志补志》，该志原稿中缝题《兴仁县志》，未刊，1966年1月贵州省图书馆据兴仁县档案馆藏初稿本复制油印时，除了根据内容拟定目录，据有关资料进行校勘外，认为其内容多系补民国张俊颖版《兴仁县志》中不足，并经征得原收藏者同意，加一“补”字改为此名。

---

[1] 以贵州民族学院民族研究所编:《民国年间贵州未刊县志资料十二种》(1990年版)为统计标准。

[2] 启功. 冉冉流芳惊绝代　朱启钤学术研讨会文集[M]. 贵阳:贵州人民出版社,2005:234.

第六类为乡土志和各类乡土教材。如两部《册亨县乡土志略》[1]《榕江县乡土教材》《贵阳乡土地理讲义》《毕节县史地述要》《石阡乡土教材辑要》等。这些乡土教材的写作，往往汲取了各种资料，如《毕节县史地述要》一书为1944年作者在毕节县政训所乡土教材科授课的讲义。资料来源自《读史方舆纪要》、道光《大定府志》及清代毕节旧志、民国《毕节新志》（已佚）等文献，又有作者足迹所至，见闻所及，采访所获部分。讲述期间，部分学员又以亲身考察的情形或本乡实际状况作了补充。所以该书对考证当地因革损益、山川险要、人文物产，均有裨益。大部分作者的编纂有着各自的目的，如《石阡乡土教材辑要》一书是作者长期任教的成果，共2册67课。该书《自序》指出“吾邑旧志甚简，而新志未成，经历一世纪而付诸缺如，今欲考其山川、知其形势，以及物产、风俗、史地沿革，戛戛乎其难矣！倘再逾数十稔，而遗老皆无存者，其何从征文考献耶？此乡土教材之所以不容缓也。矧值抗建时期，为持久抗战计，在教育方面，宜注重乡土历史、地理、人物志及民族先烈事迹；以期提高民族意识，增强抗战力量，则乡土教材又有积极提倡之必要!”可以看出著者强烈的乡邦文化传承与保存的责任意识及大敌当前的现实关怀。另外，他还认识到“俾得悉乡土梗概，俾知今日灿烂之河山、繁荣之市镇、成吾先人胝手胼足斩荆披棘之所遗，具爱乡爱国之情绪，自必油然而生。如遇敌人侵我乡土，有不百战死守以抗之乎？若然，则国民教育之基础乃能巩固。子舆氏谓：‘效死而民弗去’，余以为宜用乡土教材以陶冶之也”[2]，拳拳爱乡爱国之心，寄望于当下及子孙后代绵绵不绝的诵读熏陶之中。

第七类为调查类。如民国《定番县乡土教材调查报告》《惠水县乡土教材调查报告》《紫云县社会调查》《水城县行政区城志资料调查表》《镇远县地方概况调查报告》《岑巩县地方概况调查表》《三穗县地方概况调查总报告书》《贵州锦屏县地方概况调查表》《贵州天柱县地方概况调查纲要》《贵州省从江县地方概况调查纲要》《贵州省玉屏县志资料调查》等，这些都是以实地考察记录为依据，其内容偏重当下，更多地记载了民国时的史实。在方法上，大多用表格与统计数字，如《三穗县地方概况调查总报告书》里便有三穗县《户口统计表》《城市村落集镇分

[1] 其一为罗骏超编纂，1936年铅印本。其二为周国华纂修成于1942年9月，钞本。

[2] 转引自杨军昌．杨大恩与《石阡乡土教材辑要》，载见曾君坚．石阡县文史资料：第5辑．贵州省石阡委员会文史资料委员会印，1990：113-114.

布状况表》《曾任少校以上武人员概况调查表》《公正士绅调查表》《劣绅调查表》；有的引用近代科技思想与方法，具有重要创新意义，如《定番县乡土教材调查报告》便是抗日战争大夏大学在贵州时期所编，是利用近代社会学方法著成的大型报告。

第八类为专志。包括《独山县志文徵志》《天柱县五区团防志》《炉山物产志稿》《台拱县文献纪要》《大定县区保概况》《贵阳市附近地质矿产志略》等。其中《台拱县文献纪要》与《独山县志文徵志》均为录存文献的专志。《大定县区保概况》全册由序及第1至第10章组成，第1章记大定自夏商至民国3年的历史沿革，第2章至第9章记大定所属至八区区保概况，第10章记载救治方案。计30900字。原资料存贵州省博物馆，为蜡版刻印。民国《天柱县五区团防志》1册，书名又为《天柱县保安团防志略》，以编年体逐年记述道光三十年洪秀全金田起义到同治四年乙丑正月张秀眉农民起义军入境天柱，天柱县五区（今城关区、坌处、高酿、甘洞、邦寨一带）地主武装镇压少数民族农民起义的事情，较为完整地反映了这次起义经过，多第一手资料，具有史料价值。民国《炉山物产志稿》有四卷，列征引书目、评语、题字、序言等。全志文表结合分门别类，共分动物、植物、矿物、制造4门、18类、285种物产。该稿征引博洽，所载有些品种，今已罕见，可供地方因地制宜，开发物产资源参考。

此外，还有几本自成一类的志书。如《水城县事杂述》，该志“以补《水城县志》之缺载者”，无序跋，不分章节，包括《辛酉之变》《庚子奇荒》《壬寅豺患》《选举门》《赵晶庭先生传》《学校门》六个部分。原稿42页，相当于今点校本排版6页[1]，记述了民国初期水城县教育局、宣讲所、教育会、平民学校、图书馆等发展状况，对了解民国初期水城县教育文化发展具有重要价值。《婺川县备志》[2]是务川县修志局组织采访所得，在上报省通志局后汇编成备志。内容简略且详略失当。《校印定番州志》以康熙《定番州志》为底本进行校勘为主，而增补较少。所以称校印。民国《印江沿革考》是印江修志局指派举人张君烈搜集整理编汇成的一部长达9万字的抄本资料。原书名叫《思安印务研究》，其中有分册《印江沿革考》3

[1] 罗再麟.六盘水旧志点校[M].贵阳:贵州人民出版社,2006:641-646.

[2] 务川县修志局1922编，原稿未刊。1965年贵州省图书馆据上海图书馆及贵州省图书馆抄本复制，校改了部分错讹文字，书末附“校勘记”。

万余字，单独汇集成册。主要意图在为编修《印江县志》打基础，理清印江沿革。其志稿抄录了《武备志乘》《华阳国志》《太平寰宇记》《兴舆录》以及邻近地区的州、府、县志、厅志计约80种之众，是一部广征博采，具有很高研究参考价值的资料性方志。

三、民国贵州方志思想内容

综上，民国年间贵州纂修的地方志形式多样，体例规制不拘一格，在沿袭旧志的同时有一定的创新，打上了时代变迁的烙印，体现由传统向现代的过渡特征。这些方面也同样体现在民国贵州方志的思想内容上，作为包罗万象的志书，其思想内容也是复杂丰富，这里仅就几个方面管中窥豹。

首先，民国贵州方志非常注重对经济领域的记载，反映经济变化情况，过去被视为小技末流的工商业在民国贵州方志中得到重视，不少县乡志在设置食货志同时，增设实业志或民生志，涉及各地农业、工业、商业等各个方面，对生产、物价、税制演变的有关记述也较以前详细，对各地兴办的民族资本主义企业，也有丰富记载。例如，1931年出版的《贵阳乡土地理讲义》产业门反映了其时贵阳产业发展的整体水平："本县虽居黔省首邑，然因交通阻滞，物品运输颇感困难，以故产业不甚发达。其居民恒业多以耕耘为生，商贾大率系湘、赣、川籍及外县迁客，本籍人实居少数，且资本较微，难与外商竞胜矣。至工业则更属幼稚，可纪者寥寥。"农业仍然是最重要的产业部门，商业并不发达，工业尚属幼稚时代，具体表现为："贵阳现在工厂，其运用汽机者，唯省款所办之兵工、抄纸、造币、白药等厂及电气局，此外寥寥无几。其以小资本经营最多，推行日广者，则为土机织布业。"❶工业门类少，发展不平衡，工业现代化水平相当低。省城以外地区经济发展情况同样受到重视，有的记载也相当客观。如民国《八寨县志稿》工业商业门中记载："在昔邑中，产棉不少，出产亦丰，乡间女子所织之布，除常用外，有名花椒布者，有名斜纹布者，体质俱佳，本足敷用，自洋布输入，成本较轻，人多乐用，邑中女红之利尽为所夺，种棉者以无利益，不得不改而他图，邑中织妇几如凤毛麟角，利益外溢，可不惜哉！近稍有用土机自织者，然皆外商沾利，邑人无与

❶ 贵阳市志办《金筑丛书》编辑室．民国贵阳经济[M]．贵阳：贵州教育出版社，1993：41-42.

焉”[1]。这段话很清晰地反映出外国资本主义经济的侵入，对中国边远地区自然经济的冲击过程。民国《施秉县志》中的矿业门记载则反映出民族资本在贵州发展的艰难：“全县之大，只南区胜秉汪家山铅矿，于咸丰初年乡民集资开采，矿质甚富，获利亦丰，旋因苗变停止，光绪初开而复废，因资本无多也。民国二年法政毕业生杨守仁倡办矿业公司，厚集股本，开采二年，得矿虽多，倾销无法，获利有限，事遂废施。”[2]《续修安顺府志稿》工业门则记载咸同军事时期、光宣之际承平时期及民国以来改革时期，当地荸荠粉、书铺、织席、铁业、酱油、纺织等五十多个行业情况，一定程度上反映了安顺近代以来社会经济的发展变迁。民国《镇宁县志》民生志也很有价值，从不同方面反映了国民党统治时期地方生产凋敝，经济极端落后的状况。

其次，记载了贵州近代政治生活变迁实况。各地志书普遍注意到资产阶级革命与改革给中国社会带来的巨大变化，并能客观地纪录本地所施行新政情形及所发生的重大历史事件。如民国《绥阳县志》“议会”门便有清末地方党派活动的记述。民国《瓮安县志》“纪年”门记载辛亥革命贵州反正后猴场军政府的建立，反映了辛亥革命时期地方革命的实际情况。民国《续修安顺府志稿》“新政”门从自治、邮务、电政、警政几个方面反映清末实行新政对边远地区的影响。进一步以民国《兴仁县志》为例，该志1934年纂定，其中民政志、大事志记载内容大部分是反映民国时期的资料，对研究民国时期该地区民政民生等状况具有重要参考价值。这个志在形式上很特别的一个地方是，每门都有一个“引言”，在民政志引言里他指出：“总理释政字之义，则民政者，政府对于民众所设施之一切事务也，人群进化，与时俱进，古今异制，名存实亡过去之陈迹，将来之殷鉴。”对政事秉持与时进化的观点，殷鉴的观点。综观古今中外，他认为运用“逻辑之方式，据科学之分类，归纳事实，大抵不外：求知识之开化也，有教养之设备；经济之润裕也，有建设之推行；治安秩序之维持也，有公安之组织；增强民众自卫之能力也，有民团之训练；他如国、地两税，分别征收；循实立名，纲举目张。举凡一切，纷纭错杂，在民元以前，未经条贯分析如今日者，此盖闭关时未谙政治之故耳”[3]。字

---

[1] 王世鑫等修．八寨县志稿[M]．台北：成文出版社，1968：360.

[2] 黄家服，等．中国地方志集成：贵州府县志辑19[M]．成都：巴蜀书社，2016：545.

[3] 冉晸修，张俊颖纂．(民国)兴仁县县志(油印稿本)，1965：71.

里行间，感受到的是近现代思维方式与语言。由此他在创立不久[1]的“民政志”里囊括了县府、教育、建设、财政、自治公安等目。以“自治”为例，这部分主要针对的是1929年，蒋介石国民政府成立后开始实行“训政”的情况，所以这个记载是非常及时的。包括了沿革部分，回溯了自周朝开始到民国十九年兴仁县及以下各级行政地方自治发展进程，其中指出训政时期选区长情况：“率多年老者，为一乡一区之望，或土豪劣绅，滥竽其间，毫无党义概念，其何以体政府之意？不过徒拥虚名而已。于事实恐无若何之表现及进步。”[2]在自治区部分非常清晰地介绍了自治区的机构及机制。最后的“户口”部分有“兴仁县户口表”，并指出“施展训政工作，颁定自治，饬各省县设户籍专员，嗣以戎政殷繁，即以本县而论，办理不力，阳奉阴违，终无确数”[3]。这些文字虽然是站在主流党派与政府的立场上，但不回避存在的问题，比较客观地反映了国民党的政策在当时实施的情况。

最后，有些方志及时记载了20世纪30年代红军在贵州时的史迹，在一定程度上客观反映了时人的认识。例如，民国《沿河县志》，在其“前事志”中有“贺龙入沿”一节，反映工农红军在贵州沿河县与印江一带进行武装斗争的情况。节末附有《湘鄂川黔革命军事委员会布告》及《中国工农红军第三军司令部布告》等当时的原始文献，弥足珍贵。民国《剑河县志》则将红军长征进入贵州列入“灾祥”叙述，对人民革命运动极为仇视。民国《晴隆县志》也用污蔑之词记述了红军长征过贵州的情况。这些志书当然不可能站在工农革命立场上，颂扬红军的伟大壮举；但在国民党统治下的官修方志中能够记载下来，本身已经值得肯定，有的记载还保持了一定的客观态度，以比较中性的文字保留工农红军有关资料，这反映了修纂者难能可贵的史识。

另外，有些志书表现出浓厚的封建统治阶级腐朽思想遗迹，如民国《大定县志》信息量大，考据翔实，是民国时期贵州县志中的优秀作品之一，但是书内对农民起义者以“匪”“贼”称之，而对镇压起义的官方亡者则以“忠义”褒扬之，带有明显的阶级烙印。民国《石阡县志》内容涉及土司、少数民族、实业、民生等众多

[1] 在该引言中，他提到：“向日方志，无民政一目，前王敬彝所纂本志分目，虽创其例，然仅涵团防、保甲、教育三项，而户口、田赋列之食货”。注：王敬彝纂有民国《兴仁县志采访录》。

[2] 冉晸修；张俊颖纂.（民国）兴仁县县志（油印稿本），1965：83.

[3] 冉晸修；张俊颖纂.（民国）兴仁县县志（油印稿本），1965：85.

珍贵内容，并将由民国书画名人夏国光据景绘图并题诗的“石阡八景”，设于卷首，为志书增添了魅力。但该志以近两成篇幅刊载贞孝烈女并大肆吹捧，对农民起义者也是以“匪、贼”辱骂。民国《岑巩县志》立场观点也很反动，对封建统治和国民党政权都做了歌颂，对劳动人民，尤其是对历代农民起义，都是百般污蔑和丑化。民国《思县志稿》卷七《经业志》记载民国初期思县经济状况，为人称道，具有重要史料价值，而纂修者对封建社会、地主阶级、封建道德等极尽歌颂美化，却为今人所诟病。另有一些志书，如民国《兴义县补志》《剑河县志》《续遵义府志》《沿河县志》《开阳县志稿》《贵定县志稿》等均有歧视蔑称少数民族的地方。

第四节　方志学术价值

在传统观念上，一般认为，地方志具有资治、教化、存史的功能，很明显，保存地方史料是地方志最为重要的学术价值，此期贵州方志为此做出了重要贡献。这些地方志保存的资料，成为研究历代史事的重要依据，特别是民国部分，有的记载非常及时，不仅赓续以往修志传统，更为了解民国提供基本史料，其中有些历史上未曾修志或志书已经散轶的地区，民国年间也有了修志记录，如民国《册亨县乡土志略》《八寨县志稿》《三合县志略》《关岭县志访册》《兴义县志》《麻江县志》《从江县志概况》《郎岱县访稿》《紫云县社会调查》等，是研究该地区社会经济发展变化的重要依据。此外，民国《续遵义府志》《瓮安县志》《都匀县志稿》《麻江县志》《三合县志略》《大定县志》《镇宁县志》《开阳县志稿》《遵义新志》《沿河县志》等是学界公认编修质量较好，更具史料价值的志书。这个方面前面已经有所涉及，这里不再赘述。下面主要从两个具体的方面谈谈民国贵州方志在学术研究方面的努力与成就。

一、概说

民国志书众多，对贵州社会进行了全方位的记载与审视，为进一步探讨其学术价值与贡献，这里以对夜郎的相关论述为例以窥一般。研究贵州古代史，夜郎是一个无法回避的热点问题，民国有将近30部志书对此进行了讨论，包括民国

《瓮安县志》《独山县志》《贵定县志》《黄平县志》《都匀府志稿》《普安县志》《绥阳县志》《桐梓县志》《兴仁县志》《续遵义府志》《麻江县志》《定番县乡土教材调查报告》《息烽县志》《兴仁县补志》《剑河县志》《岑巩县志》《镇宁县志》《惠水县乡土教材调查报告》《定番县志稿》《兴义县志》《遵义新志》《晴隆县志》《修文县志稿》《贵州通志》等。其中，民国《贵州通志》是其集大成者。

这些方志涉及夜郎问题主要在其大事志、纪年、沿革或建置等部分。切入的方式也是各式各样，有的是辑录文章，如民国《续遵义府志》艺文志辑录关于夜郎的文章有蒋攸铦《夜郎考》、张澍《夜郎》、莫与俦《牂牁考》《汉且兰县故地考》；民国《瓮安县志》附有犹法贤《夜郎且兰牂牁辨》（上、下）、《遵义府志且兰县问答》、《遵义府志牂牁考》；民国《桐梓县志》附有靖道谟《夜郎考》、郑珍《鳖县问答》、金衍庆《金氏宗祠记》、莫友芝《田雯牂牁江考辨》；民国《息烽县志》有郑旻《牂牁江解》、田雯《牂牁江考》、莫与俦《庄蹻考》《牂牁考》《汉且兰县故地考》、郑珍《牂牁考》等。更多的是对夜郎历史的叙述与研究，牵涉夜郎问题的众多方面。

在这些方志中，《贵州通志》用比较多的篇幅关注夜郎问题。首先，关于夜郎在先秦时的情况，辑录了《史记·西南夷列传》《汉书》《华阳国志》《后汉书》《咸丰安顺府志》《道光遵义府志》等著述中相关内容，排比之中可以发现这些书籍回答了以下一些问题：夜郎与古代鬼方是否有关系？楚国派出的是庄蹻还是庄豪？派出的时间是楚威王还是楚顷襄王？认为"庄蹻伐夜郎取滇当以《后书》顷襄王时为确之明证也"[1]。夜郎被攻克之后是投降了还是灭亡了？夜郎的地域范围是怎样的？其民族是谁？怎样的生活方式？也就是记载中出现了相互矛盾的情况。并进一步附录了《贵阳志·沿革》《铜仁志·建置》、莫与俦《都匀府南齐以上地理考》等文补充了先秦夜郎一些讨论的问题，包括夜郎与牂牁之间的关系；夜郎与周边"小邑"之间的关系等。

其次，秦汉时的夜郎。先附录《贵阳志·沿革》《大定志·疆土》《安顺志·牂牁夜郎二郡本末》、莫与俦《都匀府南齐以上地理考》等文章，然后辑录《道光遵义府志》《华阳国志》《史记·食货志》《史记》《后汉书》《咸丰安顺府志》《通鉴辑览》等相关部分，试图排比秦汉夜郎史迹，包括"秦夜郎与汉夜郎异，秦夜郎亦与竹王兴

[1] 贵州省文史研究馆校勘．贵州通志：前事志（第1册）[M]．贵阳：贵州人民出版社，1985：21.

遁水者异”[1];秦朝夜郎县范围;秦亡汉兴后,夜郎由县变国;“自秦亡至武帝使唐蒙喻多同还报,凡七十余年”[2];汉武帝时,唐蒙请开通夜郎道及威服夜郎侯多同,设置犍为郡;认为“犍为之置,必在元光四、五年冬春间矣。《史》《汉》‘西南夷传’之建元,特举始事之由,《汉志》以属竟事,而《华阳志》误袭之。故皆不从”[3];两县一都尉问题,认为“置夜郎,且兰二县,作建元六年夜郎降后事”[4];灭且兰及设置牂牁郡,汉朝封夜郎王;竹王是否存在及竹王是否被杀等问题;牂牁郡属县问题,夜郎是其十七属县之一。对这些问题或辨析或存疑后,附有任可澄著《且同亭集·牂牁江考正》一文。该文尽管主要是辨析牂柯江,也必然涉及夜郎,如《史记·西南夷列传》里“夜郎者,临牂牁江,江广百余步,足以行船”的说法便成为寻找牂柯江的重要依据,该文也指出“汉夜郎国实在今安顺、兴义府境,则舍盘江外,无可当牂牁江者矣”[5]。到成帝河平二年(甲午,公元前27年),牂牁太守陈立诛杀夜郎王兴。

可以看出《贵州通志》回应了很多夜郎的问题,采取了比较科学的态度,有的存疑,有的给出自己的见解,这些见解很多都经受了时间的考验。如果说省志是从全局的纵贯的视角去记载历史无法回避夜郎,各地区方志同样是出于纵贯寻找源头的需要,也会涉及夜郎。例如民国较早出版的《瓮安县志》认为瓮安是古且兰地,这样便与夜郎联系起来,因为“楚倾襄王遣将庄豪丛沅水伐夜郎,军至且兰,椓船于岸而步战”[6],这句话是关于且兰最早的历史记载,能出现是因为要“伐夜郎”。而《民国普安县志》认为“普安在周秦时属夜郎国”,所以也关注夜郎。只是各方志相关内容多少不一。而且,有的方志出现比较潦草的情况,例如民国《黄平县志》直接承认“或并而为且兰、夜郎,变易甚多,考之费词,录大略即知其概”[7],然后不再“考”,而是直接辑录文章,包括靖道谟《夜郎考》、王孚镛《牂牁江辨》、李承栋《读王序东先生牂牁江辨书后》、许克家《周志序》等。

---

❶ 贵州省文史研究馆校勘.贵州通志:前事志(第1册)[M].贵阳:贵州人民出版社,1985:28.

❷ 贵州省文史研究馆校勘.贵州通志:前事志(第1册)[M].贵阳:贵州人民出版社,1985:32.

❸ 贵州省文史研究馆校勘.贵州通志:前事志(第1册)[M].贵阳:贵州人民出版社,1985:43.

❹ 贵州省文史研究馆校勘.贵州通志:前事志(第1册)[M].贵阳:贵州人民出版社,1985:45.

❺ 贵州省文史研究馆校勘.贵州通志:前事志(第1册)[M].贵阳:贵州人民出版社,1985:64.

❻ 李退谷修,朱勋纂.(民国)瓮安县志:卷三(纪年上)[M].贵阳:交通书局,1915(民国四年):20.

❼ 成绍令等修,李承栋纂.民国黄平县志[M].贵阳:贵州省图书馆,1965:50.

大部分志书坚持的观点与今天的主流观点有其一致性，以民国《兴仁县志》为例，在其艺文志考据子目第一篇文章为《夜郎》。该文认为"楚顷襄王遣将庄蹻伐夜郎"，这一判定时间与人物都很准确，且认为秦汉时"牂牁江为盘江"。志书按语更进一步指出，不同时代有不同的夜郎，附近的江流也就不同，不能以后例古，这种思考方法也是很科学的。再看一看民国《麻江县志》关于夜郎的观点。该文认为麻江县在春秋时为牂牁地，在文中，首先讨论的是夜郎与牂牁的关系。在其疆域沿革门中，认为《华阳国志》与《后汉书·西南夷传》中讲到庄蹻伐夜郎，椓船于岸从而有牂牁之名，这样牂牁出现在夜郎之后，应该是错误的。因为《管子》之中已经有牂牁之名，且牂牁国国土面积广大，尽管以后可能式微了，"盖以降于夜郎旁小邑，中惟江水于旧国之名，独无改称耳"[1]，但影响依然很大。所以汉武帝置郡名为牂牁，而非当时最大之夜郎为名，原因就在此。也认为是楚顷襄王遣庄蹻伐夜郎，而非楚威王，庄豪即庄蹻，"蹻在怀王时为盗，至顷襄时起而为将"[2]。认为且兰、夜郎、鳖、平夷均属于犍为郡，治所为鳖，鳖在兴义府，"夜郎置犍为之年"为建元六年，牂牁郡设置后，夜郎为都尉治所等。这些见解有的与今天一般观点有一定出入，但他们基本秉持了言必有据，并进行一定程度的分析，有的保存了前代及当代的研究文献，在当时还只能靠古典文献这样一种基本研究方法的基础上，不回避问题，已属难能可贵。

二、民国《遵义新志》的学术价值

民国贵州《遵义新志》是独树一帜的贵州地方志。宋之后，编修地方志已经成为各级政府的一件重要事务。历代的地方志书主修者一般由地方行政官吏担任，很多当地学人参与修撰之事，并成为地方志编纂人员的主体。但是在我国现存8000多部的旧志中，民国《遵义新志》成为方志中的奇葩！它是由著名科学家倡议，时为国立浙江大学的科研机构主修的地方志。

遵义作为贵州历史文化名城，自宋代迄于中华人民共和国成立的一千多年时间里，共修过10部志书，但大都失传。比较晚近的是两本质量上乘的志书，即

[1] 黄家服，等. 中国地方志集成：贵州府县志辑（18）[M]. 成都：巴蜀书社，2016：331.

[2] 黄家服，等. 中国地方志集成：贵州府县志（18）[M]. 成都：巴蜀书社，2016：441.

由郑子尹、莫友芝完成于1841年的《遵义府志》，赵乃康、杨恩元为最终总纂于1937年完成的《续遵义府志》。这两部府志都是地方名儒编纂，而《遵义新志》却是外来学者所著。

1941年7月2日国立浙大校长竺可桢在遵义出席浙大史地研究所茶话会，提出要为遵义、湄潭编写地方志。浙大史地研究所在1939年8月成立于广西宜山，后随浙大迁到遵义。研究所分四个组：史学组、地形学组、气象学组、人文地理学组，所长是张其昀。

《遵义新志》编纂期间，浙大史地研究所有当时一流的专家，他们克服抗战期间环境艰苦的情况，从事科学研究，致力于遵义的各项考察。经过七年时间，到1948年5月编成《遵义新志》。全书共11章，附图21幅，17万字，另有相关论文40篇，志稿存于浙大史地研究所。

《遵义新志》完全不同于常见的地方志，就编纂的宗旨来说，传统的观点认为，地方志在于"存史、资治、教化"。张其昀认为："中国过去之方志，意在保存桑梓文献，故其记载偏重于地方史料，此次本所编纂之遵义新志……与旧志体例不同，适足以补其所缺，而于民生利病尤所关怀。"[1]《遵义新志》各章的结论，基本都有使用价值，可以解决实际问题，具有很强的致用目的。"篇中关于遵义农业改良之若干结论，均本之田间目验，实事求是，非但可供今后遵义地方建设之准绳，且为我广大农村画出一幅剖面"[2]，土地利用的结论部分，完全是改善遵义农业耕作制度、提高农作物产量的建议，还有合理利用土地资源的具体措施。

就内容来说，不同于传统方志强调全面记载某一地域的自然和社会问题，《遵义新志》基本由自然环境要素构成。全志包含地质、气候、地形（上下）、相对地势、土壤、土地利用、产业与资源、聚落、区域地理、历史地理共11章。正如张其昀在序言中所说，此书"大部为地学著作，特重地图之表现"[3]。

就体例来说，一般地方志的编纂，通常以资料文献汇编为主，内容基本为描述性。然而《遵义新志》的基本资料或是通过实际观测获得，如气象资料和水系变迁史；或是作专题研究得到的研究结论，如第五章《相对地势》、第三章《地

---

❶ 张其昀．遵义新志[M]．杭州：国立浙江大学史地研究所，1948（民国三十七年）．

❷ 张其昀．遵义新志[M]．杭州：国立浙江大学史地研究所，1948（民国三十七年）．

❸ 张其昀．遵义新志[M]．杭州：国立浙江大学史地研究所，1948（民国三十七年）．

形》、第七章《土地利用》和第八章《产业与旅游》、第九章《聚落》等。全书抄录其他文献极少，属于研究性的地方志，是高水平的学术专著，有许多科学上的新创见。如第七章《土地利用》，由任美锷教授领导，陈述彭、赵松乔、施雅风、杨利普参与，绘制的土地利用图与土地利用研究，是中国最早的完整的土地利用调查与研究。第五章《相对地势》，为陈述彭所作。该章对遵义的相对地势进行了严谨的研究，在中国首先开展了以特定地域为范围，对区域地形的相对高度做系统全面的研究，是我国最早关于相对高度的系统研究。

另外，《遵义新志》编纂力量之强，可以说前无古人。直接参加编写的人员中，主持人张其昀是中国人文地理学创立者；统稿人叶良辅是地貌学的开创者，主编有我国第一部区域地质专著《北京西山地质志》，引导学生建立了许多地质学的分支学科。编纂者中，后来成为中国科学院资深院士的有：侯学煜，编绘《遵义附近土壤图》；任美锷，与丁锡祉、杨怀仁共同编写了第三章《地形》（上），还参与第七章《土地利用》的编写；熊毅，编写了第六章《土壤》；施雅风，编写了第四章《地形》（下）和第十章《区域地理》，另外参与编写了第七章《土地利用》，为我国冰川学的奠基人；陈述彭，编写了第五章《相对地势》，并与杨利普合作编写了第九章《聚落》，参与第七章《土地利用》的编写等。

《遵义新志》是浙大奉献给贵州文化宝库的又一珍贵文献，它既弥补了志乘不足，又为开发遵义自然资源提供了科学依据，学术价值毋庸置疑。

结　语

历史的硝烟风尘滚滚，作为历史创造者的近代时人，已定义自己的时代为几千年未有之大变局，地处偏远的贵州，同样没有自外于时代的大潮之外，就史学的发展轨迹来看，清季民国贵州史学也留下了自己具地域性特征的时代印记。

列宁指出："判断历史的功绩，不是根据历史活动家没有提供现代所需要的东西，而是根据他们比他们的前辈提供了新的东西。"[1]纵观清季民国贵州史学发展的历程，在完成史学由传统向近现代转型的时代课题方面，既取得了很大成绩，也有诸多欠缺。到辛亥革命期间的20世纪初，以传统媒介书籍的方式呈现的史学著作来说，占绝对优势的仍然是以传统的方式呈现传统的内容，此时作为新媒体的报纸杂志上登载的史学论文，则具有了新的气象，无论是作为表现形态的时论还是历史论文，均表现了救亡图存的时代诉求，运用进化论表达对历史与现实的看法。这其中，留日学生更形积极活跃，虽然没有如许多省份一样，在海外出版自己的本省刊物。

进入民国以后，贵州史学更多的是在地方志领域取得了很大成就，在质量方面有历史上最好的省志。在数量上，也达到了历史上没有的增长。而且在很多方面与时俱进，在记载方面增加了基于新的近代生活的内容，表现形式上也多种多样，在传统的存史资治功能外，有的地方志建立在科学研究的基础之上，具有更广泛的现实价值。对本省历史文献的整理在民国时期也得到极大重视，随之而来的是对本省历史的研究，特别是贵州地方史中较早期的历史专题，诸如鬼方、牂牁、夜郎、庄蹻、且兰等专题比较关注，对于近代贵州咸同大起义及沙滩文化名人也倾注精力。更令人瞩目的是，在地方民族史研究方面，既有汉族学者也有贵州的少数民族学者参与其中，很多是开创性的研究，并且采用了社会学、社会调查等近代科学的研究方法。此外，一些出省宦游的贵州人，在国家层面的史

---

[1] 列宁.评经济浪漫主义[M]//列宁全集：第二卷.北京：人民出版社，1984：154.

学发展上，做出了自己的贡献，既有开创性的专门史研究，也有多方面的史学材料的搜集刊刻与传播。

全面抗战时期，随着高校内迁，在贵州特别是浙大与大夏大学在史学研究领域取得成绩。其中浙大在中国通史、中国近代史、宋史、军事史及历史地理等研究领域取得突出成绩，使贵州史学跻身国内新史学研究的先进行列。大夏大学的民族学与民族史方面科学的社会调查及多种交叉学科研究方法的运用，不仅开创了贵州民族史民族学研究的一些新领域，也使其研究成为该领域研究的重镇。同时，贵州近代最重要的文化出版机构文通书局在全面抗战时期成为全国性出版机构，在史学书籍出版方面成绩不俗，不仅继续承担贵州本土史书出版重任，也为国家层面史学书籍的出版做出了贡献。解放战争期间的贵州史学具有全面抗战时期史学余绪的特征，一些史家留在了贵州，形成以贵州大学为中心的历史研究，在研究的领域上，就地方史来说，有贵州宗教史研究的开拓，也有民族史研究的继续深入，很多史学文章仍然关注民族的兴亡问题。

另外，的确不必苛求“历史活动家没有提供现代所需要的东西”，但与同期中国整个史学研究相比，还是可以进一步探讨与反思清季民国贵州史学发展历程，在完成由传统向近代转型的这一历史重任方面，还是有所欠缺，新史学在贵州只是零星呈现，并没有形成绝对优势。首先，贵州地方史的研究是其最大的收获，但同时也意味着在对国家层面史学的研究方面就不够，例如没有中国通史、中国近代史的研究，中国古代史、专门史甚至专题史的研究都很少，世界史的研究也是寥寥无几。其次，就贵州地方史的研究来说，成就最大的是地方志领域，但地方志在体裁体例上仍然沿袭旧的传统为主，有的省志的纲目仍然保留了封建性的忠君及灾异等迷信思想，在古代史的研究中，主要是传统考证方法的使用，有的学者也利用了社会调查法，但当时新的二重证据法在贵州还没有开展的条件。最后，许多新的研究领域与研究方法在贵州也没有开展起来，例如20世纪初以及20年代后期到40年代曾经两度兴盛的史学理论研究在贵州基本没有回应，而20世纪20年代后兴起的马克思主义史学在当时的贵州也不具备研究的条件。相较研究论文，除了地方志书外，史学研究的专著也是非常少的。可以说，在新史学建立的过程中，传统的因素保留的更多一些，真正的资产阶级性质的新史学在清季民国的贵州并没有建立起来。

贵州远离中原地区，直到明代才建立起省级行政机构，随之而兴起的学术文化传统的建构，与这种中央对地方的统一性领导的建立密切相关，最为强大的是贵州儒学的兴盛。而史学方面，“首先是在全国的史籍中有关贵州的史料日益增多，其次是围绕着政治、军事的重大事件作专书记述，另外，奏议、年谱、传记、谱牒之类的书层出不穷，也有人开始探索贵州古代的历史。地方志的编纂，在这一时期蔚然成风”[1]。这些史学传统，在清季民国部分领域得到了继承与发展，为贵州保留了政治、经济等各方面史迹。特别是地方志修纂取得很大成绩，这种现象既有学术传统的优势，也有新的历史条件下，传统优势得以持续的社会保障体系依然存在，清季民国中央与地方政府均重视方志纂修相关政策的制定及各方面的支持，在贵州不仅地方志纂修得到发展，与之相关的地方文献也得到了出版，地方史的研究也得以展开。

新的学术传统的建立仍然是系统工程，传统史学向近现代史学能转型成功的条件，很大程度上在于新的社会生态系统生成的全方位密切配合。就中国近现代性质的史学理论研究第一次高潮的出现来说，正式肇端于20世纪初在日本的中国学人，既有梁启超等这样19世纪末的逃难者，也有一批以出版《游学编译》等报纸杂志介绍日本与西方史学理论的学人，人才队伍的存在是学术发生的关键，本土社会经济文化结构则是人才产生的孵化器。在清季贵州地方政府于1905年派出了最多的留学生151人，这些留日生参与速成科学习的非常多，从学习科目上讲，主要集中在师范类和法政类。比较而言，贵州官方开始派出留学生的时间是比较靠后而且清季留学总人数不多，这些留日学生多是传统士绅，他们大多投身政坛和教育领域，所有这些并不利于新式学术人才的培养。在20世纪初清政府新政及辛亥革命酝酿的时代背景下，包括留日学生在内的贵州近代第一批新式知识分子成为主力，随贵州辛亥革命胜利之后而来的针对革命党人的大屠杀对贵州人才及社会发展来说是惨痛悲剧。

1912年之后的军阀统治时期，在新式史学人才培养方面仍然乏善可陈。民国时期资产阶级新史学在20世纪20年代后出现繁荣景象，这其中包括胡适、傅

[1] 史继忠．贵州文化[M]．呼和浩特：内蒙古教育出版社，2006：491.

斯年、何炳松、陈寅恪、李济、梁思成、张荫麟等一大批留学欧美的史学大家起了至关重要的作用，即使如顾颉刚也直接受胡适影响，王国维尽管去的是日本，但他接受西方的哲学熏陶非常早。贵州一方面“在留学日本的大潮中，贵州人数在全国排名靠后，三批庚款留美的仅为三人，留学欧洲对于贵州的艰难可想而知”❶；另一方面“在20世纪上半叶，贵州籍留美学生几乎全部就读理工科专业”❷，“留欧生多攻读自然科学专业，学成归国后大多在学术上颇有建树，与留美学生一起成为贵州科学现代化的中坚力量，有些甚至是国内的顶尖学术人才”❸。其中以史学为职志的非常少。根据《晚清民国时期贵州留日学生与贵州近代化》一书相关章节统计，有确切记载的，发现在民国时期留学欧美以历史为专业者仅有张廷休一人，他后来偏重组织领导工作，另外一人范介萍是学神学，在实际研究工作中以宗教史为重。这种情况在蒋介石国民政府掌控贵州之后并没有什么变化。另外，贵州本地大学到20世纪40年代后才最终真正建立起来，周西成时代的省立贵州大学存在时间短，同时也是以培养自己需要的实用型人才为主。军阀统治时期，马克思主义思想难以进入贵州；而国民党统治时期，马克思主义思想的传播仍然只能处于地下状态。

总之，清季民国时期贵州史学领域知识分子可谓贯通古今的博学者，他们承担了贵州史学发展的重任，但是此期地方政府与社会几乎没有培养出打通古今中外的史学人才，这样影响了贵州史学近现代化的广度与深度，只能借全面抗战的历史机遇有所补充。

---

❶ 梁中美. 晚清民国时期贵州留日学生与贵州近代化[M]. 成都：西南交通大学出版社，2014：80.

❷ 梁中美. 晚清民国时期贵州留日学生与贵州近代化[M]. 成都：西南交通大学出版社，2014：75.

❸ 梁中美. 晚清民国时期贵州留日学生与贵州近代化[M]. 成都：西南交通大学出版社，2014：87.

参考文献

[1]贵州省地方志编纂委员会.贵州省志·社会科学志[M].贵阳:贵州人民出版社,2001.

[2]贵州省地方志编纂委员会.贵州省志·出版志[M].贵阳:贵州人民出版社,1996.

[3]贵阳市地方志编纂委员会办公室.贵阳市志·人物志[M].北京:方志出版社,2011.

[4]冯楠.贵州通志·人物志[M].贵阳:贵州人民出版社,2001.

[5]黄永堂点校.贵州通志·艺文志[M].贵阳:贵州人民出版社,1989.

[6]贵州省地方志编纂委员会.贵州省志·文物志[M].贵阳:贵州人民出版社,2003.

[7]贵阳市志编纂委员会.贵阳市志·文化新闻志[M].贵阳:贵州人民出版社,1992.

[8]遵义市地方志编纂委员会办公室.遵义市·人物志[M].北京:中国文史出版社,2015.

[9]黔东南苗族侗族自治州地方志编纂委员会.黔东南苗族侗族自治州志:人物志[M].贵阳:贵州人民出版社,1990.

[10]中国人民政治协商会议贵州省委员会文史资料委员会.贵州少数民族文史资料专辑[M].北京:中国文史出版社,1991.

[11]中国人民政治协商会议浙江省委员会文史资料研究委员会.浙江文史资料选辑(第34辑)[M].杭州:浙江人民出版社,1987.

[12]中国人民政治协商会议遵义市委员会文史资料研究委员会.遵义文史资料第9辑:关于遵义人物(1)[M].遵义:中国人民政治协商会议遵义市委员会文史资料研究委员会,1986.

[13]贵阳市政协文史和学习委员会.贵阳历史人物丛书:文化教育卷[M].贵阳:贵州人民出版社,2003.

[14]魏郭辉.民国贵州方志教育史料辑录[M].成都:西南交通大学出版社,2014.

[15]《江苏省高等学校教授录》编委会.江苏省高等学校教授录[M].南京:南京大学出版社,1989.

[16]阳海清.中南、西南地区省、市图书馆馆藏古籍稿本提要[M].武汉:华中理工

大学出版社,1998.
[17]上海图书馆.中国近代期刊篇目汇录[M].上海:上海人民出版社,1981.
[18]史继忠.文化西迁到贵州:滚滚的文化潮[M].贵阳:贵州人民出版社,2017.
[19]罗征文.辛亥贵州记忆:档案文献记录[M].贵阳:贵州人民出版社,2012.
[20]贵州省文史研究馆.民国贵州文献大系[M].贵阳:贵州人民出版社,2011.
[21]陈琳.贵州省古籍联合目录[M].贵阳:贵州人民出版社,2007.
[22]贵阳市志编纂委员会办公室.贵阳人物[M].贵阳:贵州教育出版社,1995.
[23]何静梧,龙尚学.贵阳人物续[M].贵阳:贵州教育出版社,1996.
[24]马长寿,杨成志,吴泽霖,等.二十世纪汉族学者彝学研究文选[M].贵阳:贵州大学出版社,2011.
[25]《国际视野中的贵州人类学》编委会.国际视野中的贵州人类学[M].贵阳:贵州大学出版社,2014.
[26]白寿彝.中国史学史(先秦-近代)[M].上海:上海人民出版社,2006.
[27]胡逢祥,张文建.中国近代史学思潮与流派[M].上海:华东师范大学出版社,1991.
[28]袁英光、桂遵义.中国近代史学史[M].南京:江苏古籍出版社,1989.
[29]蒋俊.中国史学近代化的进程[M].济南:齐鲁书社,1995.
[30]李振宏.历史学的理论与方法[M].开封:河南大学出版社,2003.
[31]朱汉国,杨群.中华民国史(共10册)[M].成都:四川人民出版社,2006.
[32]金炳镐.民族理论通论(修订本)[M].北京:中央民族大学出版社,2007.
[33]费孝通.中华民族研究新探索[M].北京:中国社会科学出版社,1991.
[34]瞿林东,董文武,罗炳良.中国少数民族史学研究[M].北京:国家图书馆出版社,2008.
[35]史金波,关志国.中国民族史学史纲要[M].北京:中国社会科学出版社,2018.
[36]汪受宽,赵梅春.20世纪中国史学论著要目[M].北京:北京师范大学出版社,2007.
[37]海斯.现代民族主义演进史[M].上海:华东师范大学出版社,2006.
[38]杜赞奇.从民族国家拯救历史:民族主义话语与现代史研究[M].王宪明,译.北京:社会科学文献出版社,2003.
[39]李承贵.20世纪中国人文社会科学方法问题[M].长沙:湖南教育出版社,2001.
[40]张海鹏.中国近代通史(共10册)[M].南京:江苏人民出版社,2009.

[41]罗荣渠，牛大勇．中国现代化历程的探索[M]．北京：北京大学出版社，1992.
[42]李华兴，张元隆，李海生．索我理想之中华：中国近代国家观念的形成与发展[M]．合肥：安徽教育出版社，2005.
[43]张灏．梁启超与中国思想的过渡（1890—1907）[M]．北京：中央编译出版社，2016.
[44]杨瑞东，高军波，盛学庸．史前贵州[M]．贵阳：贵州科技出版社，2018.
[45]周春元．贵州古代史[M]．贵阳：贵州人民出版社，1982.
[46]杨昌儒，孙兆霞，金燕．贵州民族关系的构建[M]．贵阳：贵州人民出版社，2010.
[47]苟以勇，田牛，龙海峰．贵州省经济史[M]．太原：山西经济出版社，2016.
[48]贵州军阀史研究会，贵州省社会科学院历史研究所．贵州军阀史[M]．贵阳：贵州人民出版社，1987.
[49]何长凤．吴鼎昌与贵州[M]．贵阳：贵州人民出版社，2010.
[50]马先彦，林芊．当代贵州学术思想史：哲学·史学·民族学[M]．贵阳：贵州大学出版社，2012.
[51]王明珂．反思史学与史学反思：文本与表征分析[M]．上海：上海人民出版社，2016.
[52]马骏骐．贵州文化六百年[M]．贵阳：贵州人民出版社，2014.
[53]马宇红．中国大学学报发展简史[M]．兰州：甘肃科学技术出版社，2013.
[54]仓修良．中国史学名著评介（第五卷）[M]．2版．济南：山东教育出版社，2006.
[55]杨堃．民族学概论[M]．北京：中国社会科学出版社，1984.
[56]应向伟，郭汾阳．名流浙大[M]．杭州：浙江大学出版社，2007.
[57]林建曾，等．贵州著名历史人物传[M]．贵阳：贵州人民出版社，2001.
[58]彭英明．学步文集：民族理论与民族历史若干问题探研[M]．北京：民族出版社，2003.
[59]杨策，彭武麟．中国近现代民族关系史[M]．北京：中央民族大学出版社，1999.
[60]董天策，等．中国报业的产业化运作[M]．成都：四川人民出版社，2003.
[61]周润民，何积全．解析夜郎千古之谜[M]．北京：中共党史出版社，2007.
[62]王燕玉．贵州史专题考[M]．贵阳：贵州人民出版社，1986.
[63]谢本书，冯祖贻．西南军阀史[M]．贵阳：贵州人民出版社，1991.
[64]梁景和．清末国民意识与参政意识研究[M]．长沙：湖南教育出版社，2000.
[65]方汉奇．中国近代报刊史[M]．太原：山西人民出版社，1981.

[66]熊月之. 西学东渐与晚清社会[M]. 上海人民出版社,1994.
[67]赵渭荣. 转型期的中国政治社会化研究[M]. 上海:复旦大学出版社,2001.
[68]刘世军. 近代中国政治文明转型研究[M]. 上海:复旦大学出版社,2000.
[69]李承贵. 20世纪中国人文社会科学方法问题[M]. 长沙:湖南教育出版社,2001.